共感と自己愛の心理臨床

コフート理論から現代自己心理学まで

安村直己
Naoki Yasumura

創元社

序　文

京都大学大学院教育学研究科教授　岡野憲一郎

　わが国におけるコフート研究には30年以上の歴史があるが、現在の日本の精神分析の世界ではいまだにその重要性を十分に認識されていない観がある。それだけに本書のように、他領域との比較を行いつつ自己心理学について縦横無尽に論じ、かつ自己心理学の最新の流れを扱った本格的な研究書の出版には大きな意味があるであろう。

　自己心理学はご存知のとおり、ハインツ・コフート（1913-1981）が1970年代初頭に確立した精神分析のまったく新しい流れである。それは従来の伝統的な精神分析に対して真っ向から異論を唱えるという意味合いを持っていた。それをコフートは、最初は精神分析の内側からその一部を補足するという形で（『自己の分析』1971年）、やがて従来の分析理論に並立すべき本格的な理論的枠組みとして（『自己の探求』1978年）提示した。それは慢性疾患に徐々に体を蝕まれ、死が刻々と迫る中で、コフートが渾身の力をふるって提示し続けた理論であった。

　コフートの主張、すなわち共感の持つ臨床的な重要性や、人は自己対象的な存在を常に希求するという提言は、伝統的な精神分析理論に今一つ欠けていた要素として若い世代にいち早く取り入れられていったという歴史がある。現在、米国を中心に見られる関係精神分析という新しい流れの源は、このコフートの貢献にあったという見解もある。その意味ではコフートの勇気や、因習を打破して真に患者のための理論を構築しようという情熱は、現在の米国の精神分析に脈々と受け継がれていると言ってよい。

　精神分析とは一つの治療手段であり、また理論体系である。一方では本来あらゆる治療法がそうであるように、それは患者の利益を第一に重んじ、その要望をかなえることを最優先にすべきであろう。しかし同時に、分析理論は臨床実践の仕方に大きく影響する。その両者が完全に嚙み合っていればまったく問題はないのであるが、理論のほうはさまざまな学派や異なる治療理念に枝分かれし、それが分析家に異なる治療実践を要請することになるが、他方の患者といえば、分析

家のよって立つ理論を理解した上で治療を受けるわけでは必ずしもない。結果として分析家の理論やそれに基づいた治療では掬い取ることができない患者の生の声や心の痛みは、治療への抵抗や病理の表れとして処理されかねない。こうして分析的治療と理論は微妙に、あるいは明らかに齟齬を来していく可能性がある。

　コフート理論もそのような隙間を埋める形で生まれた理論と言っていい。コフート自身が実は伝統的な精神分析の治療を受けた時に違和感を持ち、それによって独自の理論を打ち立てたという経緯がある。そして本書の著者もそのような体験を持ったのであろう。本文中にあるように、著者は最初に分析理論に出会った時に拒否反応を起こしたという。伝統的な分析理論への違和感は、著者にとってもコフートと共通したテーマであったと言うことができよう。

　ところで、心を扱う理論には精神分析の諸理論以外にもさまざまなものがあるが、患者の側の心の痛みは、理論とは無関係に昔からある種の普遍性を持って存在していたはずである。そして心を扱うさまざまな理論の間にもある種の共通性や普遍性が存在していると考えるのは当然であろう。従来、精神分析とはいわば水と油の関係にあったロジャースの理論もユング派も、コフート理論を媒介にすると不思議な関連性を有する。その点を本書は見事に描き出していると言ってよいであろう。

　最後に著者の安村氏と私とのかかわりについても述べておきたい。本書は米国で当時の精神分析のメッカとも言えるメニンガー・クリニックに滞在した著者が、精神分析の新しい流れに実際に触れ、精神分析療法を受け、特にそこで触れることのあったコフート理論をさらに探求し展開するという道のりの軌跡とも言える。彼はロジャース理論の素地があり、ユング理論にも明るく、その上に家族療法、コフート理論その他の米国での新しい精神分析の息吹に触れて帰国した。その一部を私も同じ留学仲間として傍らで見守る機会があった。あれからもう20年以上経ったことはにわかには信じがたいが、個人的によく存じ上げ、その人間性や臨床能力を高く評価している著者の過去20年の業績の集大成として本書が出版されたことを心からお祝いしたい。

まえがき

　近年、「自己愛」の問題は、クライエントに関わる心理臨床家にとって、極めて重要なテーマになっているものと思われる。それは、物質的に満たされてはいても、人間的な触れ合いや人との関係性においては決して充分に満たされているとは言えない現代の社会において、むしろ当然のことなのかもしれない。

　実際、私自身も、いかに多くのクライエントが自己愛的な傷つきをさまざまに経験しており、その結果、慢性的な空虚感や無力感、無価値感や自己感覚の不確実感に苦しんでいるかを、日々の臨床活動の中で実感してきた。そして、現代のクライエントのそうした自己愛性の問題を受けとめ、自己の修復と回復に向けた心理的援助ができるかどうかは、結局、セラピストがクライエントの中の自己を愛することをめぐる葛藤や苦悩をどれだけ共感的に理解することができるかにかかっていると考えるようになった。

　そうした考えが確信にまで至るようになったのは、精神分析家のハインツ・コフート Kohut, H. が創始した、共感と自己愛の精神分析ともいえる自己心理学 Self Psychology に出会ったことが大きく影響している。コフートは、精神分析学派の中で初めて「共感」を精神分析療法における重要な治療的要素として取り上げ、自己愛の問題をもつクライエントの主観的な自己体験に焦点を当てた精神分析的アプローチを提唱した。そして、これまで病理的なものと見られがちだった自己愛には元来健康な側面があり、むしろ「健康な自己愛」が満たされる体験こそが、人間の心の発達や精神的健康にとって一生涯必要なものであることを説いているのである。

　自己心理学を知ってから、私にとってコフートは、自分自身の臨床体験の意味を考え、共感と自己愛の視点から吟味し、治療要因を検討していくうえで大切な道しるべとなった。本書は、そうした自己心理学の種々の概念を座右に置いて書き続けてきた10本の論文を1冊にまとめ、読者にさらに分かりやすいよう追加・修正を加えたものである。

本書は3部の構成からなっている。第Ⅰ部では、共感と自己愛の臨床における基本的な問題点を総論的に取り上げ、コフートのオリジナルな概念や現代自己心理学派の概念に自身の臨床経験を照らし合わせながら考察した論文をまとめた。第Ⅱ部では、「甘え」理論で著名な精神分析家の土居健郎、クライエント中心療法を提唱したカール・ロジャース、そして分析心理学のユングらの視点とコフートの視点との比較・検討を試み、心理療法に共通する治療要因について考察した論文を集めた。そして第Ⅲ部では、コフート以後の現代自己心理学派による最新の理論や研究、さらに間主観性理論といった現代の精神分析理論を取り上げ、その新しい視点の特徴と臨床的な意義を考察した論文をまとめている。

　このように本書は、コフート理論や現代自己心理学を包括的に解説する理論書ではなく、むしろ、私が心理臨床実践を続けながら、心理療法の本質とは何か、心理療法の治療要因とは何なのかについて、自己心理学の概念を参照しながら、あくまでも自分自身の臨床経験に基づいて考え続けてきた、その軌跡のようなものであることをお断りしておかねばならない。したがって本書では、各章で筆者自身の臨床例を豊富に取り上げ、各章のテーマを実際の臨床実践に引きつけて掘り下げようとしている。

　本書を通して、心理臨床に携わっておられる先生方とご一緒に共感や自己愛についてさらに考えを深め合うことができるならば、筆者にとってこれ以上うれしいことはない。なお、臨床例はすべて守秘義務のため、事例の本質に影響しない範囲で事実関係に修正を加えたり、複数の事例を組み合わせていることをお断りしておきたい。

　コフート理論について、その全体像を詳しく知りたい方は、自己心理学派のアーネスト・ウルフが著した『自己心理学入門──コフート理論の実践』（安村直己・角田豊訳、金剛出版）を、また、現代自己心理学派の各理論を詳しく学びたい読者は、『ポスト・コフートの精神分析システム理論──現代自己心理学から心理療法の実践的感性を学ぶ』（富樫公一編著、誠信書房）などをまず参考にしていただけたらと思う。

　しかし、私がこうした考察を深めることができたのは、すべて貴重な臨床の経験を与えてくださったクライエントの方々のおかげである。出会ったすべてのクライエントの方々に深く感謝したい。

最後に、私がコフートについて学び、考え続け、さらに現代自己心理学の最新の動向に触れることができたのは、私も所属している日本精神分析的自己心理学協会のおかげである。協会の代表理事である富樫公一先生、同じく理事の角田豊先生、中西和紀先生、そしていつも共に学びあっている学友である日本精神分析的自己心理学研究グループのメンバーの先生方すべてに感謝したい。そして、私のコフートへの熱い思いを共感的に理解してくださり、本書の出版に大変ご尽力いただいた創元社の柏原隆宏氏、本書が分かりやすくなるために細部にわたって目を通していただいた編集工房レイヴンの原章氏に心からお礼を申し上げたいと思う。

　2016年秋

安村直己

目 次

序　文　岡野憲一郎　i
まえがき　iii

第Ⅰ部　共感と自己愛の諸問題とコフートの自己心理学

第1章　心理療法の指針としての共感体験 …………………… 2
1　心理臨床における共感　2
2　心理療法における「共感」の探究――コフート理論から現代自己心理学まで　4
3　臨床例による検討　10
4　おわりに――指針としての共感体験　17

第2章　「悲劇人間」の精神分析
　　　　――ハインツ・コフートの生涯と自己心理学 ………… 19
1　コフートの人間観　19
2　「Z氏の二つの分析」にみる自己心理学的視点への転換　21
3　コフートの生育史と「悲劇人間」の視点　31
4　「悲劇的英雄」にみる中核自己　33
5　「理想的な父親を奪われた子ども」の自己の回復過程　35
6　おわりに――人間にとっての理想　42

第3章　心理療法における自己愛と甘えの諸問題 …………… 45
1　自己愛をめぐる否定的なイメージ　45
2　精神分析学派における自己愛をめぐる議論――健康な自己愛と病的な自己愛　46
3　土居健郎による自己愛と甘えをめぐる論考　50
4　臨床例による検討　55
5　おわりに――一体の幻想から醒め、自己に目覚める　63

第II部　コフートと他学派との比較と心理臨床

第4章　「甘え」理論とコフートの自己心理学 ················· 66
1. 「甘え」と「自己対象」　66
2. 「甘え」理論と自己心理学の比較──土居が言及したコフートを通して　68
3. 臨床例による検討　79
4. おわりに──現代人にとっての甘えと自己愛の問題　83

第5章　ロジャースのクライエント中心療法と
コフートの自己心理学 ················· 85
1. 臨床心理学者カール・ロジャースの登場　85
2. 日本におけるロジャース離れと精神分析への傾斜　87
3. 「共感」をめぐるロジャースとコフートの相違　91
4. 「解釈」をめぐるロジャースとコフートの相違　94
5. クライエントがどう体験するかによる相違　96
6. ロジャースとコフートの「自己」の概念　99
7. ロジャースとコフートの「自己愛」の捉え方　102
8. 臨床例による検討　106
9. おわりに──ロジャースとコフートの相互参照の意義　113

第6章　自己愛障害をめぐる現代ユング派と
コフートの接近 ················· 115
1. 現代の自己愛障害への注目　115
2. 自己愛障害をめぐる現代ユング派とコフート派の相似点と相違点　117
3. 臨床例による検討　124
4. おわりに──自己心理学とユング派の豊かなイメージ　135

第III部　現代自己心理学と心理臨床

第7章　臨床場面における治療的相互交流の共同構築 ················· 138
1. 心理療法とは何かという問い　138

    2　現代精神分析における動向　140
    3　現代自己心理学派の臨床スタンス　145
    4　臨床例による検討　150
    5　おわりに──「守破離」としての心理療法家の成長過程　158

第8章　間主観的アプローチからみた治療的やり取り……160
    1　メタ理論としての間主観性理論　160
    2　間主観的視点によるコフート理論の再構成　163
    3　間主観的アプローチの臨床実践のためのガイドライン　173
    4　臨床例による検討　177
    5　おわりに──他者の心を理解することへの果てしない挑戦　187

第9章　現代自己心理学における「共感」の探究……189
    1　現代自己心理学の動向　189
    2　乳幼児研究と大人の心理療法をつなぐ共感的相互交流の研究　190
    3　臨床例による検討　206
    4　おわりに──言葉にすることと言葉にしないこと　214

第10章　心理療法における自己体験の治療的変化……216
    1　治療要因としての自己体験の変化　216
    2　精神分析的心理療法における自己体験の視点　218
    3　クライエント中心療法における自己体験の変容　222
    4　親面接を通して見たクライエントの自己体験の変容　228
    5　臨床例による検討　230
    6　おわりに──心理療法における自己対象環境の提供　238

参考文献　240
人名索引　249
事項索引　251

第 Ⅰ 部

共感と自己愛の諸問題とコフートの自己心理学

第1章
心理療法の指針としての共感体験

1 心理臨床における共感

「共感」をめぐる葛藤

　筆者がこれまで心理療法の臨床実践を重ねてきた中で、いったい何が最も治療的だったかを振り返ってみると、結局はクライエントとの関係の中で生じた「共感」の体験ではなかったかと、ほとんどすべての事例で思い至る。そして、いまさらながら心理療法における共感の重要性をつくづくと実感し、再認識させられる。ところが、その共感体験の成り立ちや治療的なメカニズムについて問われると、それがあまりにも漠然としていて、説明し難いものであるために、心理療法における重要な治療要因として「共感」を挙げることがはたして本当に説得力をもつものかどうか、一抹の不安もまた覚えてしまうのである。

　一方、うまくいかなかった事例を思い浮かべると、やはり自分のセラピストとしての共感能力の足りなさが失敗の根本的な原因だったように思われてきて、自責の念に苛まれ、さりとてそれを自分ではどうすることもできない無力感に苦しむことになる。つまり、いずれにしても、心理療法において「共感」を重視しようとすると、治療者としては心もとなさを感じざるを得なくなるのである。

　そもそも「共感 empathy」という概念は、日本では1960年頃から、アメリカの臨床心理学者カール・ロジャース Rogers, C. R. (1902-1987) が提唱したカウンセリング理論が紹介されるようになり、その中でカウンセラーの基本的態度のひとつとして「共感的理解 empathic understanding」(Rogers, 1957) が強調されたことがきっかけとなって、心理臨床に携わる人々の中に広く浸透し、その重要性が認識されるようになったといえるだろう。周知のようにロジャースの理論は非常に分かりやすかった。精神分析のような難解な理論や技法を修得しなくても、「無条件の肯定的関心」、「共感的理解」、そして「純粋性」(自己一致) からなる三つの基本的

態度をカウンセラーが維持することさえできれば、カウンセリングは大きな効果が期待できるとされたこともあって、ロジャースの考えは心理臨床の世界から教育界、産業界に至るまで幅広く急速に広まり、一時カウンセリング・ブームと呼ばれた時代が到来した。しかし、その後、ロジャースが提唱したカウンセラーの基本的態度の実践は、実は極めて難しいことが経験者に次第に分かってくると、当初の過剰な期待は冷め、ブームは下火になったが、心理療法において共感的理解が重要なことは一般にもよく知られるところとなり、現在、心理臨床の専門家の中でも「共感」の必要性に対して異議を唱える人はまずいないだろうと思われる。

しかし、こうして心理療法において共感が大切なことがこれまであまりにも自明なこととされてきたために、それでは共感とはいったい何なのか、それはクライエントとセラピストにとってどのような体験プロセスであり、そこではいったい何が起こっているのか、また、そのプロセスは治療的にどのような意味や機能を持っていて、どのようなメカニズムで治癒につながっていくのか、などといった理論的、臨床的探究は、これまであまり多くはなされてこなかった観がある。

そのため、心理臨床家の中で「共感」が語られる際には、常にどこか曖昧さがつきまといがちであった。それは、「共感」があたかも万能の治療者の特殊能力であるかのように語られたり、人間愛の素晴らしさを謳うようなヒューマニスティックな雰囲気がもたらされたり、逆に、共感できなかったことが治療者として能力がないことの証しのように感じられたり、人間としての至らなさをひたすら反省する精神主義に陥ったりと、多くの心理臨床家が「共感」をめぐって極端な反応を起こしがちであったことにも表れていたのではないかと思われる。しかし、言うまでもなく、完全な共感など不可能なことであり、もしそれを本当に実現できるものと考えるなら、その治療者は非現実的な理想主義に陥るに違いない。そのため、そのような曖昧で、むしろ混乱を来すような概念はそもそも不要なのではないかとの主張も一方では存在してきた。近年では、共感を逆にひとつのテクニックであるかのように解し、意図的、操作的にそれを行えるとするセラピストの姿勢もまた問題視されて、治療者が「共感」という言葉を使うことをいっそやめるよう薦める専門家も出現している。最初に述べた筆者の心もとなさには、このようなさまざまな問題が背景にあったように思われるのである。

精神分析家コフートの登場

そうした中で、フロイト亡き後、精神分析学派の中からハインツ・コフートが登場し、フロイトやこれまでの伝統的な精神分析学派の治療者たちがほとんど取り上げることのなかった「共感」を精神分析療法において不可欠なものとして重視し、それを治療論の中に組み込んで、共感の意味と機能を理論的に探究したことは、われわれ心理療法家にとっても大きな意義があったと思われる。精神分析学派の中でも、コフートが理論的な検討に先鞭をつけたおかげで、初めて「共感」が公に語られるようになったといっても過言ではないだろう。また、精神分析学派の中でほとんど顧みられることのなかったロジャースの理論も、コフートの流れをくむ分析家たちが「共感」という臨床的視点を接点として歩み寄りを見せ始め、ロジャースを再評価する動きも起こっている。

こうして臨床場面における共感的交流の体験プロセスの成り立ちや、その治療的な意味と機能、共感能力の発達や健康な自己愛との関係など、共感体験をめぐる治療メカニズムについてさらに探究しようとする動きが、その後、精神分析学派、特にコフートから始まった精神分析的な自己心理学派の中で起こっているのである。また近年、現代自己心理学派や間主観性理論の理論家たちは、精神分析的心理療法の治療メカニズムや臨床的変化の要因について、実際の相互交流プロセスの視点から緻密な解明を進めている。

そこで、まず第1章では、心理療法における共感の定義や成り立ちについて、コフートから現代自己心理学までの理論的発展を概観してみたいと思う。そして最後に、筆者の心理療法の臨床例を取り上げ、治療プロセスの方向性を指し示す「共感体験」の治療的な意味について考えてみたい。

2 心理療法における「共感」の探究
―― コフート理論から現代自己心理学まで

「共感」は誰の体験か

心理療法における「共感」とは、クライエントの体験なのだろうか、それとも治療者の体験なのだろうか。これは日々の臨床をしていて感じる素朴な疑問である。ロジャースが提唱したカウンセラーの三条件のひとつである「共感的理解」は治療者の基本的態度であり、共感する側は当然カウンセラーの方である。しか

し、「共感」をカウンセラーとクライエントの間で起こっている現象と考えると、そのような区別はつけにくくなる。そこには共感している治療者の体験と、共感されているクライエントの体験の両方が含まれてくるだろう。

そもそも共感する側を治療者と考えることについても疑問が生じてくる。治療者の言動から、共感的に理解されているとクライエントが体験しているとき、クライエントも治療者の言動を共感的に理解しているとはいえないだろうか。そう考えると、共感する側が治療者だけだとは言えなくなってくる。また、治療者からの共感的理解に支えられて、これまで意識してこなかった感情体験をクライエントがしみじみと想起しているとき、クライエントは自分自身の感情体験に共感しているとはいえないだろうか。同様に、クライエントの語りに共感する過程で、治療者自身がクライエントと同型の体験（河合，1975）を想起しているとき、治療者自身も想起した自己の感情体験に共感しているとはいえないだろうか。このようなさまざまな疑問や連想が生じること自体、「共感」という現象が治療者の主観とクライエントの主観との間で生じている、極めて「間主観的intersubjective」な現象であることを示唆しているように思われるのである。

ロジャース自身は「共感」について次のように述べている（Rogers, 1984）。精神分析医の成田善弘の翻訳で見てみよう。

　　それ（共感）は他者の私的な知的世界に潜入し、そこですっかりくつろぐことである。それはその人の中に流れ変容し続けている、その人に感じられている意味、恐れとか憤りとかもろさとか混乱とか、その人が経験しているあらゆるものに刻々と敏感であり続けることである。その人の生の中に一時的に住まい、その中を何の批評もせずにこまやかに動き回り、その人がほとんどといってよいほどに意識していない意味を感じ取ることである。（成田，1999）

このロジャースの記述は、クライエントの世界を共感していく際の治療者の内的な体験をイメージとして生き生きと表現したものとなっている。しかし、これは共感という概念の定義というよりも、クライエントに共感しているときの「治療者の主観的体験」の物語的な描写であるといえるだろう。このことは、共感を説明しようとすると、治療者の主観的体験のストーリーに触れないわけにはいか

なくなることを示唆しているように思われる。

コフートによる「共感」の定義

　一方、精神分析家のコフートはロジャースとは異なり、共感を精神分析的なデータ収集のための方法 (Kohut, 1959) と定義したことは注目に値する。コフートは、治療者は「共感」という「方法」を用いて患者の心についての「データ」を「収集」するという、極めて自然科学的な方法として共感を定義したのである。後にも触れるが、こうしたコフートの説明にロジャースは強く反発している。ロジャースにしてみれば、共感とは人間的で純粋な出会いの体験であり、コフートの共感の操作的な定義は、到底、許容し難いものであっただろう。

　しかし、このコフートによる共感の説明は、多くの心理臨床家に大きなインパクトを与えたことも事実であろう。実際、筆者は目の覚める思いがした。「共感」とは治療者の資質にも関係する特別な能力であり、「共感」によって一瞬の内に治療者はクライエントの心の動きを感じ取り、分かることができなければならないのではないかといった、筆者を長年苦しめた「共感」にまつわる万能的で魔術的なニュアンスが、コフートの定義ではきれいに払拭され、治療者が行うひとつの「データ収集の方法」として共感の機能的役割がはっきりと客観的、理論的、限定的に明示されていたからである。

　また、コフートは共感を「代理の内省 vicarious introspection」としても定義している。先のロジャースの定義は、この「代理の内省」というコフートの概念を治療者の主観的体験として描写したものといえるかもしれないが、治療者がクライエントに代わってクライエントの内面に起こっていることを想像し、内省するという「共感」の持つ積極的で能動的な側面が、ここで明確に概念化された意義は大きいといえよう。

　一方、これらのコフートの主張は、それまでの伝統的精神分析が立脚してきた、分析者と患者との間に明確な一線を引き、観察者としての分析者は「中立性 neutrality」をもって科学的客観性を維持し、患者を一個の観察対象として客観的に外から観察するといった自然科学的なスタンスとは大きく異なる革新的な視点に立つものだった。コフートは、従来の精神分析が重要な基本原則としてきた分析者の「中立性」を踏み越えて、分析者は患者を距離をもって外から観察・分析

するのではなく、「共感」と「内省」によってもっと患者の主観的な心の世界の中に入り込んでいかなければ、精神分析的な治療のために必要な情報を得ることはできないとして、伝統的精神分析の基本的な設定そのものに疑問を投げかけたのである。

　このように当時のコフートの主張は、自然科学的な枠組みを維持してきた伝統的精神分析に対して根本的な方向転換を迫る意味をもっていた。しかし、いまやコフートの共感の定義は、広く精神分析学派の中に取り入れられ、公式にも認められている。アメリカ精神分析学会が編集した『精神分析辞典』(Moore & Fine, 1990) の中の「共感」(エンパシー) の項を見てみると、「他人の心理状態を (ある限定された範囲内でだが) 身代わりになって体験する受け取り方のひとつ。字義からいえば、それは"感じ入る feeling into"という意味である」と冒頭に記された後、「エンパシーは、精神分析を実践する上で重要な前提となる」、「エンパシーは、感情的、認知的、推論的、合成的などさまざまな要素を含んでいるので、それらはひとつにまとめられて初めて、精神分析治療の材料となる」、「精神分析的な自己心理学 (Kohut, 1959) の視点から見ると、エンパシーは、患者の感情や欲求に対する適合的で適切な知覚や反応を意味する」との文章が続いている。コフートの貢献によって、現在、精神分析学派の中でも「共感」は、精神分析的な心理療法の重要な治療的要素として認識されるに至っているのである。

現代自己心理学派による「共感」の探究

　こうしてコフート以来、精神分析学派においても「共感」が取り上げられ、理論的な検討が重ねられてきた。しかし、それらは当初、コフートも含めて、治療者の側の営みとしての共感であった。つまり、共感は「治療者から患者へ」の一方向の視点から検討されてきたのである。この点に関して近年、コフート以後の現代自己心理学派の理論家たちによる研究では、そこにさらに新たな視点が加えられている。それは「共感」による理解や体験や反応を治療者と患者の双方向的な関わりとしてみる視点である。

　現代自己心理学派のスカロフ (Sucharov, 1998) は、「共感」を治療者とクライエントの間に生じる継続的なプロセスとし、それを「共感的プロセス empathic process」と呼んで、以下のように述べている。「精神分析での出会いにおいて、

共感的理解は（治療者とクライエントの）双方向的bilateralなものである。相手を理解することと相手に理解されることは、瞬間、瞬間に相互に規定し合う、分かつことのできないひとつのプロセスなのである」。さらにスカロフは、「患者の話に耳を傾けていくうちに、治療者は共感的没頭を超えて、さらに治療者と患者が互いに振り付け合う共感的ダンスに入っていくのである」とも述べ、治療者から患者への一方向のプロセスである「共感的没頭」と対比して、治療者とクライエントの双方向的なプロセスを「共感的ダンス empathic dance」という言葉で表現している（Sucharov, 1996, 1998）。このダンスという表現は、システミックな視点を重視するファミリー・セラピーでもよく使われる言葉であり、二者間に働く自動的な相互作用を強調する意図で用いられている。「共感的ダンス」という言葉は、いかに共感の体験が身体水準の響き合いにも似た、治療者とクライエントの反射的な相互規定や相互影響による現象であるかを示唆しているように思われる。

「自己対象ニーズ」の双方向性と「共感」

「自己対象 selfobject」は、コフートが提唱した自己心理学の中核に位置する重要な概念である。それは、自己selfを喚起し、支持し、維持して、自己にまとまりcohesiveness（凝集性・融和性）をもたらす対象を意味している。コフートは、当初、これを「自己の一部のように体験される対象」（Kohut, 1977）とし、自己と分化していない、自己のための対象という意味で「自己対象」と呼んでいた。しかし、その後、「自己対象」とは外的、物理的に実在する対象のことではなく、自己愛を満たすことで自己体験にまとまりを与え、自己の傷つきを修復するような「自己を支えるために必要なイマーゴに関する体験」（Wolf, 1988）を指していると考えられるようになり、今日では「自己対象体験 selfobject experiences」や「自己対象反応 selfobject responses」としても表記されている。そして、スカロフは、この「自己対象体験」が生じるための必須の条件となるのが「共感的理解」であると論じているのである（Sucharov, 1998）。

現代自己心理学派のバコール Bacal, H. A. は、この「自己対象体験」や「自己対象反応」を求めようとする「自己対象ニーズ（欲求）selfobject needs」に関しても、その双方向性について指摘し、次のように述べている。「治療者と患者の関係は、これまでの精神分析的な治療者が認識していたものよりも、その本質において

もっと相互的reciprocalなものである。治療者と患者の自己対象ニーズも双方向的bidirectionalなものであり、自己対象ニーズが満たされないときには、患者と同様に治療者も、患者との自己対象関係の断絶を体験するものである」（Bacal, 1998）。当然のこととして、治療者も「自己対象ニーズ」をもっており、それを治療場面に持ち込んでいる。バコールは、治療者がそのことを自覚せず、あるいはそれを恥ずべきこととして否認していると、治療者はかえって防衛的となって、患者との自己－自己対象関係の断絶に反応してしまい、行動化するなど、結局、治療者として適切に機能できなくなってしまうと述べ、注意を促している。

バコールの「至適応答性」と「共感」

　さらにバコールは、患者が最も必要としている自己対象体験を提供する治療者の全体的応答を意味する「至適応答性optimal responsiveness」（Bacal, 1998）という概念を新たに提唱している。そして、その双方向性に関しても、治療者が患者の自己対象ニーズに沿った「至適応答性」をもって患者に反応しているときには、患者も同様に、治療者の自己対象ニーズに沿った「至適応答性」で治療者に反応し、治療者の応答性を引きだしていることを指摘する。つまり、治療者の応答性は、患者との関係性の中にあって、患者の側の応答性に大きく依拠しており、両者の相互作用の中から生み出されていると考えられているのである。こうして治療者と患者が、互いに相手を自己対象機能の提供者として体験する中で、心理療法のプロセスは展開していくものであり、治療者と患者の「自己対象的結びつきselfobject tie」も強まっていくというのである。このことは、長く苦しい治療過程を経て治癒していったクライエントを前にして、その治療者が時に抱く、「クライエントを治療することで治療者自身も癒された」という感慨に当てはまるように思われる。

　ここまで現代自己心理学派が注目する「共感的理解」や「自己対象ニーズ」や「至適応答性」の双方向性について概観してきた。しかし、コフートのオリジナルな理論の中にも、すでに双方向的な視点の萌芽が見られることが指摘されている（丸田・森, 2006）。また、コフートの一生と、彼の中で自己心理学理論が確立されていった経緯を歴史的に描写し、人間コフートを明らかにしようとしたストロジャーは、その著書『ハインツ・コフート』（Strozier, 2001）の中で、「コフートは、

人間に本質的に備わっている善性の存在を信じ、共感を、自己対象間の当たり前の体験と考えていた」と述べている。人間とは、本質的に、互いが互いの自己対象となって、相互に共感的理解を深め合い、自己を強め合おうとする存在であるとコフートは考えていたように思われるのである。

それでは次に、筆者の心理療法の臨床素材を取り上げ、実際の治療者とクライエントの間で生じた「共感体験」の様相を、治療者の主観的な体験をもとにして検討し、心理療法における共感の治療的な意味について考えてみたい。

3　臨床例による検討

〈臨床例1〉

クライアントのA男は24歳の男性で、抑うつとパニック症状を主訴に、心配した両親と共に心療内科クリニックを受診した。初診時には「何事も悲観的に考えてしまう。落ち込むと何もできない。疑い深くなり、大声で叫んでしまう」と強い心的苦痛と抑うつ感、焦燥感を訴えた。A男の発症のきっかけは、付き合っていた女性とのトラブルだった。A男は、彼女が他の男性と少しでも親しくすると激しく彼女を責めるようになり、彼女の行動を細かく詮索し続けた。その後、彼女と衝突が絶えなくなり、A男は怒りがコントロールできなくなって、彼女に暴力を振るうまでになった。しかし、A男はそうした自分自身に自己嫌悪し、抑うつ的となって死にたいと訴え、両親に付き添われて来院したのである。その後、紆余曲折を経た後、A男は女性と別れ、混乱状態はひとまず沈静化した。しかし、その後、確認強迫や心気症状が強まり、今度は母親に執拗な確認や保証を求めるようになった。その頃、A男は主治医から心理療法を薦められ、筆者が担当することになったが、結局、来室しなかったので、筆者は、A男の強迫的確認に振り回され、疲労困憊していた母親をまず援助することを目的に、母親との面接を開始することとなった。

母親面接では、父親が過去に事業に失敗し、経済的に困窮していた頃にA男が生まれたこと。当時から母親は余裕がなく、満足に子どもの養育に携わることができず、幼少期からずっとA男に我慢をさせてきたこと。また、A男はそうした両親の苦労を見ながら、長男として親への忠誠心の強い、いわゆるよい子として

育ったことなどが、涙と共に母親の口から語られた。面接を重ねる内に、筆者の心の中には、母親との一体感や安心感を幼いときから求めつつも、さまざまな家の事情で、それらを十分に体験することができず、逆に労苦の絶えない親を守ろうとしてよい子となり、自分自身の欲求を抑え続けてきたＡ男が、いまそれを女性に一途に求めて逆に得られず、さらに深く傷ついていくＡ男のイメージが生き生きと浮かぶようになっていった。

　その後、ある母親面接のセッションにＡ男が共に来室したことがきっかけとなって、Ａ男は筆者との個人面接に通うようになった。Ａ男は、初診の頃よりずいぶん落ち着いており、面接の中で自分の苦しい体験や心境を以前よりも言語化できるようになっていた。筆者の理解も徐々に進んでいったが、しばらくしてＡ男は、将来のために海外に留学することを決意し、旅立つことになって、治療はそこで中断となった。

　ところが１年後のある日、Ａ男が突然、面接を希望して来所した。留学先で精神的に不安定となり、急遽帰国したという。会ってみたところ、以下のような事情が語られた。Ａ男は、計画通り海外の大学に留学し、勉学に励んでいたが、外国人の留学生女性と知り合い、付き合いだして、困難な異国体験を彼女との関係を支えに乗り越えてきた。ところが、その後、Ａ男は彼女と些細なことで衝突することが多くなり、彼女が突然予告なく帰国してしまったため、Ａ男は深く動揺した。以前のように自分が消滅しそうになり、強い不安に襲われ、急遽帰国したがやはり落ち着かず、面接を受けたほうがいいと思って来所した、とのことだった。Ａ男の的確な自己体験の描写に筆者は感銘を受け、そうした自己省察と言語化ができるようになったＡ男を、筆者は高く評価した。Ａ男は「ものすごく苦しかった。死ぬかと思った」と当時の彼女の喪失体験を面接の中でしみじみと振り返り、語った。そのとき筆者の心の中に、対象との一体感が突然消失した際の、奈落の底に突き落とされたような圧倒的な見捨てられ恐怖を体験したであろうＡ男の苦しみがありありと浮かんできた。そこで筆者はＡ男に「そのとき地獄を見たやろうー」と力を込めて伝えた。（標準語では「地獄を見たでしょう」あるいは「見たねぇー」に近いが、そのときの筆者の主観的情動体験に忠実であろうとすると、この言い方であることが必要なため、そのまま表記することにした）。Ａ男はひと息ついて、「ええー、見ましたー…」と応え、その声には実感がこもった。そのとき、筆者は、

筆者とA男との間に確かな深い心と心のつながりが生まれたように感じた。筆者は、A男と彼女の絆の断絶の体験に共感する中で、逆に筆者とA男との間に心の絆が生じたことを意味深く感じながら、そのつながりを基にして、さらにA男に対して、「君は異性との関係で強い一体感を体験すると、その後このような混乱した状態になる傾向があるんじゃないだろうか」と伝えた。A男は「そう思います」と同意し、「自分も心理学に興味がある。自分で自分のことをもっと知って、自分で対処できるようになりたい」と語り、再び面接に通いたいと希望した。筆者はA男の反応に手ごたえを感じた。その後、A男との心理療法は数年続くことになった。その間、紆余曲折はあったが、筆者とA男の治療関係は安定したものとして機能し続け、A男は徐々に落ち着きを取り戻していったのである。

若干の考察

この臨床例では、筆者がA男に深く共感し、「そのとき地獄を見たやろうー」とA男に伝えたセッションが、治療プロセスにおけるひとつの山場だったように思われる。その瞬間、対象との一体感の亀裂に圧倒され、地獄のような恐怖感と不安感に陥ったA男の喪失体験の苦悩が、筆者の心にありありと伝わってきた。それは客観的には単に筆者の想像によるものだが、不思議にそのとき、それはA男の体験であるという確信をもっていた。この筆者の主観的反応は、これまでの面接でのA男とのやりとりのすべてや、母親から得たA男の情報やイメージ、そして、それらへの筆者の連想や情動的反応など、筆者の中のA男についての情緒的、認知的、推論的理解からなる、総合的な共感的理解から生じてきたものだった。そして、筆者の反応にA男も明らかに共感的に反応した。筆者は自分へのA男の反応に手ごたえを感じ、そのとき筆者とA男との間に深い一体感が生まれたことを感じたのである。これは筆者のA男への瞬間的な部分的同一化とも考えられる。しかし、それは筆者からA男への一方的なものではなく、筆者とA男の間で相互に共感しあい、同一化しあう「双方向的」なものであったと思われた。筆者とA男は、まさに互いに「至適応答性」を引き出し合いながら、互いが互いの自己対象となって自己対象体験を提供しあっていたと考えられるのである。

A男が、筆者の反応から「理解された」と体験し、自己感a sense of selfが高まったと同時に、筆者も自分へのA男の反応に手ごたえを感じ、筆者自身の自己感も

強まった。こうした「手ごたえ感」を与える反応は、現代自己心理学でいう「至適応答性」と言ってもいいだろう。「手ごたえ感」とは、このように常に双方向的なものであり、手ごたえのあるやり取りとは、互いが互いの自己感を強め合う自己対象体験であり、その瞬間に、そのふたりの間にしか生まれることのない間主観的な相互交流だと考えられるのである。

このセッション後、実際、A男は面接に積極的に通うようになり、「ここに来て先生と話していると、自分もしっかりやっていると思えてきて、元気が出てくるんです」と語った。筆者から共感的に理解され、自己感a sense of selfが喚起されることによって自己の凝集性が高まり、自己の安定と回復が進んでいったものと思われる。あの山場となった回の筆者の「共感」をめぐる体験は、筆者の中でA男の深い悲しみや苦悩への理解が結晶化し、関係性基盤（Mitchell, 1993）として筆者とA男との間主観的な絆が出現した瞬間であり、これからの心理療法の方向を指し示す指針、あるいはモデルとなる自己対象体験となったのである。それは治療関係の中に「自己対象的な結びつき」が生じた瞬間であり、A男の自己の回復の可能性と方向性を指し示す、希望の体験だったと思われる。

〈臨床例2〉
22歳のクライエントB子は芸術系大学に通い、絵画の勉強をしていたが、ある日、突然絵が描けなくなり、急性の精神病状態に陥って自殺未遂を起こし、緊急入院した。その後、薬物療法で状態は回復し退院したが、関係思考などの自我障害、離人体験、体感異常などの症状に苦しむようになり、外来で精神科治療を続けていた。筆者が主治医から彼女の心理療法を依頼されたときは、すでに初診から数年が経過していた。その頃には、彼女は以前の病的体験を語れるようになっていたが、その体験の意味を執拗に主治医に問い詰めて保証を求めるため、診察と並行して心理療法が薦められたようだった。初回の面接から、彼女はこのような場をずっと待ち望んでいたかのように、あふれんばかりの勢いで以前の病的体験を筆者に一気に話して聞かせた。

「高校のころから相手の目を見ると、自分が消えてしまうことに悩みだしたんです。その後、芸大に進み、絵を練習するようになり、最初はうまく描けていたが、ある日、コップを集中して描いているとき、頭の中はコップでいっぱいに

なっているのに、自分はどこにいるのか、ふっと分からなくなった。どこにも自分はいないと思ったんです。そのときはデカルトの"我思う。故に我あり"を思い出して、自分が思うから自分があるんだと考えて、何とか落ち着いた。でも、また集中できなくなった。こう思ってはいけないといったん気づいたら、よけいに怖くなり、逆に自分を消すほうにどんどん自分で動いてしまうようになった。そうなると自分で自分の記憶も消してしまうようになって、しまいには足を出そうと思っても出なくなった。身体を動かすことも怖くなった。そして、どんどん悪くなって、死のうと思ったんです」

患者の自己の体験の描写は極めて的確に感じられ、筆者は心を奪われて、時間も忘れ、集中して彼女の話に聴き入った。彼女の病的体験が筆者の胸に迫った。時間となり、筆者は「次回も聴かせてほしい」と伝えた。彼女は「こんなふうに話せるところがほしかった」と応え、安堵したような表情になった。

次の回も過去の病的体験の語りが続いた。ところが、そのとき起こってはならないことが起こってしまった。他の患者に緊急の事態が起こり、筆者は彼女との面接を中断して、その対処に当たらなければならなくなったのである。筆者は、彼女との面接の場は、誰にも語ることのできなかった彼女の心の奥底の体験が安心して語り尽くせる場として、必ず保証されなければならない空間だと思い定めていた矢先のことだったので、その後、強い罪悪感に苛まれ、悔恨の念に囚われた。このハプニングで彼女の心は深く傷つき、面接が中断してしまうのではないかと怖れた。しかし、次のセッションにも彼女は約束どおり来室し、筆者の謝罪の言葉に「いえ、また来れてよかったです」と笑顔で応えてくれた。そして、彼女は語り続けた。

「相手の目を見ると、自分の頭が真っ白になってしまうことに悩み、どうしてそうなるのか、ずっと考え続けた。相手の目を見ると、自分が飲み込まれてしまう。自分の見方が消えてしまい、相手の見方がすべてになってしまう。それで、自分の目で見ることは、相手の目で見るのとは違うことに気がついた。だから自分は相手とは違うんだと。そしたら自分はまったく完全に孤独なんだと思って、すごく怖くなった。分かりますか？」

筆者は、彼女の言う体験は確かに自分も体験したことがあると思った。「分かります。この宇宙の中で、この世界をこのように見ているのは、自分ひとりしか

いない。誰とも共有できない。宇宙の中で自分たったひとり。ものすごい孤独でしょ」。筆者は彼女に実感をもって伝えた。

「そうです！　先生も分かるんですか！」彼女の目が一瞬喜びで輝いたように見えた。筆者は彼女が他者に分かってもらえたという体験を初めて経験し、筆者も彼女と人間存在の根底にある孤独感を共有していると感じた。ところが、彼女はさらに筆者に次のように尋ねたのである。

「先生も分かるんですね！　…そしたら先生はどうして病気にならなかったんですか？　どうして私は病気になって、先生は病気にならなかったんですか？」

筆者は息を呑んだ。筆者は答える言葉をなくし、考え込んだ。しかし、彼女はそれ以上は問うことなく、しばらくしてまた話し始めた。

「自分が完全に孤独だと思ったら、そしたら、何のために友人と一緒にいる必要があるのか分からなくなった。全然違うのに、どうして一緒にいて楽しいと思えるのかと。でも、まったく同じように楽しいと思っていなくても、それをお互いに共感しあうということはできるんじゃないか、そう思った。そこまで自分で考えて答えを見つけてきた。でも、その後、また出てきた。何かをしている自分を見ている自分を考え出すと、止まらなくなって、もう先が見えなくなり、苦しくて、死のうと思ったんです…」

終了時間となり、ずっと息をつめ集中して聴いていた筆者は、初めてほっと一息ついた。すると、彼女は最後にしみじみと筆者に語ったのである。「いつも、こういうことは梱包していて、出さないようにしています。でも、いまはここですごく開いています。この時間が終わると、また閉じて、梱包して、部屋を出るつもりです。でも、梱包している荷物を少しでも小さくしたいので、ここで出して、小さくして、またしまいたいと思っています」。

筆者は彼女の言葉に感動し、「それをしていこう」と伝え、終了した。

その後の面接でも、彼女の病的体験の振り返りが続いた。彼女は心理療法の中で、心の梱包を解き、筆者に内面の世界を開陳しながら、面接の外の世界では心をしっかり梱包し、その後、実際に現実場面では荷物の梱包のアルバイトを始めた。そして、当初はつらかったアルバイトにも何とか慣れ、いろいろな仕事を積極的にこなすようになった。その後、混乱することもなくなり、精神的にも安定して、回復の道を歩みだした。

それから約1年後、彼女は面接で「しばらくバイトで実際の人間関係の中でやってみたい。その中で経験を増やしていって、病気のほうは置いておきたい。そうしてほかのことをしばらくやってみて、また必要になったらここに来て、病気のことに取り組みたいと思います」と穏やかな表情で語り、筆者もそれに賛成して面接は終了することとなった。それから1年後、一度来室した彼女は、元気にアルバイトを続けており、筆者は安心した。最後の挨拶をしに来てくれたように感じた。

若干の考察

彼女との心理療法過程を振り返ると、第3回の「共感」をめぐる体験は、筆者にとって重要な意味を持つものだった。自己は対象から分離した固有の存在である(土居, 1960a)。自分の目に映る世界が、そのまま他者のそれと一致することはありえない。人は自己の意識を持ったときから、そうした運命を背負うこととなったといえるだろう。彼女はその完全な分離の体験を生のまま突然体験し、混乱したものとも思われる。筆者は彼女の絶対的孤独の体験を聴き、それは自分もかつて体験したことがあると感じて、「自分も分かる」と伝えた。そのとき筆者は、彼女と自分は同一の体験を共有していると信じたのである。しかし、それは本質的には不可能なことであり、他者と自己の体験は決定的に違うことを彼女のほうが知っていた。彼女の問いに筆者は目を覚まされ、筆者が夢想した彼女との一体の世界は一瞬にして消え去った。しかし、彼女はそこで深い自己洞察を語ったのである。「人と同一の体験はできなくても、互いに共感し合い、伝え合うことはできるのではないか」と。筆者は心から深い感動を覚え、彼女の言葉に共感した。それは筆者にとって深い共感体験となったのである。

この面接での体験は、その後の彼女との面接において、筆者にとっての心理療法のひとつの指針となった。それは、彼女の体験にいくら自分が共感できたとしても、ふたりの体験が完全に一致することはありえないことであり、そのような一体感の幻想はいつか必ず破綻することを分かっておくこと、そして、そのように人間は、対象から完全に分離した孤独な固有の存在としてしか存在することはできないが、同じ人間同士として、その分離の悲しみや苦しみを共感し合うことだけはできること、そして、その共感による結びつきと絶対的な分離の両方の体

験から、逆に、対象から分離した固有の存在としての自己の存在感覚が積極的な感情のもとに生まれ、「自分がある」感覚（土居，1960a）が彼女の中に目覚めることを祈ることであった。

彼女は、筆者が彼女の体験に共感するたびに「先生はどうしてそんなに分かるんですか!」と喜びの声を上げつつ、時に「でも、先生と私は違う」と付け加えることも忘れなかった。それでも筆者は彼女の体験を分かろうとし、彼女も筆者に理解されることを求めようとした。こうして彼女と筆者は「他者に自分が共感的に理解されることを求めながらも、それと同時に自分も他者を共感的に理解しようとすること」を共に体験し、共有しながら、彼女はその体験を心の支えとして、再び心の梱包を閉じ、現実適応に向けた自己の固有の道を歩みだしたものと考えられる。

ここで彼女と筆者は、面接の中で「幻想的な一致の体験」と「自己と対象の絶対的分離の体験」を幾度も繰り返し体験していたといえるだろう。これは自己心理学的な視点から見れば、クライエントと筆者の間に「自己対象転移の断絶と修復のプロセス」（Kohut, 1984; Wolf, 1988）が生じていたといえるかもしれない。土居健郎は、コフートのいう「自己対象転移 selfobject transference」は「甘え」のことだと述べている（土居，1997）。「甘え」とは、自己が対象との結びつきを求める心である。その意味で、本症例において、彼女は病的体験を共感的に理解されることを筆者に求めたことで、筆者に甘えることができたということができるだろう。そして、その甘えは、土居のいう幻想的な一致の体験をあくまでも求めようとするナルシシズム的な自己防衛のための甘えではなく、分離した固有の自己が、自己と分離した存在である対象を信頼し、少しでも理解されることに喜びや希望を見出そうとする「成熟した自己対象体験」として体験されていたのではないかと思われる。このように真に治療的な「共感」が生みだす体験とは、結果的には、ほどよい自己の分化 differentiation of self の体験をクライエントとセラピスト双方に等しくもたらすような体験なのではないかと思われるのである。

4 おわりに──指針としての共感体験

以上、コフートと現代自己心理学派による「共感」の探究の一部を概観し、臨

床素材を通して共感の治療的な働きとその臨床的な意味を検討した。症例によって「共感」の体験の質や意味は異なるが、筆者にとって最も深く印象に残ったクライエントとの「共感」の体験は、その後の心理療法の流れを左右するひとつの山場の体験であった。

　コフートは「共感」が発達的に早期の太古的archaicな形態のものからより成熟した形態のものへと発達していくことを述べている (Kohut, 1971)。言語以前の共鳴や情動調律といった非言語的なコミュニケーションの調和が最も治療的な情緒的サポートとなり、「至適な共感」となるクライエントもいれば、言葉による共感的理解の表明や解釈が「至適な共感」となるクライエントもいるだろう。治療者への陰性感情が解釈され、それがしっかりと治療者に受け止められることや、厳しく直面化されることが「至適な共感」となることもあるかもしれない。もちろん、同じクライエントでも、レベルの異なるさまざまな次元の共感体験が、その瞬間、瞬間に求められていると考えられる。その時々に応じて、そのクライエントにとっての最適の共感的交流のレベルが異なっているのである。その意味で、治療者が手ごたえを感じる共感体験とは、そのとき、そのクライエントにとって「至適応答性」となる共感的交流がどのレベルにあるのかを示唆し、その後の治療プロセスの方向性や指針や見通しを治療者に指し示す体験になるのではないかと考えられるのである。

第2章
「悲劇人間」の精神分析
―― ハインツ・コフートの生涯と自己心理学

1　コフートの人間観

「悲劇人間」と「罪責人間」

　コフートは、自らの人間観を「悲劇人間」Tragic Man という言葉で表現している（Kohut, early 1970s, 1977）。そして同時に、フロイトの人間観を「罪責人間」Guilty Man と呼び、フロイトの伝統的精神分析と自らの自己心理学の基本的立場の違いを鮮明にしようとしている。概して言えば、フロイトは本質的に人間を「欲動の塊」と捉え、精神病理の中核に「エディプス的罪悪感」を置いて、人間を本質的に「本能的な欲動の充足を求めながら、その充足をめぐる葛藤と罪悪観に苦悩する存在」としたのに対して、コフートは「本質的に人間は、自己実現を求めながら、その必然的な挫折に苦悩し続ける存在」（Kohut, 1977; Ornstein, 1978）と考えたといえるだろう。つまりコフートは、人は動物的な本能的欲動の充足ではなく、自己実現による自己の充足を一生涯追い求めるが、それは決して成就されることはなく、結局、人は死ぬまでその試みの失敗や挫折、失望、傷つきの体験を繰り返すしかない「悲劇的な存在」だとしたのである。

　コフートはこうした人間観を、フロイトの時代とは異なった社会状況と、それに伴う心理的問題の変化を背景にして論じており、興味深い。コフートは代表的な著作『自己の修復』の中で以下のように述べている。

> 比較的最近まで、個人に対する主な脅威は未解決の内的葛藤であった。そして、それと関連して、西洋文明のもとで子供がさらされていた主要な対人関係的布置は、両親と子供たちとの間の情緒的過剰接近と両親間の強い情緒的つながりであった。（中略）〔しかし、〕これまで脅威を与えるほどに近いものとして体験されてきた周囲の環境が、今や脅威を与えるほどに遠いものとしてますます体

験されるようになってきた。子供たちは、以前は両親の情緒的(性愛的なものも含めて)生活によって過剰刺激されていたのに、今や子供たちは往々にして過少刺激しか与えられない。(中略)われわれの西欧世界において今や人間の中心的問題の範例となっているのは、刺激を受けることの少ない子供であり、親から不十分にしか反応されない子供であり、理想化できるはずの母親を剝奪された娘であり、理想化できるはずの父親を剝奪された息子である。(Kohut, 1977)

過少刺激の時代の精神病理

ここでコフートは、フロイトの伝統的精神分析の時代に中核的な病因とされた「両親からの禁止」や「エディプス的布置による競争関係」といった、内的欲動をめぐる葛藤が前提としていた家庭内の「情緒的過剰刺激」の問題が、現代ではまったくその逆の家庭内の「情緒的過少刺激」の問題へと変化していることを指摘している。現代では、両親からの十分な共感的応答を受けることなく、情緒的に過少刺激のもとで育った多くの子どもたちが、健康な自己愛を育むことができず、自己そのものの弱体化や断片化、空虚化をきたしやすくなっていることが問題視されているのである。

確かに現代という時代は「理想の母を奪われた娘と、理想の父親を奪われた息子」の時代なのかもしれない。それは社会心理学的にいえば、現代の価値観の多様化や技術革新の速さによって、伝統に根ざした父親的権威が失墜し、「父なき社会」と言われるゆえんであり、また精神分析的にいえば、規範となる「超自我」や「自我理想」の力が弱まり、衝動的なパーソナリティ障害が増加しているという現代的な特徴がそれに当てはまるように思われる。無気力、抑うつ、閉じこもり、衝動性の障害、さまざまな依存症、行動化、行為障害などの問題は、過少刺激の時代の精神病理の代表と言えるかもしれない。現代人の自己は、空虚で、自己愛的に傷つきやすく、誰もが断片化した自己を癒そうとして、さまざまな刺激を刹那的に際限なく求め続けているともいえるだろう。それはまさにコフートのいう「悲劇人間」の姿である。コフートの自己心理学は、そうした現代の「悲劇人間」の特徴である「理想を奪われた子ども」の側の視点から、フロイトの伝統的精神分析の枠組みを見直し、現代人の自己愛をめぐる苦悩への処方箋を見出そうとした現代の精神分析と見ることができるように思われる。

そこで、この章では「悲劇人間の精神分析」ともいえるコフートの自己心理学の視点が、フロイトの「罪責人間」の視点と臨床的にどのように異なるのかを、コフートが発表した症例「Z氏の二つの分析」(Kohut, 1979)を検討することを通して臨床的な視点から概観してみたい。「Z氏の二つの分析」は、経過の前半である一度目の分析では伝統的精神分析の枠組みでの分析治療が行われたが、その後、再開された後半の二度目の分析では、新しい自己心理学的な視点から分析治療が行われた症例であり、伝統的精神分析と自己心理学の臨床的視点の違いを比較検討するのに最も適した症例だと思われるからである。

　また、このZ氏はコフート自身がモデルなのではないかと言われている。そこでZ氏の症例からコフート自身の生育史や個人的なパーソナリティを推察し、それらが自己心理学理論の成立にどのような影響を及ぼしたのかについても考察してみたい。コフートの生育史についてはチャールズ・ストロジャーの著書『ハインツ・コフート――その生涯と自己心理学』(Strozier, 2001)を参照する。最後に、自己愛的過敏さから大きな苦悩を抱えていた男性クライエントの心理療法の治療過程を提示し、自己心理学的な視点から考察することを通して「理想の父親を奪われた息子」の自己の回復のプロセスについて考察を加えてみたい。

2　「Z氏の二つの分析」にみる自己心理学的視点への転換

　論文「Z氏の二つの分析」は、コフートによって行われた精神分析療法の治療過程が詳細に描写された症例論文であり、1979年に国際精神分析学会の学会誌に発表されている。以下に症例の経過を概観してみよう。なお、症例の概要はコフートの原論文(Kohut, 1979)と、福岡精神分析研究会の岡らが翻訳し紹介した「症例Z　二つの分析」(岡ほか, 1996)を参考にした。

一度目の分析

　Z氏は20代半ばの大学院生である。臨床像としては、繊細でもの思いにふける思想家のようだった。患者は経済的に恵まれた環境の中で育ち、一人っ子で、父親は4年前に亡くなっていたので、母親とふたりで住んでいた。彼がコフートの元に分析治療を求めて来たとき、彼の主訴は漠然としたものだった。彼は心臓

の収縮異常、手のひらの発汗、胃の膨満感など身体症状を訴えたが、同時に、女性と関係をもつことができないため、社会的孤立感を感じているとも述べた。

　その後、分析治療で分かってきたことは、彼はしばしば自慰を行っていたが、その際の空想はいつも、支配的な女性に性的に屈辱的な奉仕を行うことを強制されるという自虐的なものだった。また、患者が3歳半のころ、父親が重病で入院したが、その間、父親は看護してくれた女性と恋愛関係となり、退院後もほとんど家に帰らなくなっていた。しかし、母親は離婚することなく、患者が5歳のとき父親はその女性と別れ、家に戻っていた。以降、Z氏の両親の結婚生活が不幸なものであったことは疑いの余地がなかったとコフートは記している。

母親転移の分析

　そして、分析治療の最初の1年間で最も目立ったテーマは、退行的な「母親転移」のテーマだった。患者は、常に分析者に完全に理解されることを当然のことのように求めたが、そのような自己愛的で傲慢な分析者への態度が、徹底操作の対象とされたのである。コフートは、この時期、彼に対して、そのような態度は、自分は母親を独占し、母親を思うままにできるという防衛的な自己愛的態度であって、実際に母親を性的に所有している強いライバル、つまり父親を意識化する苦痛から、また、ライバルである父親への競争的、敵対的衝動の意識化によって生じる去勢不安から、それらは彼を守るものであるという解釈を与え、分析している。また、彼の自虐的な自慰空想についてもコフートは、前エディプス期における母親の所有に関する罪悪感と、無意識的なエディプス的な相手に対する罪悪感の性愛化の表れであるとする観点から解釈を加えている。さらに、性的に支配的な女性の空想に関しては、コフートは、男根をもった支配的な女性という想像を生みだすことによって、彼は、母親は父親以上の力をもった存在だから、父親を怖れる必要はなく、母親はうまく彼を父親から守ってくれるだろうと空想し、去勢不安を否定しようとしているのだと解釈している。患者は、その後、分析の中で、11歳のころ、夏休みのキャンプで知り合ったカウンセラーの男性と同性愛的な関係を持っていたことを告白する。コフートはここでも、患者が抱いていた当時の幸福感は、理想化された母親に対する前エディプス的な関係の至福感が再活性化されたものであると解釈している。

エディプス葛藤の分析

　このように、一度目の分析治療でコフートは、Z氏の誇大性grandiosityと自己愛的欲求narcissistic demandsを、それらは前エディプス的母親の拘束の持続であり、エディプス的罪悪観と去勢不安に対する防衛であるとして、徹底的に古典的な精神分析の枠組みである欲動論、つまり「罪責人間」の視点からの解釈を繰り返し、徹底操作を行っている。そして、こうした分析の結果、Z氏の自己愛的態度は徐々に減少し、自虐性へのとらわれも次第に消失していき、患者は、女性との満足のいく交際もできるようになったとされている。さらに、その頃、Z氏は、母親の家を出て一人暮らしを始めており、そのことで決定的に成熟の階段を上がったとしている。

　当時、Z氏は次のような夢を報告している。「患者は家の中におり、少し開いたドアの内側の部屋にいた。外側では、贈り物が入っている包み物をいっぱい抱えた父親が入りたがっていた。患者はひどく怯えて、父親を家の外にとどめておくためにドアを閉めようとしていた」。この夢は、分析が患者のエディプス葛藤に到達したことを示しており、以前は無意識的な領域にあったエディプス的父親へのアンビバレンスが意識化されてきたものと理解された。その後、患者の要求や期待は現実的なものとなり、分析者に対しても攻撃的な考えを報告するようになった。また、女性に対しても以前より次第に自己主張的assertiveになり、生活全般において改善が見られた。こうして古典的分析理論に則った一度目の分析治療は、まさに理論どおりの展開を示し、4年の経過を経て、終結されたのである。コフートは論文の中で、この終結期に「すべてが適当な場所に納まったかに見えた」と述べている。しかし同時にコフートは、症状や行動上の改善にもかかわらず、終結時、これらについてZ氏が情緒的に何らの感慨も抱くことがなく、また、実生活においても分析場面においても、情緒的な深みに達するような経験が見られなかったことにも気づいていた。

二度目の分析

　そして、分析治療終結後さらに4年が過ぎたある日、Z氏は再びコフートに連絡を取ってきた。彼は、女性との関係を維持することはできていたが、それらは依然として情緒的に非常に浅薄なものであり、性生活にも何ら満足を感じること

ができなかった。自虐的な空想も実際には消失しておらず、彼は自分が社会的に孤立し、ますます自慰空想に溺れていきそうな不安におびえるようになっていたのである。また、ちょうどその頃、彼の50代半ばの母親が、精神的に重症の混乱を来たし、パラノイド的妄想を発展させるようになっていた。それは患者が5年前に母親の家を出た後のことであり、母親を捨てたために母親が病気になったのではないかとの罪悪感に患者は直面しているのではないかと想像され、そのことも彼が治療の再開を求めた要因ではないかと考えられた。

　コフートは、当時Z氏の分析をすぐに再開するだけの時間的余裕がなかったこともあり、2回の面接を行った上で、本式の分析治療再開を半年後に延期することを提案し、Z氏も了承している。そして、その待機中、Z氏は一度コフートに手紙を出している。そこには、コフートと再会後、Z氏の健康状態が回復していることと、ほどほどに調子よくやれていることが記されていた。ここでコフートは、一度目の分析では思いもよらなかった仮説を考え始めたのである。つまりコフートは、Z氏の改善を、彼の転移の表れではないかと考え、彼が「理想化転移 idealizing transference」を確立しつつあるのではないかという仮説であった。

コフートの基本的スタンスの変化

　こうして予定どおり、二度目の分析治療が開始された。コフートの仮説は、初回のセッションに報告された分析開始前夜の夢によって確かめられた。それは、力強く、静かな自信に満ちあふれた黒髪の男性が田園風景の中に立っているという夢だった。Z氏の連想は、その田園風景がキャンプでカウンセラーと出会った場所に近いこと、彼の父親の黒髪を連想すること、そしてその男性が身に着けているものが分析者であるコフートを連想することなどであった。こうして二度目の分析では、コフートは患者からのこの理想化の発展に干渉せず、それを受け容れる態度を取っている。するとその後、Z氏は、分析者に対して、一度目の分析の初期とまったく同じように、完全な理解や共感を求める、自己中心的な要求がましい態度を取り始めた。分析者が少しでも患者の心理状態を理解し損なうと、怒りをもって反応しがちとなった。しかし、コフートは、こうした患者の態度を、一度目の分析では、本質的に防衛的なものとみなし、それに対し対立的な立場を取っていたが、二度目の分析では、分析者は、それらの訴えに敬意をこめて耳を

傾ける態度を取り続けた。それらを分析で復活しつつある幼児期の状態の、分析的に価値のある複製replicaであるとみなしたのである。このコフートの態度の変化は、重大な意味を持っていたと考えられる。コフートは、それを次のように説明している。

> 　一度目の分析の中で私は、患者をあらかじめ本質的に独立した主体性の中心とみなし、したがって彼が歩むべき道をはっきりと見ることができるようにする分析的洞察の力を借りて、自己愛的欲求を断念し、成長することを期待したのであった。しかし、二度目の分析で力点は変化した。私はそれまで動機付けられていた健康道徳と成熟道徳health-and marturity-moralityを断念し、未発達状態における患者の自己をじっくりと観察したとき、もはや私たちはそれを、幼児的満足を断念したくないがゆえに変化に抵抗し、成熟に反対しているのだ、とみなすようなことはなくなり、むしろ反対に、時には絶望的になりながらも死に物狂いで有害な自己対象noxious selfobjectから解放され、抜け出し、成長し、独立しようとしている悪戦苦闘とみなすようになったのである。（Kohut, 1979）

母親への絶望感の意識化

　古典的な分析理論の「罪責人間」の枠組みでいえば、一度目の分析では、患者の母親への持続的愛着を、彼が壊したくないリビドー的結びつきとみなし、母親への理想化を、母親に対する無意識的な近親相姦的愛情の現われとして理解していた。しかし、二度目の分析では、Z氏の母親への関わりと母親の人格は、まったく別の光で照らし出された。上記の分析者の変化した態度と視点から分析が進められると、これまでには報告されなかった母親の病的な側面が次々と報告されるようになったのである。Z氏の母親は、以前から周囲の人々を振り回し、彼らの自立性を抑え込んでしまうような、強固な確信の持ち主だった。Z氏は彼女による全体的支配に屈し、何らの独立も許されない状況の中で育っていた。また、彼女は病的に嫉妬深く、彼や父親のみならず、使用人まで彼女の厳格な監視下に収めていた。

　二度目の分析では、このZ氏と母親の関係について多くの時間が占められた。一度目の分析では、母親に対する理想化という光のもとで、母親の肯定的な連想

が取り上げられ、それらは母親の彼に対する愛情の表われとみられていたが、いまや患者は、これまでには気づかれていなかった母親の行動の奇怪さや、母親が彼の分離・独立を許さず、彼の将来性のある力や独立した主体性の存在に共感的に反応したことがこれまで一度もなかったことなどを次第に認め始めたのである。しかし同時に、こうした母親の人格における重篤な歪曲を認めることは、彼に大きな不安と抵抗を引き起こした。彼の恐怖は、太古的自己対象 archaic selfobject としての母親の喪失に関わるものであり、それは同時に、彼自身の自己の解体の恐怖につながるものだったのである。それでも次第に、Z氏の中で、母親への神聖な見方からの脱却が、苦痛を伴いながらも進んでいった。

母親の精神病理の理解

そして、彼が幼少のころ、母親が彼の排泄物に異常な関心を示したエピソードが、一度目の分析とは異なる意味を持って示された。一度目の分析治療では、そうした母親の行動は、自己を過大評価する彼の誇大性に関連するものとして取り上げられ、それが彼の幼児的誇りへの固着や、自分の欠点に対する過敏さをもたらしたものとして理解された。コフートは、当時、母親の異常な行動についても、患者自身の自己愛への防衛的しがみつきという文脈の中でしか捉えておらず、患者の幼児的誇大性を克服させるために、それらをいささか皮肉な調子で解釈していたと振り返っている。

しかし、二度目の分析治療では、それとは対照的に、母親の態度が彼の中に引き起こした抑うつと絶望感が注目され、取り上げられた。結局、Z氏の母親は本質的に「境界例」だった。母親の自己の重篤な中心的空虚さは、自己を支えるために必要としていた自己対象に強固なしがみつきと支配を続けることによって、覆い隠されていたのである。しかし、その後、Z氏は彼自身の自己の「崩壊不安」と戦いながら、母親の精神病理についての意識化を拡大していった。彼は、母親が精神的に病んでおり、一連の妄想を抱いていたのだということを自分が初めて本当に理解したとき、穏やかな、しかし強い内的喜びを体験したことを連想した。そして、そこには分析者という証人がいて、そのことを理解した際に、自分がひとりぼっちではなかったことが、彼に安堵の情を与えた。彼は、母親から解放され、自由の階段を一段ずつ昇り始めたのである。

また、幼児期の自慰についても、いまや一度目の分析とはまったく異なった視点から理解された。一度目の分析では、彼の欲動充足に関する葛藤に動機付けられたものと見なされたが、それはいまや、自己の抑うつと絶望に由来するものと理解された。それは、身体の最も敏感な部分を自己刺激することによって、生きていることの保証を少しでも一時的に得ようとした絶望的試みだったと理解されたのである。確かに、Z氏の自慰の記憶には、楽しく感じるという健康な感覚はまったく欠如していた。そこには逆に、子ども心に存在のわびしさの感覚が伴っており、淋しい身体lonesome bodyに刺激を与えることが、喜びのない毎日の生活の中の唯一のささやかな楽しみとして行われていたのである。

強い父親を求める欲求の意識化

　こうして母親に関する長い分析が続いた後に、Z氏の抑うつは次第に後退し、それに伴って、一度目の分析治療が終了したときには現われなかった、他者への積極的な憧れの気持ちや、活力、楽天性、さらに希望といった強い感情が徐々に生じるようになった。また同時に、コミュニケーションの内容も変化し、以前はもっぱら母親のことに心を奪われていたのが、いまや父親にまつわる思いへと分析の内容が変化してきたのである。

　当初、父親に関する連想は、抑うつと絶望感に彩られていた。その中で父親は弱い存在として連想され、その父親を支配的な母親が服従させていたというイメージが繰り返し現れた。しかし、その後、彼は分析者に対して強い好奇心を向け始めたのである。彼はコフートの家族について、特にコフートの妻との関係について質問した。コフートが、それらの質問を幼児的好奇心や盗視願望sexual voyeurismの復活とみなし、彼の両親の性関係との連想的関連を指摘するたびに、彼は抑うつ的となり、分析者は彼を誤解していると述べた。そこで考え直したコフートは、視点を変えて、彼の質問に潜む「強い父親を求める欲求」の存在に言及したところ、彼の抑うつと絶望は劇的に減少した。そして、Z氏はまた以前のキャンプカウンセラーについて愛情を込めて語り、二人の関係を素晴らしい友情関係として述べた。その頃にはコフートも、彼とおおむね一致した見方をとるようになっていた。コフートは、そのカウンセラーはZ氏が憧れていた強い父性的男性であり、患者が決して持つことのできなかった称賛に値する兄であった、と

いう解釈を与え、彼はそれに強く同意している。

　こうしてとうとうZ氏の分析は、初めて父親そのものを捉えだした。それまで父親は、影の薄い存在のままであったが、いまやZ氏は、幸福感と満足感とともに父親の肯定的側面について話し始めたのである。それは治療の決定的瞬間であったとコフートは記している。そして、その動きはコフートへの理想化転移の展開と歩を一にしていた。そうした文脈の中で、彼はコフートのように分析家になりたいという希望を一時期述べたこともあったようである。

理想的な父親イメージの復活

　Z氏は、9歳の頃、父親と二人でコロラドのリゾート地にスキーに行った記憶を語った。その際、Z氏は、父親を優れたスキーヤーとして語り、ウエイターやメイドの扱い方を心得た大人であり、父親の周りにはすぐに彼の話に魅せられた、父親を尊敬する人々の取り巻きができたことを連想した。こうしてZ氏の中に、尊敬できて誇りに思える理想化された男性を求める欲求が動き始めた。その後、彼は、父親には女性がいたのではないかという疑惑を表明した。コロラドの滞在中、バーに時折現れた女性が父親と特別な関係にあったのではないか、という想像が浮かび上がったのである。この現象は、古典的な精神分析理論によれば、まさにエディプス葛藤にまつわる連想の派生物であるとみなされるだろう。しかし、ここでコフートは、このZ氏の記憶に伴っていた感情に注目している。そうした父親の女性関係を想像した際のZ氏には、エディプス体験が活性化された際に復活するであろう、父親との絶望的な競争心や不安に彩られた感情などではなく、むしろ父親を誇らしく思う感情や楽観と活力 optimism and vitality を伴う感覚が伴っていたのである。ここでコフートは、Z氏にはこのとき、大人の男性によって打ち負かされたという感情ではなく、男性的な強さ masculine strength のイメージを発見した爽快感が見られたと記している。

　こうして二度目の分析治療も終結期に入り、一度目の分析の終結期に報告された夢が、再びここでまったく異なった光のもとで理解されることとなる。驚いたことに、患者はこの夢について以前とはまったく異なった連想を始めたのである。一度目の分析では、前述したように、エディプス的ライバルに対する子どものアンビバレンスが鮮明に顕在化した夢として理解され、解釈された。そこでは、彼

が怖れたのは、そのライバルである父親によって母親の独占的所有が中止させられ、自分が破壊されてしまうこととされた。しかし、二度目の分析でのZ氏の連想は違っていた。それは、それまで父親なしで育ってきた子どもにとって、突然の父親の帰宅は外傷的な体験となって経験されたというものだった。つまり、男性的自己が、通常は発達にふさわしい形で獲得される時期に、父親なしで過ごしていた彼にとって、父親を求める欲求は強くフラストレートされていたのである。しかし、彼は母親に愛着し、隷属することで、かろうじて自己の平衡を維持していた。そこに彼が強烈に求めていた父親が突然出現することは、彼の自己愛的な心理的均衡を大きくかき乱すこととなったのである。彼がまさに得たいと求めていた心理的な贈り物が、あまりにもいきなり大量に与えられたことによって、彼はある種の外傷的な状態に陥ったのである。

　その後、Z氏の分析は終結期に入った。彼は分析者を失うことに悲しみを表出し、悔恨の情を表わした。分析の最後の数週間、両親の欠点や問題に対して共感的で忍耐強い態度を示したZ氏に、コフートは感動を憶えている。母親の人格的な歪みに関しても、彼はいまやある程度の理解を示すことができ、同情さえも見られたという。幼児期の頃、母親はよい母親であったかもしれず、彼女が彼を鏡のように受容したこと mirroring acceptance が彼に活力の核を与え、それが後になって彼が情緒的健康を追求することを可能にしたのではないかと推測された。

　分析治療が終了に至ったとき、Z氏は穏やかで友好的な気分であった。豊かな資質を備えた彼の人格の自己愛的－創造的領域 narcissistic-creative sector は十分に解放され、彼は満足のいく喜びにあふれた人生を送ることができるという自信に満ちた希望を抱くようになっていた。

　分析が終了して、その後、長い年月が過ぎた。その間、二度、クリスマスカードが届いた。彼は、その後、結婚し、娘が誕生していた。そして、仕事においても充実した成果を上げていた。Z氏は啓発的な教師として活躍しており、多くの部下に称賛されているようであった。

二つの分析における治療方針の違い

　以上がコフートの「Z氏の二つの分析」の概要である。論文の最後には、本症例での二つの分析が、患者の精神病理のどの領域を力動的に治療したのかについ

て、その説明が図示されている(図1)。それによると、自己心理学の見地からみた場合には、Z氏の精神構造は、母親の病理の一部になっていたともいえるような彼の人格領域、つまり母親の人格に絡み合ったままで、母親によって授けられた「誇大性」をあからさまに示していた人格領域(左側)と、この領域と切り離されたもうひとつの人格領域(右側)が「垂直分割vertical split」され、並行したまま存在していたと考えられる。そして、そのもうひとつの人格領域には、防衛的なものではない父親への純粋な「理想化の欲求」と母親への怒りが抑圧され、その奥底に、理想化の元となった父親の強さについての記憶を隠し持っていたとされている。

したがって、二度目の分析において達成された最も重要なこととは、この母親との深い融合的結びつきを断ち切り、彼の人格構造の中の「垂直分裂」を解消したことであった。その際、彼は、太古的自己対象としての母親との融合関係を喪失する圧倒的な恐怖や、そうした母親と結びついていた太古的自己の喪失の恐怖に直面しなくてはならなかったのである。その後、分析者への理想化転移の発展とともに、彼の人格構造の「抑圧障壁repression barrier」が緩み、彼は、理想的な父親の男性性と独立性との結びつきを再確立することが可能となった。しかし、

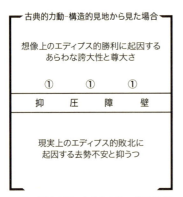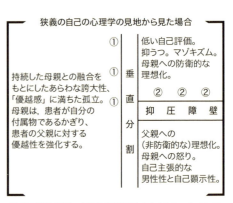

図1　症例　Z氏──その精神病理と分析過程

その際、彼は、父親の記憶を再統合する際の外傷的な過剰刺激としての不安や、これまでの自己を喪失する恐怖にたびたび直面し、それらをワークスルーすることが必要だった。こうして彼の野心と理想といった自己の核ともいえる構造が確立され、彼は情緒的に解放され、人生の目標を独立した自己の活動として楽しみながら追求することが可能となったと考えられるのである。

　一方、一度目の分析では、古典的な力動的－構造的視点から治療されていたため、最初から最後まで、患者の誇大性や自己愛的な態度は、常にエディプス葛藤における去勢不安への防衛として否定的に捉えられていた。そこでは、二度目の分析で扱われたような「母親との融合による誇大性」という視点や、その状況の中での不可避性、あるいは、発達的にも必要な「父親への非防衛的な理想化」などの視点が、まったく抜け落ちていたと考えられるのである。

　このように「Z氏の二つの症例」には、コフートが提唱した自己心理学における重要な視点の転換が、臨床的にも鮮やかに示されているといえるだろう。それは、本能的欲動をめぐるエディプス葛藤によってすべての動機を捉えようとするフロイトの伝統的精神分析における「罪責人間」の視点から、どのような過酷な状況下でも「自己」が解体することなく、何とかして「まとまりをもった自己」を維持し、自己を支えるための自己対象反応を得ようと苦闘している「悲劇人間」の視点への転換なのである。

3　コフートの生育史と「悲劇人間」の視点

　ここでコフートの「悲劇人間」の視点からの理解や解釈が、伝統的精神分析の「罪責人間」のそれよりも、患者に対してより共感的で受容的であるように感じるのは、おそらく筆者だけではないだろう。それは、自己心理学では「自己」を自己対象からの共感的な応答を常に必要としている存在として定義し、初めから自己を対象から分離独立したものとしては見ていないことが関係しているものと思われる。しかし、またそれと同時に、そうした共感的応答を両親から得ることのできなかった子どもの外傷的な体験に関して、コフートはもともとセンシティブな面をもっていたのではないかと推察されるのである。

Z氏とコフートの共通点

　精神分析家であると同時に歴史家でもあるチャールズ・ストロジャーが、長い年月をかけてまとめ上げたコフートの伝記ともいえる大著、『ハインツ・コフート――その生涯と自己心理学』(Strozier, 2001) の中には、幼少期のコフートが経験したさまざまな外傷的体験が記されている。Z氏はコフート自身であるとの説が国際自己心理学会ではほぼ定説とされているが (富樫、2011b)、ストロジャーも著書の中でコフートとZ氏の生育歴を比較しながら、以下の共通点を指摘している。

　まず、コフートもZ氏と同様に一人っ子であり、また、コフートの父親も、コフートが生まれた翌年に勃発した第二次世界大戦に徴兵され、以後五年間父親が不在の家庭で、母親と密着して育っている。また、その間、コフートの父親に女性ができ、コフートが5歳のとき、父親は家に戻ったが、両親の夫婦の仲は二度と元通りには戻らなかったことなどは、Z氏の生育史とほとんど一致している。コフートは、心の通わない、ばらばらの両親のもとで、孤独で淋しい、空虚な子ども時代を送ったことが推測されるのである。またコフートは10歳のころ、母親が彼のために雇った若い家庭教師の男性と親密な関係をもち、孤独感を癒していたこと、そして、その家庭教師と同性愛的な関係にあったらしいこともZ氏の場合と酷似している。ストロジャーは、コフートの妻や息子の証言を参考にして、Z氏のモデルがコフートであることを示唆しているが、真偽のほどは定かではない。しかし、コフートがZ氏の治療過程に自分自身を重ね合わせていたであろうことは十分に考えられることである。

　特にコフートの母親は、一人息子であるコフートのあらゆる生活の領域に入り込み、彼が自分の元から離れることを許さなかったこと、また、コフートは長じてもなお母親との葛藤が強かったこと、さらに母親は晩年にパラノイアを示し、その妄想のために老人施設に入所していること、そしてコフートはそのとき初めて母親から解放され、その後、三部作の第1作目である『自己の分析』(Kohut, 1971) を執筆するに至ることなどが、Z氏が太古的自己対象としての母親から離脱したことによって真の治癒に至っていることと符合している。また、コフートの父親は、戦争から帰還した際、戦場でのトラウマから生気をなくし、抑うつ的となって、人とも会わなくなってしまっている。コフートは、それまで理想化していた父親を、このとき突然喪失することとなって大きなショックを受けており、

「理想化自己対象」の喪失を体験している。Z氏が二度目の分析で、父親との肯定的記憶を想起し、理想的な父親との結びつきを再確立していった治療経過は、コフート自身の心の中で綴られた治癒へのコンテクストと重なり合っていたのではないかと想像されるのである。

　このように、両親から必要な共感的応答を十分に得ることのできなかった子ども時代を送った可能性の高いコフートの生育史が、彼が、自己対象からの不完全な応答性に常に苦悩し続ける「悲劇人間」の視点を生み出したその背景にあったであろうことが推察されるのである。これは、夫と年の離れた若い後妻の母親から溺愛されて育ったフロイトが、近親相姦的なエディプス願望をめぐる罪悪感を中心とした、過剰刺激の「罪責人間」の視点を生み出したことと、まさに好対照をなしているように思われる。

　一方、この「悲劇人間」という言葉には、臨床的な視点をさらに超えた普遍的な意味が込められており、そこにはコフートの人間観と深い思想性が示されている。そのことが最もよく表われていると思われる論文が、1970年初頭に書かれた「勇敢さについて」(Kohut, early 1970s) という論文である。以下にこの論文を概観し、コフートの「悲劇人間」の視点についてさらに検討してみたい。

4　「悲劇的英雄」にみる中核自己

　論文「勇敢さについて」の中でコフートは、第二次世界大戦中、ナチスドイツに勇敢に抵抗し、処刑された人々の心理的布置を論じている。これらの人々はまさに殉教者的英雄といえる人々である。コフートがここで取り上げているのは、オーストリアの農民だったフランツ・イェガーシュテッターと、ミュンヘン大学の若き学生だったショール兄妹という、ごく普通の名もない人々である。素朴な農民だったイェガーシュテッターは、宗教的な信念を心に抱き、ドイツ軍に協力しないことを決断する。そして、最後まで信念を曲げることなく、最終的に静かに死を受け入れ、1943年に従容としてギロチン台に赴いたという。若き学生だったショール兄妹は、ミュンヘン大学で起きた「白いバラ」と呼ばれる小さな抵抗運動のリーダーだったが、彼らも即座にナチスに捕えられ、処刑された。しかし、これらの人々に共通していたのは、最後まで自己の理想とする価値観に従い、処

刑執行の直前まで、深い内的な平和と静寂を見事に保ち続けていたことであった。彼らは何の迷いもなく、静かな決意と覚悟に満たされており、最後まで獄中で、謙虚さと節度、そして周囲の人々への同情や共感やユーモアを示し続けたという。コフートはこうした人々の記録に接し、強く心を動かされている。そして、このような殉教者的な英雄的行為と揺るぎない態度を彼らにとらせたものは、彼らの「中核自己」であるとコフートは論じているのである。

コフートは、精神の中心的な位置にあって、個体の最も内奥にある自己のことを「中核自己 nuclear self」と呼び (Kohut, 1977, 1984)、そこにその個体の最も永続的な価値や理想、そして人生への目標や目的、野心が内在しているとした。そして英雄とは、まさにこの中核自己の声に目覚めた人間だというのである。言い換えれば、中核自己に目覚めた英雄は、もう元の場所に留まることはできなくなる。むしろ、殉教者的英雄は、生物学的な生存ではなく、この中核自己に一致した生き方に向けて一歩を踏み出すことによって、むしろ深い安堵感と内的な平和を覚えるのである。彼らは、その意味で、最も高い自己愛の領域で昇華を成し遂げた人々である、とコフートは述べているのである (Kohut, early 1970s)。

悲劇的英雄の死と自己実現

このように歴史上の殉教者的英雄の存在を例証として、コフートは、人間には「生物学的本能の充足」よりも「内奥の真の自己の充足」を求め、自己実現を達成しようとする強い動機が自己の中核に存在していると主張する。そこにはコフートの人間観が示されているように思われる。つまり、中核自己がさし示す自己の価値や理想や目的に人間が完全に一致して生きようとすること、つまり英雄の生き方は、このような悲劇的な結末に終わらざるを得ないという人間観である。それは「自己実現の達成に挫折する運命をもった人間」(Ornstein, 1978) という表現によっても示される「悲劇人間」の視点であるといえよう。しかし、一方でコフートは、そこに人間の真実を見ながら、その悲劇性の中にこそ、人間の自己の真の勝利があるとも主張する。コフートは悲劇的英雄について次のように述べている。「悲劇的英雄は、その中核自己が決して奪われることのない優位を獲得したゆえに、(たとえばエディプスのように) 身体的精神的な力を失っても、生物学的に死んだとしても、勝利を手中にしたのである」(Kohut, early 1970s)。悲劇的英雄の死とは、

苦痛に満ちた非業の死ではなく、最も高度な自己の充足を成し遂げた人間の勝利の証しだというのである。確かに、ギリシャ悲劇を始め、これまで舞台上で演じられてきた数多くの悲劇が、多くの観客の心を強く惹きつけてきた。コフートは、そこで人々は、英雄の悲劇的な死の結末によって、主人公の自己の内奥の命運が成就されたことに深い感動を憶えながら、同時に、自分自身の中にも確かな深い自己の充足を得てきたのだと指摘している（Kohut, early 1970s）。

　このように、伝統的精神分析の人間観である「罪責人間」の次元に、さらにコフートの「悲劇人間」の次元を加えることで、精神分析的人間観はさらに深化したものになるように思われる。コフートのいうように、決して成就されることはなくとも、人は中核自己の求めを一生追い続ける存在なのである。コフートもまた、その生涯の中で、自分自身の中核自己の声に導かれ、伝統的な精神分析学派から離反し、自己の精神分析を確立するという闘いを続け、68歳という若さでこの世を去った。まったく異なる自己心理学という精神分析体系を伝統的な精神分析学派の中から立ち上げるというコフートの厳しく孤独な闘いに勇気を与え、それを支えたものはいったい何だったのだろうか。筆者には、それがこの「悲劇人間」の人生観であり、また、死によって自己実現を悲しくも見事に達成した「殉教者的英雄」の存在だったのではないかと思われてならない。コフートは、これらの人々の人生を自らの「自己対象」として、そこから自己心理学の構築という孤高な自己実現の営みにとって必要な自己の理想と活力、そして深い自己の充足の感覚を得ていたのではないかと思われるのである。

5　「理想的な父親を奪われた子ども」の自己の回復過程

　最後に、個人心理療法の臨床例を通して「悲劇人間」の視点を臨床的に検討してみたい。それは「理想の父親を奪われた子ども」のケースと考えることのできる中年男性の事例である。以下にその経過の概略を示し、自己心理学的な視点から若干の考察を加えてみたい。

　〈臨床例〉
　42歳の男性C氏が、カウンセリング・オフィスに来所した。彼は、大手の広

告会社に勤めていたが、半年前から不眠と意欲の減退を訴え、うつ病の診断で会社を休職中だった。C氏は精神科クリニックに通院していたが、その後、目立った変化のないまま休職期間の期限が近づいていた。そこで、薬物療法を続けているだけの現在の治療では改善が期待できないものと自ら判断し、カウンセリングを求めて来所したのである。インテーク面接では、神経症的な抑うつ状態と思われたため、週1回の個人心理療法を開始することになった。

　初回、C氏は、これまでのクリニックの主治医は、自分の話を十分に聞かず、自分のことを理解しないまま投薬するだけだったと不満を述べ、これまでの経過を語りだした。「自分は、会社の企画の仕事に没頭しだすと止まらなくなるんです。そうなると帰宅しても興奮が冷めず、眠れなくなる。そうしたことが続くと限界が来て、急にすべてを投げ出してしまう。そうなると誰も知らないところに行きたくなる。自分はダメな人間なのか、精神的鍛錬が足りないのか、自分自身いったいどうしたらいいのか分からないのです」。

　C氏は緊張が高く、ほとんど感情を交えず硬い話し方で主訴を語り、治療者からかなり距離を取っている印象を受けた。しかし、時間になると最後に「これまでずっとこんなふうに話を聞いてもらいたかった。久しぶりにしっかり聞いてもらったという感じがする」と素直に感想を語ったのが意外だった。

　その後の面接では、「自分は、仕事仲間から優れた人と見られたい願望が異常に強いと思う。器の大きい人間に見られたい。だから常に人の評価が気になっていて、緊張している。それでいて何か少しでも失敗すると一挙に自信がなくなる。うまくできなかったらものすごく傷つくんです」、「それに、もし自分ではなくて他の人が誉められると、ものすごく腹が立つ。休職中も、いまに見ておれ、今度こそ復職したらお前らを見返してやるぞ、と思ってきた。自分のことながら、嫌なやつだと思います」と苦笑して自嘲気味に語った。バウムテストを施行したところ、紙いっぱいに巨大な樹木を描き、「ハワイにある世界で一番大きな木」と説明した。このようにC氏は、自己愛領域において誇大な自己イメージを抱いており、その自己愛的な平衡を維持するために、周囲の人からの評価に極度に敏感となり、常に内的に強い葛藤状態にあることが推察された。

　その後、休職期間が終わり、C氏は不安を感じながらも復職した。面接では、「自分は神経をすり減らして仕事をやっているが、そのことを人には知られたく

ない。へこんでいるところを人に見られたくないんです。それは、子どもの頃からそうだったような気がする」と語り、幼少の頃からすでに何事においても防衛的に振る舞ってきたことを治療者に正直に語るようになった。

　そしてＣ氏は、父親について自発的に語りだした。「父は数年前に亡くなったが、アルコール依存症で、仕事もきちんとせず、家で暴れ、母親に苦労をかけた。子どもの頃から、自分は父親を見下してきた。そのせいか中学の頃から、自分にはどんなことでもできるという全能感があった」。「正常な場合は、父親の方が子どもより上だと思う。自分より父親が上という感覚、自分の力は父親には及ばないという感覚の中で、子どもは育っていくものだと思う。でも私の父親は、自分よりも力を持った存在ではなかった。だから、子どもの頃から、父親に誉められてもひとつも嬉しくはなかった。父親が自分に何かいい影響を与えてくれたとはとても思えないんです」。

　Ｃ氏の話から、父親を理想化したいという、彼の健康な自己愛の成熟にとって必要な「理想化自己対象ニーズ」は、幼少期から満たされることなく、Ｃ氏は父親に幻滅を繰り返してきたものと思われた。そして、自分よりも強い父親へのライバル心を通して、父親を競争の相手とし、男としての自己を鍛えていく体験の中で、子どもの「太古的な自己 archaic self」が次第に現実的な自己評価に根ざした自己に変容・成熟していくプロセスをＣ氏は経ることができずに、彼の中の「誇大自己」は修正を受けないまま、いまも太古的な形で存在し続けていることが推察された。

　その後もＣ氏は、誇大自己を基にした自己愛的平衡を維持するために、自己愛が傷つく体験を極度に恐れ、自己愛緊張が常に持続していることに由来する苦痛や自己の苦悩を語り続けた。「職場で自分の仕事があまり重要視されていないと、ものすごく傷つくんです。別に俺様がこんな仕事をしなくてもいいだろうという気持ちにもなる。でも、またそういう自分に自己嫌悪を感じて嫌になる。結局、自分はものすごく傲慢な人間なんです」。

　ある回、Ｃ氏は対人関係について、「自分は誰と話をしても噛み合わない。誰も自分に同調してくれないと感じる。カウンセリングはそこが違うのでありがたい。若い頃、自分がふたり居たらいいのになぁーと思っていた。そうしたら完全に自分に同調してくれるだろうと。もうひとりの自分だから。自分はよっぽど同

調への欲求が強いのか、それとも同調してくれる人が少なすぎたからなのか。よく分からないが……」としんみりと語った。自分がふたりいてほしかったというほどの強い「同調への欲求」は共感的なミラーリングへの欲求や、「双子自己対象体験」への欲求とも考えられ、逆に、両親からのC氏への共感的な応答が子どもの頃からいかに不足していたかが推察された。

　しかし、その後、C氏の状態は次第に悪化し、欠勤することが増えていった。彼は「出社していても何の理想も目標もない。生きる意欲が湧かない」、「安心できる相手がいないから、ありのままの自分をさらけ出すことができない。いつも自分を防衛するための鎧をつけているように思う」と苦しげに訴えた。しかしまた、「でも、人間関係が薄いままでは淋しい。誰かにかまってもらいたい。自分は本当はすごく甘えたいんだと思う。いま思えば小さい頃、母親にべったり甘えたことがなかった気がする。母は、父のせいで仕事に忙しくしていて、あまりかまってもらえなかった。甘えが不足しているところが、どこか自分に自信がないことと関係しているように思う。十分に親に甘えて育った人は根拠のない自信を持っているが、自分のような人間はそういう自信がないのかもしれない」と幼少期からの母親への甘えの不満と挫折が初めて語られた。

　その後も欠勤は続き、結局、C氏は再び休職することとなった。しかし、その後、彼は意外にすっきりとした表情で面接に現れた。彼は面接の前に、休職の診断書を出してもらうため受診した心療内科のクリニックで、老齢の精神科医から「あんた、そんな父親をもって苦労をしたな。一回、お父さんのお墓に行って、文句を言ってきなさい」と言われたと治療者に興奮気味に報告した。「確かに自分は父親に生前文句を直接言ったことが一度もなかった。もともと自分は人に対して怒ったり、文句を言ったりはしない。自分は父親と同じようになりたくないから、感情を出さないようにしてきた。だから、怒りにも喜びにも悲しみにもブレーキをかけてしまう。今回、父親に文句を言ったらいいと言われて、もしもそんなふうにできたら、自分の中で何か少し変われるような気がしたんです」。そしてC氏は「自分には理想の人というのがいなかった。何かに心酔するということもない。あの人のようになりたいと一筋に思って頑張って、成長する人がいると思うが、自分はそんなふうにもならない。だから、自分の中に指針というものがないんです。だから何をやっても自分は迷う。自分には芯になるものがないか

ら。普通、子どもは小さいとき、お父さんを一時、理想のように感じて、お父さんのようになりたいと思うものだと思う。そこから次に父親を乗り越えようとする時期が来るが、その前に父親を理想に思えた体験があるからこそ、それが額縁になって、そこに肉づけができるんじゃないかと思う。でも、そうした体験が自分にはない。自分はそういうことを何も学んでいない気がする」と淋しげに語った。Ｃ氏の言葉に治療者は心を打たれた。そして、Ｃ氏の心の中に、何かこれまでと違う変化が生じ始めている印象を抱いた。

　次の面接では「これまでずっと父親を悪くばかり言ってきたが、自分もすぐ逃げてしまうところは父親と同じだと思う。子どもは父親を見くびると、自分が一番偉くなってしまう。だから、自分は誰を見ても、自分より下だという気持ちになってしまうのかもしれない」と語り、同時に「いま言っていることは、これまでも頭では分かっていたことだが、今回はつくづくそう思うんです」と心境の変化を感情を込めて語った。実際、この頃、Ｃ氏の様子はこれまでとは異なり、治療者に慣れ親しんだ雰囲気となり、自然な感情の流れが感じられるように変化していた。治療者は彼の鎧が少しずつ取れてきていることを感じていた。

　再び復職の時期が近づいてきた。Ｃ氏は「この前、車を運転していたら、軽トラックに乗っている作業服姿の人たちがお互いにニコッと爽やかな笑顔を交わしているのが窓から垣間見えた。その笑顔がとても幸せそうで、すごく羨ましく感じた」と語った。治療者は、彼の人生の目的や価値観が少しずつ変化してきていることを感じた。

　それから復職したＣ氏の心境は、以前とは異なったものに変化していた。「これまでは自分を大きく見せよう、偉く見せようという気持ちが強かったが、いまは、そんなことはする必要はないと思っている。まだ揺れはあるけれど、いまは何か支えがある気がする。自分をそこまで否定しなくてもいいと思える」と語り、最後に「言葉では言いにくいが、意識の中で生まれ変わった感じがする」と自分自身でも自己体験の変化を感じていることが語られた。また、心理療法についても、「最初に来たときは、仕事にちゃんと行けるようになることがカウンセリングの目的だった。しかし、いまは違う。楽しい人生を送れるようになりたい。それが目的じゃないかと思う」と語った。

　その後、Ｃ氏の心理状態は安定した状態が続いた。これまで自分には理想やモ

デルがないと語っていたが、ある作家の小説に熱中するようになり、作品の登場人物に人間の理想のイメージを見いだすようになった。

「自分にはロールモデルがなかったが、この頃、その作品の主人公にすごく惹かれるようになった。いまは自分の理想のモデルになっている。その作品を読んでいると気持ちが落ち着く。こんなことはいままでなかったことです。これまで本に影響を受けるということがなかった。聖書でさえ分析して、こういうところがいいんだなと自己の思考のための材料にしていた。常に自分が一番偉かったんです。誰かに人間的魅力を感じるということは危険なことだとも思っていた。だから、自分が何かに影響を受けるということが分からなかった。影響を受けることを自分で跳ね返していたのかもしれない。この頃、本を読んでも、音楽を聴いても、楽しめるようになった。自分が批判したり分析したりする必要がないので、そのままそれを楽しむことができる。音楽を手放しで聴けるようになった。この頃、こうしていろいろ気づくことが多い。これからもいろいろなことに気づいていけそうな気がする」

こうしてC氏は自ら、これまでの自己のあり様を振り返っては、別の視点から見直して、自己の気づきを広げていった。復職後1年が過ぎたが、仕事も順調に続き、仕事だけでなく、余暇においても活動を楽しみ、自己の活力と充実感が持続するようになった。面接における感情表現もさらに豊かになり、リラックスした状態で治療者と打ち解けて話し合えるようになった。最後には「もっと早くに自分がこれらのことに気づいていればと悔やまれるが、これも致し方ないことだと思っています」と爽やかな笑顔で語った。

若干の考察

C氏は、パーソナリティの自己愛領域において、自己愛的均衡のバランスに問題を抱えていたものと考えられる。それは、C氏の誇大な自己イメージが現実の自己の評価と常に齟齬を来たし、自己愛的な傷つきがその都度頻繁に生じるために、それらの体験を回避したり否認したりする必要があり、そのために過剰なエネルギーの消耗と自己愛緊張が持続して、内的に強い葛藤状態にあったことが影響していたものと思われた。そして、そうしたC氏の自己愛の問題には、幼少の頃から、父親を理想化することができず、母親からのミラーリングも不足したま

ま、自己の維持・成長にとって必要な自己対象反応への欲求が慢性的に挫折してきたことが関係していることが理解された。C氏の中の自己対象反応への強い渇望は、満たされないまま、常にうずきのような痛みと緊張をもたらしていたものと思われる。しかし、カウンセリングで治療者に同調してもらえることを心の救いのように語ったC氏は、それらを支えに自己の問題を自ら探索し、次第に自己理解を深めていった。それは経過が示すとおりである。

　ここで筆者が興味深く感じることは、経過の中で、C氏が出会った精神科医に「そんな父親をもって大変だったな」と同情され、「父親のお墓に文句を言ってきなさい」と、彼の父親への怒りを肯定する言葉をもらったことが、彼に大きな治療的影響を与えたことである。C氏は知的にも高く、面接では洞察的な発言が多々見られた。そうした知的な自己洞察は治療の進展に必要なものではあったが、彼は初回からずっと感情面での抑制が強く、それはなかなか変わることがなかった。しかし、この精神科医の言葉にC氏は情動が強く揺さぶられ、その後、深い感情を伴った洞察が見られるようになったのである。C氏は、父親を理想化したくてもできなかった傷ついた子どもとして成長した。彼の心の中には、幼少の頃からの自己愛の傷つき、無念さ、そして恨みのような感情が、表現されないまま潜在していたものと思われる。そのC氏の感情に精神科医の言葉は「強い共感的同調」を与えたものと考えられる。この強い共感的同調反応によって、これまで抑制されてきたC氏の感情的世界は賦活され、両親への感情がこれまで以上の深みを持って表現されるようになったのである。

　これらの経過は、自己愛の問題をもつクライエントの心理療法においては、自己愛的傷つきに対する「強い共感的同調」が治療的に特に必要であることを示唆しているように思われる。ただし、そうした治療者の強い同調反応が、クライエントの感情の適切な賦活や治療的な感情の解放につながるかどうかは、そのときのクライエントの状態やセラピストとの治療関係、さらに全体的な治療プロセスの流れなどに左右されるものと思われる。もしも自己愛的傷つきへの強い同調が、治療者の逆転移による過度なクライエントへの同一化によって、あるいはクライエントの否定的感情の一側面だけへの安易な「迎合」としてなされた場合、それはクライエントの自己愛憤怒をさらに刺激したり、被害的な病理的対象関係を助長して、クライエントの自己愛的不均衡にさらに拍車をかける危険もあるからで

ある。したがって、治療者が自己愛的傷つきをめぐるクライエントのアンビバレントな感情にどれだけ深い共感的理解を持って同調しているかが、「強い共感的同調」がクライエントの自己愛的傷つきの修復と自己愛のバランスの回復につながるかどうかに深く影響しているものと思われるのである。

　次に、C氏が治療経過の中で、それまで持ちたくとも持てなかった人間の理想のイメージを、小説の中の主人公に見出すようになったことは興味深い。それらの作品はC氏にとって「自己対象」となったのである。C氏は、これまで確保できなかった自己対象体験を、さまざまな形で体験できるようになっていった。コフートは、自己の成熟とは、より多くの自己－自己対象関係を持てるようになることであると述べている (Kohut, 1984)。

　このようにC氏の変化には、出社という現実適応の次元も含まれるが、むしろ、C氏が自己の感情を生き生きと体験し、さまざまな自己対象体験を通して、自己を充足することができているかどうかの次元が、真の変化を示していたように思われた。Z氏の分析でも、一度目の分析終了時にコフートは、Z氏の感情が平板で、喜びの感情が何も表出されなかったことに治療の問題点を感じていたが、二度目の分析終了時には、Z氏に生き生きとした活力や意欲、喜びの感情が見られたことを記している。C氏の治療でも、後半にはそうした感情面の変化が感じられた。自己の状態の真の改善は、こうした自己の活力や生きる喜び、人生の目的、そして生きる意味の再発見などが、重要な変化の指標となるように思われる。このように、全体的自己の充足を求める「悲劇人間」の視点から心理療法を行う際には、こうした自己の活力や喜びなどの生気情動 (Stern, D. N., 1985) の変化に注目することが必要であるように思われるのである。

6　おわりに——人間にとっての理想

　人間が生きていくためには理想を必要とする。コフートは、それは最初、子どもが両親を理想化することから始まるとした。しかし、親を理想化できない子どもは、自己の形成に必要な共感的応答を得ることができず、健康な自己愛を育むことができなくなるだろう (Kohut, 1977)。子どもにとって親は、自己と分離することのできない「自己対象」だからである。子どもが理想化できない親や、共感

的な応答を返してくれない親の存在は、そのまま「理想の持てない自己」や「核のない自己」につながるであろう。それ故、子どもは親を理想化することを必要とし、その理想化した親からの共感的な応答を一途に求めようとするのである。しかし、現代の親や大人は、こうした子どもたちからの理想化や共感的応答の求めに応えることが、ますます難しくなっているように思えてならない。

　こうした現代社会の問題を当時すでに意識していたと思われる夏目漱石は、その代表作『こころ』の中で、学生の「私」から理想化の欲求を向けられて、それを執拗にこばむ「先生」の姿を描写している。「先生」は、いまは自分を理想化していても、将来必ず失望することになると何度も「私」に忠告し、以下のように語っている。「かつてはその人の膝の前に跪づいたという記憶が、今度はその人の頭の上に足をのせさせようとするのです。私は未来の侮辱を受けないために、いまの尊敬をしりぞけたいと思うのです」。

　理想的なものを求めようとする人間の願望は、いずれ現実に直面し、幻滅に終わる運命にあるのかもしれない。それをフロイトは「エディプス葛藤」として表現し、コフートは「自己対象転移の断絶」として概念化したのかもしれない。元来、実際の外的な対象が、この理想化の欲求に完全に応えることは不可能であり、それは個人の内面的な問題となるのである。人間の自己実現の欲求も、それを外的な達成として求める限り、必然的に挫折する運命にあるのだろう。それはまさしくコフートのいう「悲劇人間」の視点である。理想化の欲求に応えようとする人間は、いつか幻滅され、棄てられるときが来る。したがって、他者からの理想化の求めを引きうけようとする者は、その先に来るべき自分自身の自己愛の傷つきに耐えることのできる人間であることが必要となるのである。『こころ』の「先生」は、自分もまた深刻な自己の傷つきを抱えた人間だったために、「私」からの理想化の求めに応えることができなかった。その意味では「先生」も「私」も共に、自己の充足が得られない苦悩に耐えることのできない悲劇の人だったのである。このように考えると漱石は、現代人が抱える自己愛をめぐる問題を的確に捉えていたものと考えられるのである。

　一方、精神分析の世界においても、自己愛の問題は、最も陰の世界に属していたといえるかもしれない。精神分析という行為自体が、自己愛的な営みだともいえるからである。フロイトは、治療者の科学的客観性を強調し、治療者の客観的

な正しい解釈で患者を治療するという、まさに理想的な治療者像を提示した。ところが、患者からの治療者への理想化に関しては、それを患者の非現実的な願望と見なし、現実から目をそむけようとする防衛的な行為であるとして否定的に解釈することが、正しい分析者の姿勢であるとした。ここには「理想」に対するフロイトの矛盾した姿勢が垣間見られ、理想化をめぐるフロイト自身のアンビバレントな葛藤が感じられるのである。フロイトは、普段の生活でも、人から誉められることを極度に嫌ったことが指摘されている (Kohut, 1977)。フロイトは『こころ』の「先生」のように、患者からの理想化を引き受けた後の将来の侮辱や失望を避けようとしたところはなかったであろうか。

　一方、コフートは、患者からの理想化を引き受け、その後、徐々に患者に失望されていく治療者を理想の治療者とした。そして、患者が治療の中で必然的に体験することとなる共感不全の体験に、治療者がさらに共感的な理解を示すことが真の治療につながることを主張したのである。コフートは、自分自身の自己愛の問題を意識化し、自己愛的な傷つきに耐えることのできる治療者を理想像として提示したといえるだろう。

　このようにコフートは、精神分析学派の中で盲点となっていたクライエントとセラピスト双方の自己愛の問題に着目し、臨床における自己愛の傷つきの影響の大きさを指摘して、自己の治療理論である自己心理学を打ち立てた精神分析家として評価される。コフートは、現代人の抱える自己の苦悩の変化を敏感に察知し、そこに「悲劇人間」の視点から分析のメスを入れたのである。

　筆者もコフートの貢献を高く評価しており、コフートを理想化しているといえるだろう。確かに、理想化することによって問題が見えなくなることは避けなくてはならない。それは、はては盲信や盲従につながるだろう。しかし、コフートを理想化し、自己対象として、そこから自分自身の心理臨床実践に対する活力や意欲、理想や目標を獲得し、さらなる臨床実践の探究を続けることは、筆者にとって必要な自己対象体験なのである。理想化できる自己対象が心に存在することは、自己の充足に必要なことであろう。自己対象との対話を生涯にわたって内的に深めていくことで、人間の自己は成長していくものだと思われるからである。

第3章
心理療法における自己愛と甘えの諸問題

1　自己愛をめぐる否定的なイメージ

　「自己愛」の問題は、古くて新しいテーマである。精神分析において「自己愛」と言えばナルシシズム narcissism のことだが、もとは1899年に精神分析学者のパウル・ネッケ Nacke, P. が「自分の姿や自分の肉体にのみ愛や性欲を感じる」という性倒錯患者の異常心理をギリシャ神話のナルキッソスの物語に喩えて「ナルシシズム」と呼んだことが最初といわれている。その後、フロイト Freud, S. が1914年に『ナルシシズム入門』を著し、精神分析のリビドー・エネルギー経済論的な概念として「リビドー（自我リビドー）が自己に向けられていると考えられるすべての状態」を「ナルシシズム」と総称して以来、ナルシシズムは重要な精神分析概念となったのである。

　しかし、現代では、このナルシシズムという言葉は、「ナルシシスティック」あるいは「ナルシスト」といった言葉で一般的にも広く使われるようになった。「あの人はナルシストだ」と言えば、自分のことにしか関心がなく、傲慢でうぬぼれの強い、鼻持ちならない人物という意味であろう。また「ナルシシスティック」の訳語として「自己愛的」という言葉も、自分本位で、自分にのみ愛着を向ける偏ったありようを意味するものとして一般的に広く使われており、それらの言葉はすべて軽蔑的な意味合いが込められているといってもよいだろう。また近年は、米国の精神科診断マニュアルであるDSM（「精神科疾患の分類と診断の手引き」）に「自己愛性パーソナリティ障害 narcissistic personality disorder」が登場したこともあり、自己愛的であることが病的なものとして見られる傾向がますます強まっているように思われる。いまや、自己愛の問題は、現代人の心理的特徴や病理のひとつとして盛んに取り上げられているのである。

　しかし考えてみれば、自己を愛し、慈しみ、大切に思うこと自体は、至極当然

のことであり、健康なことであろう。むしろ、自分を愛せないことの方が問題であり、病的な状態だといえるだろう。「自己愛」を「自己尊重」や「自尊心」の意味で捉えれば、それはすぐに了解されることである。

それでは「自己愛」が本質的にポジティブなものであるとするのなら、「自己愛」が問題となるというのは、いったいどういうことなのだろうか。自分をどのように愛するのか、その愛し方が問題なのだろうか。あるいは単に、自分を愛するその強さの程度が問題なのだろうか。そもそも自己愛の強さは人によって違うものなのだろうか。それなら自己愛が強すぎる人は、自己愛をある程度は弱くする必要があるということなのか。しかし、それではその人の自己肯定感や自尊心を低下させることになるのではないか。このように自己愛について考えだすと、さまざまな疑問が生じてくる。これは、自己愛やナルシシズムという言葉や概念が、現在ではあまりにも多様な意味で用いられているために、議論が複雑化し、さらにそこにさまざまな誤解や偏見が加わることで、多くの混乱が生じやすくなっていることを示しているように思われる。

一方、著書『「甘え」の構造』で国際的にも知られる精神分析医の土居健郎は、「甘え」がナルシシズムと密接に関連していることを主張し、ナルシシズムの概念を「甘え」の観点から詳細かつ明快に論じている。土居の考察は、臨床的な考察を基に展開されており、自己愛の解明に新しい光を投げかけているものとして注目される。

そこで本章では、自己愛やナルシシズムについての精神分析学派における今日までの理論的展開とその問題点について概観し、次に、土居健郎の「甘え」理論の中で展開されている自己愛についての論考を取り上げてみたい。そして最後に、実際の臨床素材の検討を通して、心理療法における「自己愛」と「甘え」をめぐる諸問題とその治療プロセスについて考えてみたい。

2 精神分析学派における自己愛をめぐる議論
―― 健康な自己愛と病的な自己愛

フロイトのナルシシズム論

まず、ナルシシズムをめぐる精神分析学派の議論は、これまでどのような流れを辿ってきたのかについて概観してみよう。そもそもフロイトは自己愛をどのよ

うに見ていたのだろうか。フロイトは、人間が、最も原初的な自己の身体に対する性的な愛着の段階である「自体愛autoerotism」の段階から、愛情対象が自己から他の人格的対象へと向け変わった「対象愛object love」の段階へと発達していく途上で、その中間の段階に「自己愛narcissism」を置いて説明している。そして「自体愛」から「自己愛」、さらに「対象愛」へと精神・性的に発達し、移行していくことが、人間の精神的成熟のあるべき道筋としたのである。つまり、ここでフロイトは「自己愛」を「対象愛」よりも発達的に未熟なものとして位置付けているのである。

一方、フロイトが生きたユダヤ－キリスト教文化では、キリストの自己犠牲が最も尊いものとされる中で、自己愛は恥ずべきものとして道徳的に軽蔑される風潮があったとされている。そうしたキリスト教的価値観が、西欧圏では現在でも一般に自己愛を劣ったものと見なす傾向に大きな影響を及ぼしていることが考えられる。フロイトのナルシシズムの理論にもそうした影響がまったくなかったとは考えにくいだろう。

また、今日よく批判されているナルシシズムに関するフロイトの説に、「自我リビドー」と「対象リビドー」の考え方がある。『ナルシシズム入門』の中で、フロイトは、リビドーを二つに分けている。自己の表象に対して向いている自己愛的なリビドーを「自我リビドー」、親や友人など対象表象に向いているリビドーを「対象リビドー」としたのである(Freud, 1914)。しかし、フロイトは元来のリビドーの総量を一定のものと考えたため、一方が余計に使われると、その分、他方が減ってゆくという極めて算数的なリビドーの配分モデルを提唱した。つまり、自我リビドーが増加し、自己愛的になれば、その分だけ対象リビドーが減少し、対象愛が低下するというのである。今日では、このような「自我リビドー」と「対象リビドー」を対立的に捉え、自分を愛することと他人を愛することが常に相反する関係にあるという考え方は、極めて単純なものであり、愛に対する皮相な理解でしかないとして強く批判されている。普通に考えてみても、まず自己を愛し、自分を大切にできる人が、他者に対しても情愛深く、相手を大切にすることができるものである。このように現在では、自己愛と対象愛はフロイトの言うように必ずしも対立するものではなく、また明確に区別することもできないものと考えられている。

また、フロイトはナルシシズムを「一次的ナルシシズム primary narcissism」と「二次的ナルシシズム secondary narcissism」に分けている (Freud, 1914)。「一次的ナルシシズム」とは、生まれてすぐの赤ん坊の状態であり、まだ明確な自己表象も対象表象も存在していない段階で、完全に自分にしかリビドーが向いていない、自我リビドーのみの状態を指している。そして、その後、自己表象と対象表象が分化するようになり、対象表象に向かう対象リビドーが、何らかの原因で自己表象に向き変わったものを「二次的ナルシシズム」と名付け、その極端な状態を、外界への関心を一切失って自閉し、自己表象にしかリビドーが向かなくなった誇大妄想の統合失調症患者の状態だとしたのである。しかし、この「一次的ナルシシズム」の概念に関しても、まだ自他未分化な状態で、自己の表象さえも生まれていないはずの赤ん坊に、自分を愛するというナルシシズムが存在するというのは、そもそも論理的にも矛盾しているとして、現在多くの批判がなされている。

フロイト以降のナルシシズム論の展開

このようにフロイトのナルシシズム論は理論的整合性にも問題があり、ことごとく性的欲動論に基づくエネルギー経済論的な説明概念として論じられているため、現在では多くの矛盾点や問題点が指摘されている。また、統合失調症を二次的ナルシシズムの状態として捉えたり、同性愛をナルシシズムと関連づけて論じるなど、フロイトの自己愛論は、基本的に病的なナルシシズムの問題を中心に展開されており、そもそも自己愛を病理的な側面から捉えようとする傾向があるように思われる。

こうした流れの中で、フロイトとは異なる自己愛に関する見解が、その後、多くの精神分析家たちから提唱されるようになった。それは、自己愛をもっと健康なものとしてみる視点である。フロイトの弟子だったフェダーン Federn, P. は、フロイトの自己愛論にさまざまな修正を加えたことで知られている。それらをひとことで言うならば、人間が精神生活を健康に営んでいくためには必須の「健康な自己愛」というものがあり、この「健康な自己愛」の満足が、すべての精神活動のエネルギー源になっているというものである (Federn, 1952)。また、フロイトが統合失調症を病的な自己愛状態への退行としたのに対して、フェダーンは、むしろそれを健康な自己愛の欠如として捉え、異論を唱えている。こうした「健康な自

己愛」という捉え方は、さらにその後、社会的な自我の発達を研究したエリクソンErikson, E. H.のアイデンティティ論や、スピッツSpitz, R.やボウルビィBowlby, J.といった乳幼児の発達研究に携わった精神分析家たちにも大きな影響を与えたとされている。また、精神分析医のバリントBalint, M.は、自己愛の起源を、自分で自分を愛することではなく、対象に愛される体験であるとして、フロイトの「一次的ナルシシズム」の考え方を批判し、「受身的対象愛passive object love」の重要性を主張したことで知られている (Balint, 1965)。

さらに近年、アメリカの診断基準DSMに「自己愛性パーソナリティ障害」が登場し、自己愛の病理に再び関心が集まるようになって、精神分析学派の中でも自己愛をめぐる議論が再び活発化してきた。その代表的なものが、コフートとカーンバーグKernberg, O.の論争である。

コフートとカーンバーグの見解の対立は、自己愛性パーソナリティ障害への治療技法をめぐってそれぞれが提唱した理論とアプローチがまったく対照的だったこともあり、大きな注目を集めた。ここでは、それらの違いについて詳述することはしないが、そこには自己愛の問題に対する両者の捉え方の基本的な違いが存在している。それをひとことで言えば、カーンバーグは自己愛障害の患者の「病的な自己愛」を強調し、それを自己愛病理の表れとして捉えているのに対して、コフートは、患者の「健康な自己愛」に注目し、患者の自己愛の問題を「健康な自己愛」の発達が停滞している状態として捉えているところにあるといえるだろう。

「健康な自己愛」と「病的な自己愛」

コフートは、対象愛の発達とは別に、自己愛それ自体も、未熟な幼児的自己愛からより成熟した自己愛へと独自に発達していくものとして、自己愛の発達ラインを提唱し、自己愛と対象愛の二重軸理論double axis theoryを唱えた。コフートが自己愛の発達という視点を初めて提示し、自己愛を人間にとって必要不可欠なものとして肯定的に捉えた意義は大きい。そしてコフートは、自己愛性の問題をもつ患者の停滞した自己愛の発達を促進させるべく、治療者は、患者が必要としている共感的な自己対象体験を提供する必要があることを説いたのである。

一方、カーンバーグは、自己愛性の問題をもつ患者は、無意識に病的な自己愛組織を有しているとし、表出的な精神分析的技法をもって、その病的な自己愛の

構造を分析することが必要であると主張した。コフートとカーンバーグの理論やアプローチの違いは、そもそも二人が治療の対象としていた患者群の病態水準が異なっていたからではないかとの指摘もあるが、やはりここにはフロイトから続く、自己愛を健康なものとするか、病的なものとするかの対立が見られるように思われるのである。

　自己愛をこのように「健康な自己愛」と「病理的な自己愛」に分けて捉える考え方は、自己愛についての錯綜した論議を整理する、ひとつの方法ではあるだろう。しかし、そのためには「健康な自己愛」と「病的な自己愛」を明確に区別することができなくてはならない。ところが、それがなかなか困難な作業なのである。精神分析学派の論客として著名なギャバードGabbard, G. O. も、「現代の精神科臨床においては、自己愛について、それが健康なものか、病的なものかを区別することには困難がともなう。ある程度の自己への愛は正常であるばかりでなく、望ましいものであるけれども、自己尊重self-regardは連続体を成しており、ここまでが健康な自己愛で、ここから先が病的な自己愛になるという一点を確定するのは容易なことではない」(Gabbard, 1994b)と述べ、健康な自己愛と病的な自己愛を同じスペクトラムの線上にあるものとしながらも、その区別はつけがたいものとしている。これでは自己愛についての議論が迷走するのも無理はないように思えてくる。はたして本当に「健康な自己愛」と「病的な自己愛」は同じスペクトラムの線上にあるのだろうか。それらは本質的に同じ自己愛といってもいいのだろうか。

　この点について、精神分析医で「甘え」理論の提唱者として国際的に著名な土居健郎は、「健康な自己愛」と「病的な自己愛」をその自己の状態の違いをもって区別することができると論じており、注目に値する。つまり、同じように自己愛といっても、本質的にそれらは異なったものであることが論じられているのである。そこで次に、この土居健郎による自己愛をめぐる論考を概観してみることにしよう。

3　土居健郎による自己愛と甘えをめぐる論考

土居の「甘え」とバリントの受身的対象愛

　周知のように土居健郎は、「甘え」概念を普遍的な精神分析概念として位置づ

け、独自の「甘え」理論を提唱したことで知られている。土居は、自分自身でも述べているように、「甘え」概念をもって従来の精神分析理論を再構築しようとしたのである（土居, 2004）。その中で土居は「甘え」に対応する精神分析概念として、バリントの「受身的対象愛」に注目し、自身の論文の中でバリントを頻繁に引用している。

バリントは、フロイトの一次的ナルシシズムを否定し、それに代わる「受身的対象愛」を一次的なものとして位置づけ、後にそれを「一次愛primary love」としている（Balint, 1965）が、土居はこのバリントの考えに大いに賛同の意を示している。土居は、論文「ナルチシズムの理論と自己の表象」の中で、次のように述べている。

> 受身的対象愛というのは対象を愛するというのではなく、対象に愛されたいと思う心の働きである。普通いう対象愛は前者の意味であって、後者の場合はそれをバリントが強調するまで、あまり重視されていなかったものである。前者を「対象を求める」ことであるとすれば、後者は「対象に求める」ことであるといって区別することができよう。さて、バリントは、ナルチシズムの発生はこの受身的対象愛に関係する、という。その成立機転は次のごとくである。まずは人に愛されたいと願う。しかしその欲求が満たされないときは、仕方なく自らを愛することになる。これがナルチシズムの状態であって、したがってナルチシズムは常に二次的な産物というわけである。（土居, 1960b）

バリントは、対象に愛されたい欲求、つまり「受身的対象愛」が満たされないときに、人は仕方なしに自分で自分を愛することになり、それが自己に閉じこもる「ナルシシズム」の状態であると指摘したのである。土居はこのバリントの考えを支持し、「受身的対象愛」はまさに「甘え」のことであるとして、さらに次のように論じている。「まず考えられることは、受身的対象愛が常に完全に満たされることはあり得ないから、甘えられない悩みは誰しも幼時に多少とも経験するということである。しかし何らかの理由により愛情不足が甚だしい時は、幼児は甘えることを殆ど経験せず、自分に甘えるナルシシズム（自己愛）の状態が発生する。もっとも甘えが満足される場合にも、必ずなにがしかの内的葛藤を経験せね

ばならないから、その限りにおいてナルチシズムは誰にも生ずるということができる」（土居，1961）。ここで土居は、ナルシシズムを「甘え」が満たされないときには誰にでも生じうる「甘えをめぐる葛藤」に由来するものとして捉え直している。これはフロイト以来、極めて難解な抽象的説明概念であったナルシシズムの概念を「甘えの不満と葛藤」という非常に具体的で臨床的な視点から理解する道筋を指し示した点で、特筆に値するものといえるだろう。

「自分のある自己愛」と「自分のない自己愛」

さらに土居は、論文「『自分』と『甘え』の精神病理」（土居，1960a）の中で、心理療法の過程において患者が自己の甘えを自覚した後に、最終的に「今まで"自分"がなかった」ことに気づくことが治療的な転機となっている臨床例が多いことに着目している。その際、いままでは「自分」というものがなかったことに気づいたいまの自分の意識とは、「ナルチシズム的な自我意識」ではなく「成熟した自我意識」であることを指摘している。これは重要な指摘なので、論文「ナルチシズムの理論と自己の表象」（土居，1960b）の中から、その指摘に関連した箇所を引用してみよう。なお、ここで最初に土居は、バリントが分析治療の最終段階に純粋な受身的対象愛の自覚が出現する、と述べたことを取り上げ、土居が観察した日本人の治療過程との違いについて触れているが、その点については臨床例の検討のところで取り上げることとする。

> バリントは、このナルチシズムが治療状況の中で融解し受身的対象愛が自然な形で出てくることを重視したが、日本人患者では、むしろこの際、甘えを自覚した後に改めて今まで自分がなかったことに気づき、対象から分離された自己の存在に目ざめる現象のほうが目立っている。そしてこの現象はナルチシズムの実体を解明する上に新しい光を投げかけると信ぜられるのである。というのはナルチシズムは普通自己愛と解されているが、この場合の自己は自己の固有の存在に目ざめていない自己であり、むしろ単に個体というほうがふさわしい。
>
> このことから次のような結論が導き出される。すなわちもしナルチシズムを広義に解するならば、自己の固有な存在の表象を持っており、それにリビドー

が向けられている場合が健康なナルチシズムであり、それに反してかかる自我像がなく、徒らに個体としての自己にリビドーが氾濫している状態が病的なナルチシズムである。この点に関して「自分がある」、「自分がない」という日本語の表現を使用することが非常に役立つ。なぜなら「自分」という言葉は、客観的な自己よりも、自己についての表象を指していると考えられるからである（土居，1960b）。

　ここで土居は、病的なナルシシズムの状態にある「自己」は「自己の固有の存在に目ざめていない自己」であると指摘している。そして反対に、自分がなかったことに目ざめた「自己」とは、逆説的に、対象から分離した自己に目覚め、いまや自己の表象を持った健康な自己となっているというのである。土居はさらに「自我が真に自己を自覚するとは、甘えによって対象に密着していた自己を対象から引き離し、独立した存在としての自己の表象をもつことである」と述べている。
　こうして土居は、バリントのナルシシズムの説明に対しても、次のような疑問を投げかけている。「バリントのいうごとく、愛してもらえないから仕方なく自分を愛するのがナルチシズムの実体であるとしても、この過程は決して意識的反省的なものではあり得ない。すなわちナルチシズムは自己愛であるというが、この場合の自己は真に自覚された自己ではないから、その点では治療状況の中で起きる上述した患者の体験と異なるといわねばならないのである」（土居，1960b）。つまり、病的なナルシシズムとは、独立した存在として自己の表象をもっておらず、意識的反省的な自己とはなりえないものなのであるから、いわゆる自己を愛するという意味での自己愛の意識は、それ自体、発生するわけがないというのである。さらに土居は、病的なナルシシズムである統合失調症のナルシシズムについても、以下のように述べている。「結論としていえば、分裂病的なナルチシズムは自己愛といっても名ばかりで、自分のない自己愛、リビドーや攻撃衝動の跳梁に打ち負かされた状態にほかならないというべきだろう」（土居，1960b）。
　このように土居は、「病的なナルシシズム」とは「自分のない自己愛」と言うべきものであり、真に自覚された成熟した自我意識である「自分のある自己愛」、つまり「健康な自己愛」とは本質的に異なったものであると論じているのである。

依存欲求の挫折と病的な自己愛

　また土居は、病的なナルシシズムが「甘え」、つまり依存欲求の不満に由来して生じる点から、その依存欲求の挫折の起きた時期が幼く、その強さが著しいほど、重篤な精神病理の発現につながることを次のように指摘している。

　ごく幼い場合は、愛されたい甘えたいという欲求はあっても、まだ愛するということは知らない。(中略)したがって依存欲求の不満がおきる時期が幼なければ幼ないほど、その結果おきてくる状態は自己愛という言葉であらわせるものからはほど遠いと考えねばならない。ことにこの際、依存欲求の不満が著しいと、非常な混乱状態がおきてくると想定される。(中略)すなわち甘えは対象を失い、本能衝動は現実的に満足させられないので自体性欲的また自己破壊的な現象がおこり、1次過程が支配的となる。この状態は現実との接触がまったく失われた精神病の場合に相当すると考えられるであろう。(土居,1965)

　これらは精神病におけるナルシシズムについての記述であるが、土居は、神経症のナルシシズムについては次のように述べている。「おなじ幼児でも自他の区別ができて自己の観念がおぼろげながら成立し、甘えるということを十分知った後に欲求不満を経験するときは、自分に甘えまた自分を甘やかす状態が招来されると思う。これは一般的にいって神経症の素質となるナルチスムスであると考えられる」(土居,1965)。神経症においては、自己の表象は存在するが、まだ真に自覚された自己とは言えず、対象から愛されないことの欲求不満に耐えられないために、現実から目をそらし、対象との一体感の幻想の中にとどまり続けることを自分に許しているという意味で、自分で自分を甘やかすナルシシズムの状態にあるというのである。

　ここで土居は、再び「病的なナルシシズム」と「健康な自己愛」の違いについて取り上げ、以下のように述べている。

　病的なナルチスムスが依存欲求の不満に由来するとするならば、健康な自己愛は依存欲求の真の満足ないしその克服を契機として生ずる。それは低い段階での依存の満足に留まらず、したがって単なる甘えを超えて信頼のなかに自分は

愛されているという確信をもつことである。実際、人は他から愛されることによってはじめて愛すべき自己を発見し、またその結果そのような自己を自らも愛するようになると考えられる。もっとも自己の発見は、甘えられないという苦い体験を契機としておきることもあるが、もしそれだけで愛と信頼を体験しないならば、そのような自己はナルチスムス的自己となる。すなわちそれはしばしば「自分がない」という意味での自己体験であり、自己を愛するというよりも自己に執着することであり、自己に執着する一方、他方では自己を嫌悪する自己分裂の状態なのである。（土居，1965）

　ここで土居は、病的なナルシシズムの殻を破るためには、これまで自分がなかったことに気づき、対象と分離した固有の自己に目ざめるだけでなく、他者からの愛と信頼を体験することが必要であることを述べている。これはそれまでの土居の論文には見られなかった新たな指摘であり、自己愛をめぐるさらなる土居の思索の展開が見られるところである。
　このように土居の「甘え」理論は、自己愛の成り立ちとその病理を分析した理論であり、自己愛理論といっても過言ではないだろう。今日の自己愛障害の精神分析的治療において、土居の「甘え」理論は、これまでにはなかった自己愛についての新しい理解を導入しており、臨床的にも非常に有用なものであると考えられる。そこで次に、臨床例として自己愛の問題を持っていたと思われるクライエントの心理療法の治療経過を取り上げ、自己愛の病理とその治療について臨床的に検討してみたい。

4　臨床例による検討

　クライエントのD子は30歳で一人暮らしをしながら、ある製薬会社の開発研究所に研究員として勤めていた。半年ほど前から、出社する際に吐き気やふらつき、全身の脱力感などが出現するようになり、外来の精神科クリニックに来院した。大学生のころから、ストレスが溜まると過食しては吐くことを繰り返してきたが、2ヶ月前からそれらの症状もひどくなっているという。治療として、主治医による薬物療法と並行して、個人心理療法を筆者が担当となって開始すること

となった。

　初回のD子は、何事においても自分に自信が持てず、以前からよく自分は甘えているだけじゃないかと思ってきたこと、そして今回、出社できなくなったことについても、「自分がつくづく情けないです」と自己否定的に訴えた。その後の面接では、もともと自分は音楽大学に進み、音楽関係の仕事がしたかったが、両親の強い反対にあい、あきらめて、仕方なしに親の薦める学部に進み、研究職としていまの会社に入ったこと、両親は躾に非常に厳しく、幼い頃から親に甘えた記憶がほとんどないこと、などを語った。一方、「自分がこんなことでしんどいと思うのは、甘えているんだと思う」と繰り返し、音楽関係の夢についても「いつまでも夢を追って現実逃避しているのは、自分が甘えている証拠だと思う。もっと自分は自立するべきだと思います」とかたくなに訴えた。面接中のD子の様子には自然な感情の動きが感じられにくく、常に肩に力が入っており、どこか表面的で、全体的に窮屈な印象を受けた。結局、その後、半年ほどして過食の症状は軽減し、D子は、以前よりは楽に出社できるようになったと言うようになって、最後は連絡もなく、そのまま来所しなくなった。治療の後半、D子はやけに明るくなり、「このごろはもう何も考えないようにしています」と軽い調子で語っていたのが印象的だった。

　ところが、それから1年ほど経って、D子は再び面接の予約を取って来所した。筆者が理由を聞くと、「これまで1年間、ずっと惰性で生きてきました。あまりに苦しくて、上司に自分のしんどさを打ち明けたら、甘えていると言われた。そしたらどうしたらいいの！って…。本当は生きていることにずっと虚無感があった…。生きていることが苦しいんです」と激しく泣きながら訴えた。D子の苦悩は筆者の胸に迫り、心を深く動かされた。時間となり、D子は面接の継続を希望し、治療は再開されることとなった。

　再開後の面接では、中断前とは異なって、D子の苦しさや悲しみが筆者の心にストレートに伝わってくるようになった。毎回、D子は沈痛な表情で、幼い頃から親の仕打ちで傷ついてきたことや、夢を捨て、興味のもてない仕事を毎日しなくてはならない苦痛、過食と嘔吐の苦しさと激しい自己嫌悪などを切々と訴えた。「本当のことを言うと何もかもやめたい…。わがままなことは分かっているんです。だからこんなことは親にも言えない。両親に心配をかけたくない。でも、こ

れまで親に一番気を使ってきたんです。気を使って元気で明るくしている私を、親は本当の私だと思っている」と涙を流しながら、苦渋に満ちた表情で語った。過食や嘔吐の症状もひどく、常に食べることが頭から離れず、極度にイライラする状態が続いた。「これまでの30年間、これは私の甘えなんだからもっと頑張らないといけないとずっと思いながら、結局つらくなって食べ吐きして、これは甘えだとまた考えて、グルグル同じところを回ってきた。そこから先に行けないんです…」と訴えた。また、そうした苦しみを筆者に語りながらも、「カウンセリングでしゃべると後で悶々とする。余計なことをしゃべってしまったと後悔する。後で自己嫌悪になる」と訴え、自己の内面を言葉にして人に打ち明けることへのアンビバレントな葛藤を語った。また、「私は自分が相手に不愉快な思いをさせたときに、許してもらえる自信がないんです。受け入れてもらえる自信がない」と、相手をどうしても信じることのできない自分がいることを語った。

　しかし、ある日、実家の母親からの外出の誘いを思い切って断ったD子は、自分の中にこれまで経験したことのない大きな解放感があることに気づいた。「今回、親の誘いを断わって、ひとりで家にいてものすごくゆっくりした。何も考えないでボーッとできた。一番のご馳走だった。これまで母親には気を遣って、一度も誘いを断ったことがなかったんです。たぶん、母親を信じられないから自分を殺して付き合っていたんだと思う。それが今回は、やめてもいいよと母親が言ってくれるんじゃないかと思えた。親の愛情を信じることができた」と語り、さらに「本当は自分はものすごく淋しがりやなんです。本当は甘えたい。何も心配しないで、どっぷりと親の愛情に包まれたいんだろうなと思う。こんなふうにこれまで思ったことはなかった。30年間も親の愛情をずっと求めていたなんて…。これまで人はわずらわしいだけだと思っていた。でも、本当のところは、相手に求めていたところがあったんだと思う」としみじみと語り、ここに至ってD子は、自分の中に素直な甘えの欲求があることを発見した。

　こうして洞察が次第に深まっていき、幼いころから人と関わると心臓が口から出そうになるほど不安になるのを人に知られるのが怖くて、外に出るのが嫌だったこと、家に帰るとずっと空想の世界の中に閉じこもっていたことなどが語られた。D子は、空想の世界がいかに自分にとって大切だったかを幾度となく筆者に語った。しかし、甘えの欲求については、「自分は甘えたいのかもしれない」と

言っては、すぐにまた「甘えたいとは思わない」と前言を翻すなど、言動が二転三転することが続いていた。

　ある回、D子は「しんどい、しんどいと言って、自分は甘えているだけなんじゃないかと思ってしまう。皆はしんどくても乗り越えて頑張っているんじゃないかと不安になる。結局、自分は根無し草だと思う。自分の核がない。自分がないのかもしれない」と語った後、「でも、ここで誰にも話せないようなことを話せるので楽になっている」とも付け加えた。こうして自分の核のなさをつくづく実感したD子は、その後、「こうして自分のことをダメだ、ダメだ、つらい、つらいと言っているが、それがなくなったら、いったいこの先どうなるかが不安なのかもしれない。それがなくなると、次に進まないといけなくなることが不安なので、そう言っているところがあるんだと思う」と初めて自己否定の言動が自己の防衛にもなっていることを洞察した。

　その後、しばらく安定した状態が続いていたが、再び激しい過食の症状がD子を襲った。「もうダメかもしれない。自分には何の価値もない。もうこんなふうに生きているだけなら、死んだ方がいいんじゃないかと思う……。もうどうしていいか分からない」と訴え、D子は面接の中で大声をあげて泣いた。筆者はD子の苦しみに共感しながらも、彼女が心の底から筆者の前で苦悩を露呈し、身を委ねていることを意味深く感じていた。その際、身体が女性らしくなることへの嫌悪感と、そのきっかけとなった幼少時の外傷的体験が初めて語られた。D子は「この話は初めて人に言いました」と語った。筆者はその重みを感じ、胸に痛みが走った。そして最後にD子は苦しまぎれに、過食の症状に対してどうしたらいいかと助言を求めてきた。しかし、筆者は通り一遍の陳腐な助言しかすることができず、面接終了後、セラピストとして強い無力感を抱き、落ち込んだ。

　ところが次の回、症状が軽快していることが報告された。D子は「前回の面接の後、結局、解決策なんてなくて、自分で何とかするしかないんだということが突然閃いたんです。これまで甘えた考えの方に行ってしまっていたが、頑張って生きていくのは自分なんだ。人に解決策を求めてもダメで、やっぱり答えを出すのは自分なんだと思った。結局、これまで自分が自分に甘えていたんだと思う。これまで、しんどい最中にそんなふうに思ったのは初めてだった」と語った。それからは、過食が起こってもその程度は比較的軽くて済むようになり、安定した

精神状態が続くようになった。その間、性に関する葛藤についても詳しく語られるようになり、過食で心が満たされない思いを解消していることにも気がついた。また、職場での軋轢についても素直にその愚痴を筆者に語るようになった。「職場では人間関係にいろいろ気を遣うが、人間に生まれたら、そういうストレスや気疲れは避けられないものだと思う。だから、それは気持ちを転換してやっていくしかないなぁーと思う。この頃、こんなふうに思うようになった。この頃、こんなこと思っている自分がいるなぁーと思うことが多い。少し成長したなと思います」と初めて自己を肯定的に語った。

その後のある面接でD子は、これまでの治療経過を振り返り、「一回治療を中断したのに、先生がまったく嫌な顔ひとつせずに面接を再開してくれた。先生は私を許し、受け入れてくれた。私が勝手なことをしても、人は許してくれるということを体験した。その後、どんなことを話しても、先生がずっと聞いてくれる、先生に嫌われることはないんだ、人として受け入れられるんだということを学ぶことができた。これが本当の人間関係、信頼関係というものなんだと思う。この頃、他の人としゃべっても、前ほど気にならなくなった。以前は、あんなことをしゃべってしまったといつも思った。いまは思わなくなっている。対人間ということに少し自信が持ててきたように思います」と語った。筆者が甘えについて聞くと、「いま、ここで甘えていると思います。でも、他のところではまだなかなかできません。なかなか人をそこまで信じることは難しい。私は甘えるのにも覚悟と根性がいるんです」と語った。しかし、その後もD子の対人関係は、明らかに以前より不安の軽減したものになっていることが見てとれた。抑うつ感や過食症状もほとんどなくなり、安定した状態が続くようになった。「自分で何とかやっていけそうに思う」と語るようになったので、しばらく経過を見た後、今後もしもしんどくなったら来所することを約束して終結となった。D子の甘えの葛藤は、完全に解決されることはなかったが、これまでの洞察や言動から、かなりの部分が改善され、適応が回復したものと考えられた。

若干の考察

ここで、改めてD子の心理療法の治療経過を振り返り、「自己愛」と「甘え」の観点から若干の検討を加えてみたい。心理療法の初回からD子は「自分は甘えて

いる」と執拗に訴えた。それは、自分は現実の厳しさから目をそらし、自分で自分を甘やかして、自立する努力を避けようとしているのではないかという自己批判や自己不信の表現のように思われた。しかし、心理療法を中断するまでの前半、そうした自己の問題に自ら盛んに言及するD子には、あまり深刻さが感じられず、どこか余裕すら感じられた。それはたとえば、筆者がD子の苦しさに共感的に応答すると、D子は逆に「これは私の単なる甘えで、自分はもっと自立すべきなんです」と筆者の発言を否定し、反論さえする態度に出ることにも表れていた。こうして結局、D子は自己の弱みを面接の中ではほとんど表出しないまま、症状がその後若干軽快したことを契機に、治療は中断となったのである。

しかし、その1年後、再び症状の悪化を来たして来所した際には、D子は以前とはうって変わり、毎回激しく泣きながら、抑うつ感や虚無感を筆者に訴え、面接の中でありのままの姿を露呈した。しかし、それでもやはり「自分は甘えている」と自己を否定する態度は変わらず、D子自身、その考えからずっと抜けられないできた苦しみについて語ったのである。

ここで「甘え」に対するD子の自己否定について考えてみたい。自分は甘えていると執拗に治療者に訴えるD子だったが、実のところD子は、そう言いながらも無意識では、そうした甘えている自分をどこかで許していたものと考えられるのである。それはまさに土居 (1960) のいう「甘えることに甘えている」状態であり、D子は、自分が自分に甘え、自分の中に閉じこもる「ナルシシズム的自我意識」(土居, 1965) の状態にあったといえるだろう。なぜなら、もしD子が真の意味で「甘えの自覚」に到達していたなら、そこには強い痛みを伴った、決して甘えられない現実に直面する体験が生じ、その結果として、自己の言動が自ずと変化してくるはずだからである。

しかし、治療の後半になってD子は、そうした自己否定を続けることで、前に進むことを避けようとしている自分がいることに思い至り、「甘えることに甘えている」ことを意味する「自己防衛としての甘え」の存在に気づき始めた。そして興味深いことには、その気づきに至る前にD子は、母親からの誘いを断わり、それが母親に受け入れられて、不安なく親に甘えることのできた体験をしている。この甘えが享受された体験をした後に、D子は「自分は何の心配もなくどっぷりと親の愛情に包まれたいんだと思う」と初めて語り、これまで否定してきた自己

の甘えの欲求を素直に認めることができるようになっているのである。また、他者に頼りたいという依存欲求の存在を否定せずに受け入れる言動も、その後たびたび見られるようになり、筆者にも取り繕うことなく自己の苦しみの感情をよりストレートに表現するようになっている。

　そして、その後、再び襲った激しい過食の苦しみの中でD子は、自己の苦痛がいくら治療者に共感的に理解されようとも、その直接的な解決を他者に求めることはできないという「甘えの危機」を面接の中で体験し、結局、自分が答えを出して、自分自身で何とかするしかないという考えが、苦しみの最中に突如として閃いたという。D子はここで、対象から分離した固有の自己の意識に目覚め、真の「甘えの自覚」に至ったものと考えられるのである。この後、D子は初めて自己の変化を前向きに捉え、自己を肯定的に語っている。ここには、まさにD子の「自分のある自己愛」、つまり「健康な自己愛」が芽吹き始めていることが見て取れるのである。

「自己愛」と「甘え」をめぐる自己体験の変遷

　ここで、D子の「自己愛」と「甘え」をめぐる自己体験の変遷に焦点を絞って、もう一度、治療経過をまとめてみたい。当初、自己の甘えを意識の上では否定的に捉えながら、無意識ではそれを許し、結局、自分が自分に甘えている「ナルシシズム的自我意識」の状態にあったD子は、治療経過の中で、筆者や母親に自己の甘えが受け入れられ、満たされた体験を経て、次第に「甘えの欲求」の存在を認め、甘えを他者に求める自己を肯定的に受け入れることができるようになったものと思われる。しかし、その後、いくら筆者に頼りたくても頼ることはできず、自分で何とかするしかないという深刻な「甘えの危機」を体験したことで、最終的に真の「甘えの自覚」に至り、土居のいう「これまで自分がなかった」という気づきが生じて、その結果、他者から分離した固有の自己の意識が自覚され、「成熟した自我意識」に基づく「健康な自己愛」が回復していったものと考えられるのである。

　先述したようにバリントは、分析治療の最終段階において、受身的対象愛、つまり素直な甘えの自覚が現れ、治癒することを指摘しているのに対して、土居は、日本人の治療においては、甘えの自覚だけでは足りず、さらに「自分がなかった」

という気づきが生じる必要があることを指摘している。これは本症例においても当てはまっているように思われる。むしろD子の「甘えの意識」は、ある意味では治療の初期から存在しており、甘えの意識それ自体がD子の主訴になっていたと言うことさえできるからである。

　筆者の経験でも、日本では自己の甘えに関する問題意識を初めから有しているクライアントが比較的多いように思われる。しかし、これは逆に言えば、日本人は「甘え」を意識しても、なかなか「自分が自分に甘えるナルシシズム」の域を出ることができないことを示しているように思われるのである。それでは、どうして日本人は「自分への甘え」を脱することが難しいのだろうか。それは土居も指摘したように、もともと日本語には「甘え」に関連する語彙が豊富に存在しており、それだけ「甘え」の感情を欧米人よりも意識しやすいことがあるのだろう。しかし、そのために、単に「甘え」を意識するだけでは、日本人は自己の中の「甘え」を意識している上位の自己が、実際に甘えている自己を批判して自己嫌悪したり、あたかもその克服に向けて取り組んでいるかのような自己批判的スタイルを取りながら、実際には甘えている自己の存続を無意識に許容しているという「自己防衛としての甘えの意識」が構造的に生じやすいのではないかと思われるのである。

　したがって日本人のクライアントの場合、「自分が自分に甘えるナルシシズム的自己」を脱するためには、単に甘えを意識するだけでは足りず、そこからさらに、そうした甘えの意識それ自体が自己の防衛にもなっていることを自覚して、決して甘えられない厳しい現実に直面するという「甘えの危機」を体験することが可能となってから初めて、対象から分離した固有の存在としての自己の意識に目覚めるプロセスが生じうるのではないかと思われるのである。つまり、そこに至って初めて、自分はこれまで甘えを問題にしながらも、実際にはそれを克服しようとせず、無自覚的に甘えの中に自ら埋没しようとしていたという、土居のいう「自分がなかった」ことへの自覚と洞察が生じるのである。D子の面接過程でも、そうした自己の洞察が生じた頃から、健康な自己愛に基づいた積極的で肯定的な自己意識が芽生え出している。

　しかし、ここでもうひとつ注目すべきことは、D子が真の甘えの自覚に到達する前に、実際に、治療者や親に自己の甘えが受け入れられた体験をしているとい

う点である。これは、甘えたくとも甘えられない「甘えの危機」は、甘えの自覚に重要だが、それと同時に、自己の甘えが他者に受け入れられ、満たされるという「甘えが享受される体験」が、その前に実際に体験されていることが必要であることを示唆しているように思われるのである。土居は、ナルシシズム的自己の殻をやぶるためには、甘えを超えた真の信頼関係を体験しなければならないことを述べている（土居，1965）。D子の面接過程においても、終結時にD子は、筆者に面接の再開を受け入れてもらえたことや、筆者に何を話しても許され、受け入れられることを確信できるようになったことで、真の人間関係と信頼関係を学ぶことができたと語り、感謝の念を述べている。D子のこの言葉は、彼女の自己がもはやナルシシズム的な自己ではなく、「自分」のある健康な自己愛に基づいた自己となって発せられたものと考えられた。そして逆に、来所当初、執拗に訴えられた「自分は甘えているんじゃないか」とのD子の自己否定の言葉は、D子の自己の意識が、自己を愛するというよりも、自己に執着し、他方では自己を嫌悪する、自己分裂のナルシシズム的状態（土居，1965）にあったことを示していたものと考えることができるのである。

5　おわりに──一体の幻想から醒め、自己に目覚める

　「甘え」と「自己愛」に問題を抱えていたクライエントの治療過程を、土居のナルシシズム論を援用しながら検討してきた。土居が提示している治療者への「甘えの発露」と、その後の「甘えの危機」による「固有の自己の意識の出現」は、コフートが提唱している「自己対象転移」の活性化と断絶、そして、その修復というプロセスの中で生じるクライエントの自己体験の変遷と重なっているところがあるのではないかと思われる。土居とコフートの類似性については、後の章でまた取り上げることにしたい。

　フロイト以来、ナルシシズムに関する理論は錯綜し、現在も自己愛については多くの議論が繰り広げられている。その中で、土居の「甘え」理論には、「自分のない自己愛」である「病的なナルシシズム」と、「自分のある自己愛」である「健康な自己愛」という、臨床的に有用な自己愛の理解の糸口が示されていた。

　しかし、誰しもこの「病的なナルシシズム」と「健康な自己愛」の区別を自覚す

ることは極めて困難なことである。そもそもこの「ナルシシズム的自己」の殻を完全に破ることができないのが人間だともいえるからである。それは、人間は誕生以来、自己と対象が渾然一体となった最早期の母子一体感という至福の体験を、生涯求め続けてやまないということと関係しているのかもしれない。しかし、また、そうした至福の体験は幻想であるともいわねばならない。ナルシシズムとは、まさにその幻想を手放すことができない人間の苦悩であるとも考えられる。

　健康な自己愛とは、自他融合の幻想から脱し、固有の存在としての自己に目覚めることで、初めて生まれてくるものだといえるだろう。その意味で、心理療法の治療過程の中でクライエントは、セラピストと一体となる夢をみて、自己と他者への信頼と希望をいま一度取り戻したうえで、次にその幻想の夢から徐々に醒め、独立した固有の存在としての自己の意識に目覚めていくという、本質的な自己生成のプロセスを体験しているのではないかと考えられるのである。

第 II 部

コフートと他学派との比較と心理臨床

第4章
「甘え」理論とコフートの自己心理学

1　「甘え」と「自己対象」

土居による「甘え」の発見

　周知のように、日本を代表する精神分析医である土居健郎は、かつてアメリカに留学した際、さまざまなカルチャー・ショックを体験し、なぜ日本人とアメリカ人の心理はかくも違うのかという点に強く心を惹きつけられたという（土居,1971）。帰国してから土居は、日本人心理の特性を明らかにしたい思いから、伝統的なドイツ語ではなく、母国語の日本語で患者の状態を記載するようになり、精神病理の考察を進めていった。その中で、英語には日本語の「甘え」に相当する言葉が存在しない事実に行き当たる。土居はこの「甘え」の心理が日本人心理の特性と深い関係があることを直感し、独自の臨床的考察をさらに深めていくうちに、「甘え」概念が日本人心理にとどまらず、人間心理において普遍的な重要性を持つ精神分析概念になりうることを着想したのである。

　ところが、精神分析理論の中にこの「甘え」に相当する概念を探そうとしても、なかなか見つけることができないことに、土居は大きな当惑を覚えるようになる。そして、苦労の末、とうとう英国の精神分析医マイケル・バリントの論文（Balint, 1965）の中に「受身的対象愛passive object love」の概念を見つけ、それが表現しようとしている、対象に愛されることを求めることが、まさに「甘え」に他ならないことを発見したとき、土居は我が意を得たりと歓喜したという（土居, 2004）。こうして土居は、精神分析理論における「甘え」概念の普遍的意義を確信するに至り、その後、次々と国際学会で「甘え」概念についての論文を発表し続け、独自の精神分析的「甘え」理論を構築していったのである。

　バリントは「受身的対象愛」を「一次愛primary love」とも呼んでいる。これは、もっとも初期の対象関係では、乳児が一方的に母親に依存し、もっぱら母親から

愛情を受けることを求めることを示している。土居も、対象を愛するのではなく、対象に愛されることを求めることが、最初の対象関係の姿であり、この受身的愛情希求ともいうべき依存欲求こそが、人間の最も基本的な欲求でなくてはならないと考えた。そして、日本語の「甘える」という動詞は、この受身的な依存欲求を示すのに適した言葉であると主張したのである（土居，1965）。

土居の「甘え」とコフートの「自己対象」

一方、こうした「甘え」の研究で独自の視点を精神分析に導入した土居は、新たに自己心理学を打ち立てたコフートの説に自身の論文の中で盛んに言及していることは注目に値する。コフートも人間の依存欲求を重視したことでは、土居やバリントと共通しているといえよう。

特に、コフートの「自己対象 selfobject」の概念は、土居の「甘え」の概念に類似しており、実際、土居は「『甘え』概念についての若干の考察」（土居，1999）の中で「自己対象ニードという言葉でコフートが言おうとしたことが『甘え』に他ならないことは明白だろう」と述べている。確かにコフートの考える「自己対象」とは、自己の延長である対象を通して自己愛が満たされるという、自己と対象の分化していない、自他融合の状態を意味しており、その点では、バリントの自己と対象が分化した段階での「受身的対象愛」の概念よりも、コフートの「自己対象」の概念のほうが土居の「甘え」概念により近いのではないかと思われるのである。

土居は1965年から1996年までに著した論文の中から「甘え」理論の展開にとって重要なものを自ら選抜して1冊にまとめ、『「甘え」理論と精神分析療法』（土居，1997）を出版しているが、その序文の中でもコフートに触れ、以下のように述べている。

> 一体なぜ私は外国から輸入した学術用語を平易な日本語に直さないと気がすまないのか。それはまさにわれわれが日本人であり、われわれの診る患者も日本人だからである。われわれはもちろん外国の文献にも平生親しむことができればそれに越したことはない。この際原語で読めることがいちばんよく、それができなければ余程よくこなれた翻訳で読むことをすすめたい。というのは外国語で書いてあるものを直訳しただけでは到底学んだことにはならないか

らである。たとえば、コフート Kohut, H. が精神分析の伝統に身をおきながら画期的な自己心理学 (self psychology) を作り出したことにいかに感嘆したとしても、そして彼のいう self object を自己対象と訳して新しがってみても、もし自己対象転移が「甘え」に相当するということを思いつかなければ、結局何も学んだことにはならないのである。(土居, 1997)

　この土居の言葉には、日本語をもって普遍的な精神分析理論を語り直すことに生涯をかけて取り組み、「甘え」理論を構築してきた土居の並々ならぬ強い思いが込められているように思われる。そして、ここで土居は、コフートの「自己対象」の概念は、日本語の「甘え」の感覚を通して理解されなければ、その本質を見逃すことになるということを強くわれわれに訴えかけているのである。
　そこで本章では、まず土居自身の著作の中で、コフートに言及している箇所を取り上げ、土居の「甘え」理論の文脈から見れば、コフートの自己心理学理論はどのように理解されるのかについて検討してみたいと思う。そして、そこから土居の「甘え」理論とコフートの自己心理学の類似点と相違点について考察する。最後に、臨床例を取り上げ、その治療過程を自己心理学と「甘え」理論の両視点から臨床的に検討してみたい。

2　「甘え」理論と自己心理学の比較
　　　──土居が言及したコフートを通して

　前述したように、土居は「甘え」理論を展開する中でコフートにしばしば言及している。それらをすべて挙げることはできないが、重要と思われる箇所をいくつか取り上げてみよう。
　先述のように、土居はコフートの「自己対象」の概念を「甘え」と関連づけて論じている。以下は、1971年に出版された『「甘え」の構造』から30年あまり経過して、「総括として今一度『甘え』について最初から書き下ろしてみたい」(「はじめに」より) と思って書かれたという『続「甘え」の構造』(土居, 2001) からの抜粋である。

　　以上のべて来たことから明らかなように、「甘え」概念は精神分析的に人間心理を理解する上で非常に重要な意義を持つように思われる。それは人間の動

機を分析する上で最も基本的な公分母となる。この点は自己心理学という一派を興した精神分析家ハインツ・コフート (Heinz Kohut) の造語「自己対象」(self object) の概念が「甘え」に相当すると知れば思い半ばに過ぎるものがあろう。「自己対象」は名詞であるが、「甘え」は動名詞であり、「甘えの語彙」と私が称する語群の形造る意味世界の中心に位置する故に、非常に使い勝手がよい。これに反して「自己対象」と言っただけでは何のことか分からないが、それなくしては自分が持たない相手のことだと説明されることによってはじめて「甘え」に近いものがイメジされていることが明らかとなる。(土居, 2001)

このように土居は、コフートの「自己対象」の概念は「甘え」に相当するとはっきりと述べている。ちなみに土居は「自己対象」という用語は使い勝手が悪く、また、自己対象とはそれがなくては自分がもたない相手のことだとしているが、先述したように、現代自己心理学では「自己対象ニーズselfobject needs」や「自己対象体験selfobject experience」といった用語が主に用いられており、そもそも「自己対象」とは実在の外的対象ではなく、自己が喚起され、支持され、維持される際の自己の主観的体験の一側面を表しているものと理解されるようになっている。

自己愛的甘えと健康な自己愛

さて、土居は「甘え」を「人間の動機を分析するのに重要な公分母」と位置づけているが、コフートは、その公分母によりメタサイコロジカルな精神分析概念である「自己愛」を据えることによって、自己心理学を構築したといえるだろう。一方、土居は、自己愛については、より一般的な言葉として「自己愛的」と形容される人間心理について取り上げて、その言葉のニュアンスをたどりながら、それを「自己愛的甘え」として以下のような興味深い論を展開している。

自己愛的とはどういうことをさすのかというと、どうもそれは単に自己を愛するということではないように思われる。(中略) 自己愛的というのは、もっと微妙な気持が働いている場合をさしているように見える。というのはこの心理がある種の損得感情に支配されていることに間違いはないが、同時に思うにまかせない気持が底流にあるように見てとれるからである。要するに自己愛的であ

るのは一種の精神的弱みを表現している。実際そうであればこそ自己愛的人格障害というように精神医学上の用語となったのである。
　このように見て来ると、自己愛的というのは一種の欠乏状態を暗示することになる。(中略)ここでその本質を探っている自己愛的心理が甘えに近いことが了解されるであろう。(中略)但しそれは先に説明したような健康な甘えではない。健康な甘えならば相互の信頼が基礎になっているが、自己愛的甘えは一方的で、しばしば要求がましいのが特徴的である。なお健康な甘えが非言語的で、ふつう本人に「甘えている」という自覚がないのに比して、自己愛的甘えの方は甘えを自覚していることの方が多い。つまりそれは「甘えたい」欲求として自覚される。厳密には甘えたいのに甘えられないという方が正確であろう。要するにここに二種類の甘えがあることになる。素直な健康な甘えと屈折して自己愛的な甘えである。(土居, 2001)

「欠損モデル」としての自己心理学と「甘え」理論

　このように土居は、いわゆる「自己愛的」と称される心理状態を「甘え」の心理から説き起こしている。土居の考えでは、「自己愛的な状態」とは「甘えたいのに甘えられない」心理であるとされている。そして、それは、相手との相互信頼を基礎とした関係の中で、素直に相手に甘えることができ、またそれが相手によって受けとめられ、甘えの満足を享受できるという「素直で健康な甘え」体験の欠乏状態に由来している、というのである。
　土居のこの見解は、コフートが、自己愛性パーソナリティ障害の患者を、実は必要な「健康な自己愛」が欠乏しているために、その「欠落感」を補うため、自分を満たすことや自分をより大きく見せることに執着したり、自分の中に閉じこもって誇大的空想に耽っているのだ(Kohut, 1977)としたことと類似している。これらの理解は、「必要なものが欠除しているために症状や問題が生じている」という視点からの理解であり、コフートと土居の基本的立場が「欠損モデル」に立っていることを示している。こうして見てみると、コフートの「健康な自己愛」は土居のいう「素直で健康な甘え」に、コフートの「病的な自己愛」は土居のいう「屈折した甘え」に読み替えることができるように思われる。
　他にも土居とコフートが類似している点として、精神分析の世界では「自己愛」

が病的で発達的に低次元のものとして扱われていることにコフートが疑義を抱き、そうした見方に異論を唱えて「健康な自己愛」や「成熟した自己愛への発達」の重要性を主張したことと、日本において「甘え」が一般に良くないものとされている風潮に土居が異議を唱え、「健康な甘え」と「屈折した甘え」の区別を主張し、「甘え」概念の普遍的重要性を説いたことが、不思議な一致を見せており、興味深く感じられる。これは「自己愛」や「甘え」という概念がいかに否定的に見られやすく、また、アンビバレントな葛藤に曝されやすいかを示しているものといえるだろう。

理想化と「甘え」

それでは次に、土居が「甘え」であるとしたコフートの「自己対象転移 selfobject transference」について見てみよう。まず、自己対象転移のひとつである「鏡転移 mirror transference」とは、治療者に自分が受け入れられ、認められ、賞賛されることを求める欲求の活性化である。それが「甘え」の欲求であることは、比較的理解しやすいものだろう。それではもうひとつの自己対象転移である「理想化転移 idealizing transference」についてはどうだろうか。土居は、コフートが「理想化」（アイデアリゼーション）について述べていることに興味を示し、論文「人間と理想」の中で以下のように述べている。

> 精神分析で使う言葉に「アイデアリゼーション」(idealization) というのがありますが、（中略）その精神分析的な意味は、あまり良いものではありません。すなわちこれには「汚いところには目をつぶって良いところばかりに目を向ける」というような意味合があります。（中略）
> 　彼〔コフート〕の言っていることで面白いのは、先ほど「アイデアリゼーション」として言ったことと関係があります。しかもその狙いがまるっきり反対なんですね。先に述べた「アイデアリゼーション」というのは、精神内部の葛藤が露出しないように、それを未然に防ぐためのものです。しかしコフートが言う「アイデアリゼーション」は（人間が）成長するためになくてはならないもので、それによって人間は幼児のナルシシズムをある程度まで内に秘めながらも現実に適応することができるのであり、そこのところがうまくいかない時に、

ナルシシスティック・パーソナリティ・ディスオーダーが生じるというのです。人間が成長期においてまず理想とするのは親ですが、次に先生であり、先輩であり、更に過去の人物も理想となります。こういう過程が欠如する際にナルシシスティック・パーソナリティ・ディスオーダーが生まれる。家庭内暴行や校内暴行も同じ伝で説明できます。その点が非常に面白いのです。（土居，1987）

土居の言うように、伝統的な精神分析では、「理想化」とは何らかの無意識的葛藤を覆い隠すための防衛として捉えられており、実際の治療においても、患者の治療者への理想化は、苦痛な感情に触れることへの抵抗、特に治療者への羨望や陰性の転移感情の防衛として分析することが、精神分析的な治療として肝要であるとされてきた。一方、コフート（Kohut, 1977, 1984）は、人間の自己は「野心の極」と「理想の極」の二極構造から成っているとする「双極性自己bipolar self」の概念を提唱し、「理想化」の体験が「自己対象」によって適切に満たされることが、人間の自己の成長・発達のためには必要であるとした。そして、この「理想化」の体験がうまくいかず、自己対象に強い幻滅を体験することが積み重なると、自己の発達に破壊的ダメージをもたらすことになると考えたのである。

必要な理想化とその幻滅

土居は、理想化の体験は、人間が成長するために必要なものであるというコフートの考えに賛同し、理想化とその幻滅について、さらに以下のように述べている。

　私個人を引き合いに出して申しますと、私がこうやって多少でも一人前になって、皆さんの前で物が言えるというのは、私が成長する段階で、私が傾倒できる人物がいたからだと言えます。結局、「甘え」も「慕う」も「傾倒」もみんなアイデアライズなんです。その点で、私が「甘え」が必要であると言っていることは、コフートの説と符号しています。
　これに反してひどい幻滅が起きて、それでもアイデアライズしたい欲望を抑えきれない時は、非常に病的な「甘え」になると言うことができるのだと思います。言いかえればこれは空回りしている「甘え」であって、すねたり、ひが

んだりしている状態です。
　結論として「アイデアル」というものがどこかに存在しないと困るんです。
（土居，1987）

　ここで土居は、「理想化」も「甘え」であると述べている。コフートによれば、「理想化自己対象ニーズ idealizing selfobject needs」とは、自己が理想化した自己対象と融合して、自己愛を満たそうとすることである。土居は「甘え」の欲求を、対象と一体になることを求めようとすることとしている（土居，2001）。つまり、自己対象と一体になろうとする意味で、「理想化自己対象ニーズ」とはまさに「甘え」の欲求ともいえるものであり、「理想化とは甘えである」という土居の説もうなずける。そして、人間にとって「理想化」の欲求を満たすことは必要なことであるが、「これに反して、ひどい幻滅が起きて、それでもアイデアライズしたい欲望を抑えられない時は、非常に病的な"甘え"になる」との土居の記述は、コフートのいう「理想化転移 idealizing transference」が断絶した状態を示しているように思われる。この「アイデアライズしたい欲望を抑えきれない」状態とは「理想化したいのに理想化できない」状態であり、それはまさに「甘えたくても甘えられない」状態と言い換えることができるだろう。満たされずに空転し、宙に浮いた甘えの欲求は、すねたり、ひがんだり、しがみついたりする「自己愛的な甘え」に変質しやすく、それらは結果的に、病的な関係性を招来することになるのである。
　このように考えると、「理想化」も「甘え」と同じように二種類あると考えることができるのではないかと思われる。人間の成長に必要な体験である「素直で健康な理想化」と、それが欠落しているため、その防衛として生じている「屈折した理想化」である。そのように考えるならば、伝統的な精神分析がもっぱらワークスルーの対象としてきた理想化とは、複雑な感情を背景に持った、後者の「屈折した理想化」だったのではないかと考えることができるのである。

理想化転移の断絶と回復

　次に、自己心理学派が治療機序と考えている「自己対象転移の断絶と修復」を、土居の「甘え」理論を比較・参照しながら検討してみたい。自己心理学派のウル

フは、『自己心理学入門』(Wolf, 1988) の中で、「自己対象転移の断絶と修復のプロセス」を臨床的に詳しく説明している。それらをまとめてみると、以下のようになるだろう。

　まず、治療者の共感的理解は、これまで抑圧され否認されてきた「太古的な自己対象ニーズ」の全般的な動員と復活を患者にひきおこし、それが治療者に向けられて「自己対象転移」が形成される。しかし、治療者が患者に完全に波長を合わせ、完全な共感を維持することは不可能であり、必ずいつか共感は失敗し、「自己対象転移の断絶 disruption」が必然的に生じることとなる。自己対象転移の断絶は、以前の「太古的様式の関係性」への一時的退行を引き起こす。その退行の特徴は、防衛的に歪曲され誇張された治療者への欲求や、防衛的に引き起こされた遊離や引きこもり、あるいは行動化に表われる。ここで治療者は、転移の断絶につながった一連の経緯を探索し、解釈し、共感的にそれを理解したことを患者に伝える。患者はそこで再び治療者に深く理解されたと体験し、患者と治療者の間に共感的交流が回復する。こうして修復 restoration された患者と治療者の共感的絆はより強くなり、転移の断絶に対してもより抵抗力がついてくる。そうしたことを繰り返す中で、患者の「自己」は次第に強く成長し、患者の自己対象ニーズも徐々により成熟したものへと変化していくのである。

　ここで上記の自己心理学的な治療のプロセスを、土居の「甘え」の文脈で見てみよう。治療初期の「これまで抑圧され否認されてきた太古的な自己対象ニーズの全般的な動員と復活」とは、これまでずっと抑圧されてきた「甘えたい心」が治療状況の中で賦活され、それが治療者に向けられるようになることだと考えられる。しかし、この「甘えたい心」は、これまで満たされることのなかった渇望やそれらをめぐる葛藤を一挙に解決すべく、幻想的な一体感を求める願望を含んでおり、それらは当然叶わないため、必然的にその欲求は挫折することになる。これが「自己対象転移の断絶」ではないかと考えられる。

　ここで患者の「甘えたいのに甘えられない」葛藤が治療者をめぐって再燃し、土居のいう「屈折した甘え」が現れる。ウルフのいう自己対象転移が断絶した際の、以前の「太古的様式の関係性」への一時的退行とされている「防衛的に歪曲され誇張された治療者への欲求や、防衛的に引き起こされた遊離や引きこもり、あるいは行動化」は、まさに土居のいう「屈折した甘え」の表現に他ならない。

この「甘え」をめぐる問題は、これまでの生育史の中で乗り越えることができずに持ち越されてきた、患者にとっては根本的な対象関係の問題であり、それがいまま治療者との間で繰り返されるという意味で、それは「転移」として扱われる。したがって、自己心理学でいう「自己対象転移の修復」とは、この「屈折した甘え」の存在を治療者の共感的な理解のもとで患者自身がはっきりと自覚し、それらの由来を洞察することによって、患者が自己の主体性を回復させていくプロセスのことではないかと思われるのである。ちなみに、「屈折した甘え」が治療者に向けて激しく表出される現象は、コフート（Kohut, 1977）が初期に、自己愛性パーソナリティ障害の患者が示す特徴的な転移とした「自己愛転移narcissistic transference」に相当するものだと考えられる。

自己の意識の確立と「甘え」

　さて、土居の重要な論文「『自分』と『甘え』の精神病理」（土居，1960a）の中に、上記の自己心理学的な治療プロセスに関連すると思われる、臨床的に示唆に富む記載が見られるので、引用してみよう。

> 　「自分」という意識は、「甘えたい心」が抑圧されて無意識であるか、また抑圧されていなくても無反省に放置されているときは、生まれてこないように思われる。なぜならば、このいずれの場合においても、「甘えたい心」はその性質上幼児的本能的受身的であるから、精神は甘えの満足される方向に拉し去られてその主体性を失うからである。甘えたい心を自覚してその対象を主体が所有するのではなく、いわば主体が対象に所有される形になるのである。これは換言すれば「自分がない」状態にほかならない。そして治療状況における医者対患者の関係は、「甘えたい心」を充分に自覚させるとともに、もはや甘えられないという危機に患者を追いやることによって、失われていた「自分」を回復させると考えることができるのである。（土居，1960a）

　ここで、土居が「『自分』という意識は、『甘えたい心』が抑圧されて無意識であるか、また抑圧されていなくても無反省に放置されているときは、生まれてこない」と述べていることは重要である。土居がいう「自分」とは、単なる自我機

能のことではない。それは「自分がある」という自己の感覚であり、自分が自分を意識するメタ認知的な自己意識を意味している。したがって「自分がある」状態とは、成熟した自我意識から生まれるものであり、それは自己心理学でいうところの「まとまりのある自己」や「凝集性のある自己 cohesive self」に相当する。

　この論文の中で土居は、心理療法の過程で、ある時期、急に患者が「自分」を強く意識するようになるという事実を指摘し、そうした自己意識の出現は、治癒に向かっての重要な転機となることを主張している。この「自分」の意識が心理療法過程で生まれるとき、これまでは十分に意識されてこなかった「甘えたい心」がはっきりと自覚され、逆に「今までいかに自分がなかったか」という意識に目覚めるというのである。つまり「今までは自分がなかった」という意識に目覚める前の自己は、これまで対象に無自覚あるいは無意識に甘え、思うような満足が得られないために欲求不満に陥り、すねたり、ひがんだりして、さらにまた甘えの不満をつのらせていくという、自己愛的な「屈折した甘え」の状態にあったのである。そのような自己のあり様は、結局、対象から分離した、独立した自己の感覚を獲得できないまま、結果的に、甘える対象に自己が所有され（土居，1961）、主体性の欠如した状態となって、自己感 a sense of self の健康な発達の停滞を招くことになる。しかし、心理療法の治療関係の中で、ある時点で、甘えたい心が患者自身にはっきりと自覚され、しかもそれは思うようには決して満たされないという現実に直面し、それを患者が受け入れ、主体的にそれに耐えることができたときに初めて、対象から分離した固有の自己の意識が生まれると考えられるのである。この土居のいうプロセスは、自己心理学における「自己対象転移の断絶と修復」のプロセスの中身に極めて近いものではないかと思われる。

心理療法の終結と安定した対象関係

　最後に、治療の終結について考えてみたい。自己心理学では、成長した健康な自己は、自己対象ニーズがより成熟したものとなり、たくさんの自己対象を見つけ、適切な自己－自己対象関係を円滑に維持することができるようになると考えられている。これは、伝統的な精神分析が立脚してきた、自己の自主・独立を最も価値の高いものとする人間観とは異なっている。コフートは、生物が酸素を必要とするのと同じように、人間の自己は一生にわたって自己対象を必要とするも

のであり、自己の成長・発達とは、自己対象を放棄することではなく、自己と自己対象との関係が成熟していくことであると考えた。そもそも人間は、自己を支え、維持してくれる自己対象環境 selfobject milieu の中でしか存在することができないものであり、自己がそうした自己対象の基盤 selfobject matrix (Wolf, 1988) から完全に分離・独立することはありえないことなのである。一方、土居は、治療の終結に関して著書『精神療法と精神分析』の中で以下のように述べている。

> 患者が次第に自分のやっていることに対し洞察をもち、最後にナルチシズムの核が破れる時、そこにいわば素直な甘えが出てくることが期待されるのである。甘えといえば、先にのべたごとく、通常はその裏に不安を伴なっているが、ここでいう素直な甘えはそのような不安の蔭のない状態をさす。そしてこの状態に患者が到達した時、精神療法という劇はほぼ終幕に達したと見ることができるのである。(土居, 1961)

　土居は、心理療法過程において、患者の自己洞察が深まり、患者の根本的な心理的葛藤が解決されていくと、「素直な甘え」が出現してくることを指摘している。ところでこれは、コフートが、治療が進むと患者の自己対象ニーズはより成熟したものとなる (Kohut, 1984) とした見方と重なるのだろうか。土居はしばしば「素直な甘え」を幼児の健康な甘えに譬えているが (土居, 2001)、それは「成熟した自己対象ニーズ」というよりも、いわゆる幼児期に「退行」した状態とはいえないのだろうか。この点に関連して土居は、バリントが治療の終結期に起きる現象を「新しい出発」と呼んだことを取り上げて、以下のように論じている。

> 　ここでバリントが治療の終結期に起きる現象を「新しい出発」と呼んだことは、大変意味深いことである。というのはちょっと考えると、患者は最も初期の幼児的状態に退行し、しかも実際にそこで満足を経験したのであるから、何時までもその状態に留ることを願うのではないか、と考えられるからである。確かにそういう願望が起きることは否定できないが、しかしもし患者の到達した状態が真に上述したごときものであるならば、患者は退行した状態に停滞せず、それを「新しい出発」として前進することが、予想される。なぜかといえば、

この状態は退行を経過して達せられたものにちがいないが、しかしナルチシズムへのそれではなく、それを越えた新しい対象関係の樹立を意味するからである。すなわち患者が素直な甘えの幸福を体験するのは、現実の治療者との関係においてである。そしてこの治療者はその深い理解と鋭い批判を以て、患者の屈折した心理を分析した人である。なるほど治療者は今患者が自分（治療者）に甘えることを許しているであろう。しかしこれはいわゆる甘え、子供によく見る甘えとは異なる。その意味では治療者は患者を一度たりとも甘えさせたことはなかったのである。これはいわば醇化された甘えである。フロイドの有名な用語を使ってこれを表現すれば、快楽原則にしたがう甘えではなく、現実原則にしたがう甘えであるということができる。（土居，1961）

成熟した自己対象ニーズと「素直な甘え」

上記の土居の論述は、深い示唆に富んでいる。土居は確かに「素直な甘え」を見せるようになった患者は幼児的状態に退行していることを認めている。しかし、その退行は、ナルチシズムという防衛的な自己愛的状態への退却や退行とは異なり、新しい対象関係の樹立に向けた「新しい出発」となるとしているのである。この土居のいう「素直な甘え」とは、まさに「信頼」と呼ぶにふさわしい。相手を信頼することができて初めて、自己が傷つく不安なく、自己を相手に委ね、相手に素直に甘えることができるからである。素直な甘えが相手に感受され、それが適切に満たされることが、内的な対象関係の樹立につながっていく。患者を深く理解し、患者の屈折した心理を厳しく分析した治療者だからこそ、患者は治療者に深い信頼をよせ、治療者に「素直な甘え」を向けることができるようになるのだと土居は指摘しているのである。

そうした「信頼」につながる「甘え」を、土居は「現実原則にしたがう甘え」と呼んでいることも興味深い。逆に「快楽原則にしたがう甘え」は、現実を無視し、自他の区別をつけず、自分本位に自己の依存欲求を相手に一方的に求めることであり、それは現実の人間関係では到底受け入れられないため、結局、真の安定した対象関係の樹立にはつながらない。依存欲求が適切に満たされ、しかも安定した対象関係の樹立につながるためには、それは常に現実原則にも則っていることが必要なのである。その意味では、コフートのいう「成熟した自己対象ニーズ」

とは土居のいう「現実原則にしたがう甘え」、コフートのいう「太古的な自己対象ニーズ」とは土居のいう「快楽原則にしたがう甘え」と言い換えることもできるだろう。自己愛性パーソナリティ障害のクライエントは、この「快楽原則にしたがう甘え」から、長じてもなお抜け出ることができず、現実原則にしたがうことを半ば意識的にも拒否しながら、結果的に屈折した人間関係に執着し、幼児的で幻想的なナルシシズム的な甘えの満足を空想的、防衛的に夢想し続けている状態にあるということができるのである。

　以上、土居の文献を引用しながら、コフートの自己心理学と土居の「甘え」理論を相互に参照しつつ、それらを比較・考察してきた。それでは最後に、臨床素材を取り上げ、自己心理学と「甘え」理論の視点を臨床的に検討してみたい。

3　臨床例による検討

　E子は32歳の独身の女性で、抑うつ状態となってカウンセリング・オフィスに来室した。E子は勤めている会社の人間関係のトラブルに巻き込まれて悩むうちに、人との距離の取り方がわからなくなり、精神的に混乱して、夜中に大声でわめくなどのパニック状態に陥ったのである。医療機関を受診し、仕事は休職となったが、話を充分に聞いてもらえないことを不満とし、すぐに通院を中断した。その後、知り合いのカウンセラーのもとに半年ほど通ったが、思うように状態が改善せず、効果がないとそこも中断した。しかし、状態は一向に良くならず、結局、再び見つけたカウンセリング・オフィスに再度カウンセリングを希望して来室し、筆者が担当となって週1回の個人心理療法が開始されたのである。

　面接では、まったくやる気が出ず、一日中寝てばかりいることや、人より自分は能力が劣っているように思えて、何をしても自分に自信がもてないこと、また、このままの状態が続いて、一生治らないんじゃないかと思うことなどを、毎回泣きながら訴えた。面接を開始してしばらくすると、E子は「カウンセリングを受けていてもひとつも良くならない」、「こんな話をしていて意味があるんですか」、「このようなカウンセリングを受けていて本当に治るんですか」と激しい攻撃的な口調でセラピストに不満をぶつけてくるようになった。セラピストははじめ、E子の訴えを「治療への抵抗」と考えて、「魔法のように治して欲しいと思ってい

たのでしょうか」、「あなたは魔法のようなカウンセリングを期待していたのですね」などと直面化を中心とした介入で応えていた。しかし、E子の反応は悪く、そのような介入ではかえって治療への不満は強まっていくように感じられた。そして、さすがのセラピストも毎回執拗に責められ、恨めしく泣かれるので、E子に会うことに次第に苦痛を感じるようになっていった。

　ある回、セラピストは、いつものように治療へのE子の不満と失望を聴いていたが、ふっとE子の言葉に中に、彼女のこれまでの苦しみの深さと長さ、藁をもつかむ思いで、いま、この面接に切なる望みをかけて通っているE子の心情からするならば、彼女の期待通りに進まない治療への怒りや失望は、まったく当然の「正当な反応」なのではないか、そして、彼女の自己はいまそのことで深く傷ついているのだと、心からE子の訴えに共感することができた。そこでセラピストはそのような共感的理解を感情をこめて伝えた。するとE子はセラピストの言葉にこれまでになく素直に同意し、その後、いままで誰も自分の本当の苦しさを分かってくれなかったことや、昔から両親に相談しても「そんなふうに思うからお前はダメなんだ」と否定されて、自分の存在をそのまま受け入れてもらえたと思えたことがなかったことなど、これまで語られたことのなかった過去の外傷的な体験が初めて涙と共に切々と語られたのである。

治療抵抗と傷ついた自己

　自己心理学派のウルフは「抵抗は、新たな傷つきから自己を守っている。したがって抵抗を克服することとは、傷ついた自己が再び傷つく可能性のある体験に自己をあえてさらすことを意味する。しかし、その人の人生で、過去に重要な人物から誤解や不当な道徳的非難を受けつづけてきたとすれば、見知らぬ人を信じるのは容易なことではない。治療者は有能で公正な人物だろうか？　治療者は本当に自分のことを理解してくれるだろうか？　患者の自己は、治療に来る以前に、数えきれない場面で体験してきたように、新たな失望と傷つきを体験するのではないかと警戒する」(Wolf, 1988) と述べており、治療者は、治療に抵抗する患者の気持ちを共感的に理解し、それを妥当なものとして受け入れることの重要性を説いている。

　E子もこれまで受けてきた治療の効果がなかったことで失望し、自己の傷つき

を幾度も体験してきたものと思われる。したがって、今回の治療も効果がなければ、今度こそ立ち直れないほどのショックを受けてしまうのではないかと危惧し、傷ついた自己がさらに再び傷つくことへの強い不安や警戒心を抱いていたのである。しかし、セラピストは当初、E子の治療への不満や不信の態度を、治療に非現実的な魔術的解決を求め、現実を直視することを避けようとする「治療抵抗」であり、それを非現実的で、不適切で、不合理で、不当なものとして見る視点からの解釈を繰り返していた。しかし、治療関係は一向に変化する兆しを見せなかったのである。E子は少なくともセラピストに理解されたとは感じなかったに違いない。実際、人間は苦しいとき、魔法を求めたくなるものである。

　しかし、セラピストがE子の治療に抵抗する心の裏に存在する怖れ、不安、恐怖、そして自己への深い無力感や絶望感に思いをはせ、E子の心情を汲んで共感的に理解し、それらの感情を「正当なもの」として捉えたとき、E子はいままでになく落ち着きを見せ、その後、過去に自分が理解されなかった外傷的な体験をセラピストに初めて告白するに至ったのである。コフートは、患者の抵抗の裏には自己対象ニーズが秘められていると指摘しているが(Kohut, 1984)、本症例においてもそのことは当てはまっていたように思われた。

　この臨床素材を土居の「甘え」理論の文脈から見てみよう。E子のセラピストへの執拗な攻撃や不満の表明は、自分の期待するとおりに早く治してほしいという、セラピストへの「甘え」が満たされないために「すねている」あるいは「駄々をこねている」状態であり、それはまた「甘え」の裏返しとしての攻撃でもあり、「屈折した甘え」の表現だったといえるだろう。その意味で、治療関係の中に、E子の「素直に甘えることができず、甘えが屈折してしまう」という「甘え」をめぐる葛藤が表われていたものと考えられるのである。E子の生育史を見てみても、幼い頃から人に馴染むことに時間がかかり、両親にも心から甘えることができなかったようである。つまり、生い立ちに強い「甘え」をめぐる不満と葛藤を抱えてきたため、相手を信頼して、傷つく不安なく相手に自己を委ねることができずに、人との関係の中に常に不安を持ち続けてきたことが推測される。セラピストが、E子の攻撃や不満の裏に感じた、寄る辺ないクライエントの不安な心とは、言い換えれば「甘えたいのに甘えられなかった心」ということができるかもしれない。E子の「甘えたい心」はこれまで純粋に満たされたことがなく、幾度とな

く失意と幻滅を体験してきたために、治療関係においても再び満たされず、傷つくことを恐れて、防衛的な「屈折した甘え」とならざるを得なかったと考えられるのである。

自己対象転移の断絶と「屈折した甘え」

しかし、その後もE子は面接に熱心に通い続けた。不満を訴えながらも、休まず面接に通い続けるE子は、カウンセリングに「理想化自己対象」を求めていたということもできるだろう。実際、E子は「治療に自分の一生をかけている」とも言い、面接できちんと話せたと思えた週は非常にやる気が出て、調子がよくなるが、逆に面接でうまく話せず、しっかり治療を受けられなかったと感じた週は、一転して抑うつ的となり、調子が悪くなるという、面接での自己体験に伴った自己評価の浮き沈みが激しく生じるようになったのである。こうしたクライエントの反応は転移現象であることはすぐに気づかれたが、それはセラピスト個人に向けられた「対象転移」というよりも、むしろ、自己対象ニーズを満たしてくれるという自己対象機能をカウンセリングという体験に求めているといった、コフートのいう「自己対象転移」が当てはまるように思われた。

実際、その後、E子の「自己対象ニーズ」は面接の中でさらに活性化していった。それまで執拗に劣等感を訴えていたのが、「自分は他人より優れた人間でありたいんです」、「人からすごいと思われたい」、「本当は自分は芸術家になりたかった」と言うようになり、これまで抑圧されていた太古的な誇大自己や野心を表出しだしたのである。

一方、面接でセラピストの理解が進み、E子が話した内容を少しでも越えたようなことにセラピストが言及すると、「いまの先生の言葉でよけいに不安になった」、「分かってもらえている気がしない」と強く否定し、激しい怒りや不満を訴えるようになった。しかし、セラピストがE子の言葉を繰り返すだけでは、E子はなおいっそう不満を訴えた。一時、セラピストは何を言ってもだめなので、自己の無能力感にさいなまれた。セラピストの自己愛が傷ついたのである。しかし、それはE子が全能の太古的な自己対象ニーズを満たすことを治療面接に求めるようになったために、E子の中で頻繁に面接への幻滅や失望が起こっていたと考えるなら、それは理解できるもののように思われる。このクライエントの言動は、

コフートが初期に唱えた「自己愛転移 narcissistic transference」(Kohut, 1971)の生じた患者の言動とみごとに一致しており、興味深い。それでもE子は治療を中断することなく、退室時には毎回セラピストに対して「ありがとうございました」と感謝の言葉を忘れることはなかったのである。

　結局、紆余曲折を経た後、E子の状態は次第に安定し、以前よりも前向きにものごとに取り組めるようになっていった。そして終盤の面接で、以下のように語った。「自分は、ものすごくわがままだったと思います。カウンセリングには治してくださいという姿勢で来ていた。それも人並み程度というのでは嫌だった。でも、自分の甘えを自覚して、このままじゃいけないと思った。自分の根本的な姿勢を見直さないといけないと思ったんです」。治療の過程でセラピストに屈折した甘えをぶつけ続けたE子は、甘えたくとも甘えられない事態に直面し、それに耐えることを通して、最終的に自己の根本的な受け身の姿勢の問題と、わがままという屈折した自己の甘えを自覚し、「自分」を取り戻していったものと考えられる。そして、そこでセラピストのしたことは、クライエントからの攻撃によるセラピスト自身の自己愛の傷つきに耐えながら、クライエントが体験している甘えの危機に伴う自己の苦しみ、痛みをできうる限り共感的に理解し、それに耐え続けるクライエントを支え、見守り続けたことだったのではないかと思われるのである。

4　おわりに——現代人にとっての甘えと自己愛の問題

　以上、コフートの自己心理学と土居の「甘え」理論を比較して考察しながら、心理療法の治療過程について考えてきた。生育環境の中で、素直な甘えが適切に満たされるという体験が不足すると、健康な自己愛は育たず、ナルシシズムの殻の中に防衛的に閉じこもらざるを得なくなるかもしれない。それでは信頼に基づく安定した対象関係は育たず、現実を否認した幻想的な自己愛的世界の中にとどまり続けるしかなくなるだろう。

　現代は、そのような健康な自己愛や甘えの満足に関して欠損や葛藤を抱えた、いわゆるプレエディパルな問題を持つクライエントからの相談が中心の時代となっているように思われてならない。今日の臨床場面では、屈折した甘えの問題

が容易に治療関係に表われ、治療者はそれへの対応を余儀なくされる。そのため、セラピストは常にクライエントの「自己愛」や「甘え」の問題に対する感受性を高めておく必要があるのである。

　コフートの自己心理学と土居の「甘え」理論は、深刻化している現代人の自己愛をめぐる葛藤を意識化し、分析することを中心とする点で共通している。そして、「甘え」に関する豊富な語彙をもつわれわれ日本人は、土居の「甘え」理論とコフートの自己心理学を相互に参照することで、自己愛領域における臨床的問題によりセンシティブに対応することができるのではないかと思われるのである。

第5章
ロジャースのクライエント中心療法とコフートの自己心理学

1 臨床心理学者カール・ロジャースの登場

　カール・ロジャース Rogers, C. R. は、心理臨床家にとって特別な存在である。精神的な症状を心理学的な方法によって治療する道は、フロイトの精神分析から始まった。しかし、言うまでもなく、当時、心の治療に当たったのは、フロイトを始めとしてすべて医師であり、それは医学的な治療として行われた。そこに20世紀の半ば、アメリカの臨床心理学者カール・ロジャースが登場し、それまでの精神分析の考え方とは真っ向から対立する、独自のセラピー理論を提唱した。それはフロイト以来、精神分析が立脚していた「医学モデル」を否定した、人間的な援助関係による「成長・成熟モデル」のカウンセリング理論だった。

　まずロジャースは、「患者」という呼称を、自発的な相談依頼者という意味の「クライエント」に置き換え、「医師－患者関係」に象徴される権威主義的な関係ではない、人間として対等な治療関係の重要性を強調した。そして、セラピーではクライエントが自らの力で治っていこうとすることを援助することが重要であり、そのためにはセラピストの態度こそが最も大切な治療要因であるとしたのである。ロジャースのこうした主張は、医師が患者を治すという精神分析のスタンスからの画期的な視点の転換を伴っていた。ロジャースが初期に提唱した「非指示的アプローチ」は、当初批判も多かったが、やがて「クライエント中心療法 client-centered therapy」(Rogers, 1951) として洗練され、その後、世界的に広まって、今日では代表的な心理療法のひとつとなっている。こうしたロジャースの多大な貢献のおかげで、いわばそれまで医師の手に独占されていた心理療法は、非医師の心理療法家にも開放され、広く行われるようになったと言っても過言ではないだろう。

　ロジャースの理論は、日本においては1960年ごろから紹介され始め、その後、

クライエント中心療法はカウンセリングとしてわが国において急速に普及した。河合隼雄は、その当時を振り返り、「わが国においてカウンセリングを行っている人たち（医学関係の方を除き）のほとんどが、ロジャースの影響を受けていた」（河合，1970）と述懐している。その頃はすでに日本でも精神分析の理論は知られていたが、そうした複雑な理論は必要ではなく、とにかくクライエントの言うことを受け入れ、自己一致して共感的に理解することができれば、クライエントは自己の問題に気づき、自らの力で立ち直っていこうとするとしたロジャースのセラピー理論は、当時、多くの非医師のカウンセラーたちに歓迎され、爆発的な勢いで広まったのである。

心理療法家にとっての精神分析

　筆者は1980年代に大学院で心理臨床の訓練をスタートした。訓練は、筆者の指導者が実際にロジャースのもとで学んだ心理臨床家だったこともあり、クライエント中心療法の原理を学ぶことから始まった。当時は、ユング派分析家の資格を取得してスイスから帰国した心理臨床家の河合隼雄が中心となって、ユング心理学がわが国に精力的に紹介されていた。筆者も理論ではユングに惹かれ、カウンセリングの実際のやり方としてはロジャースをもっぱら中心に学んでいたが、精神分析については二の足を踏んでいた。それは、精神分析理論が難解だったこともあるが、いまから思えば筆者の中に、どこか「医者は精神分析、心理はロジャース」との考えがあったように思う。実際、その頃はそのような風潮があったといえるだろう。

　しかし、その後、心理臨床家の間でロジャース離れが急速に進み、近年は、心理臨床家にとって精神分析の位置づけが大きな変化を見せているように思われる。いまは実に多くの心理臨床家たちが精神分析的心理療法に強い興味を示し、積極的にそれらを研修し、臨床実践に取り入れるようになっているのである。1955年に創設された日本精神分析学会は、ほとんどが精神科医で構成されていたが、現在では心理職の会員数が爆発的に増加している。2015年の発表によると、約2,730人の精神分析学会員の内、医師は約840人であるのに対し、心理職は約1,840人となっており、医師の2倍以上の会員数を心理職が占めるようになっている。これを見てもいかに近年、心理臨床家への精神分析の浸透が進んでいるか

が分かるだろう。この現象はいったいどのように考えればよいのだろうか。

　まず、当時と比べて今日は精神分析を学びやすい状況が格段に整ってきたことが挙げられる。現在では医師、非医師を問わず、多くの日本の臨床家が海外に渡り、精神分析療法を修得して帰国し、分かりやすい精神分析的心理療法の概説書が数多く出版されている。また、対象関係論など次々と新しい精神分析学派の理論も訳出、紹介され、多くの人々がそれらに強い興味関心を抱くようになった。また最近、日本の指導的立場にあるような精神分析医たちの多くが、臨床心理士養成大学院の指導教員となり、臨床心理士の教育に積極的に携わるようになっていることも影響しているだろう。精神分析医の心理畑への進出も進んでいるのである。

　しかし、ここで考えなくてはいけないことは、かくも多くの心理臨床家が、臨床実践を続けてきたなかで、自己の臨床家として拠って立つ理論を精神分析に求めるようになってきた、その経緯であるように思われる。そこでまず、ロジャースの理論が日本に普及してからの、その後の展開について考えてみたい。

2　日本におけるロジャース離れと精神分析への傾斜

　ロジャースの提唱したクライエント中心療法の考え方が、日本の心理臨床家にとって大きな意味をもったことは先述したとおりである。しかし、ロジャースがいわゆる「共感」、「受容」、「自己一致（純粋性）」をカウンセラーの態度の必要十分条件 (Rogers, 1957) として抽出し、明確化したことの意義は高く評価されるとしても、いざそうした態度を実際にとろうとすると、現実にはとてつもなく難しいことが次第に心理臨床家たちに分かってきたということが、まずロジャース離れの第一の要因になったことが考えられる。そのことを河合隼雄も、論文「日本における心理療法の発展とロジャース理論の意義」（河合、1970）のなかで指摘している。河合は、ロジャースのいうカウンセラーの三条件は、たしかに重要なものではあるが、野球にたとえるなら、ヒットを打つために必要な条件は、「確実にミートする」、「力いっぱい振る」、「野手のいないところに打つ」の三つだけだと言っているに等しいところがあると述べ、ロジャースの心理療法が、理論的には正しいが、実際に行うことは至難の業であるとの認識が稀薄なまま、急速に広

まってしまったことの問題を指摘している。心理臨床家にとって最も取り入れやすいと思えたロジャースの理論は、皮肉にも、実践するには最も遠く、険しい道だったのである。

一方、ロジャースは無意識を想定せず、精神発達や症状形成、精神病理のメカニズムなどを力動的に説明することをほとんどしなかったことも、ロジャース理論が、心理臨床家たちのニーズを満たさなくなったことと関係しているように思われる。今日の心理臨床家は、時代の変化によって、これまでのような神経症レベルのクライエントばかりでなく、パーソナリティ障害と呼ばれるような人格の発達に大きな問題のあるクライエントや、精神病的なクライエントの治療も要請されるようになり、そうしたクライエントの病理を理解するのに、精神分析の諸理論がどうしても必要とされるようになってきたのである。

日本人の心理療法家の特徴とアイデンティティの問題

しかし、もうひとつ、日本に特徴的な事情として注目すべき点があったように思われる。河合はそれを以下のように指摘している。

> 日本人は、西欧人のいう意味での自我が、それほど確立していない。このことは心理療法のいろいろな面で問題となってくる。まず受容すると言う場合、ロージャスが主張するときは、カウンセラーの自我が確立しており、カウンセラーの自我を崩すことがないことを自明のこととしている。ところが、日本人の場合は、「受容する」程度が無際限のものとなる。というよりは、カウンセラーの自我を崩してまで受容するようになってくる。このような極端化される傾向は、日本人が外国の思想や芸術をとり入れるときに常に生じることである。外国のことを真似ようとしながら、本物よりも極端な傾向に走ってしまうのである。(河合, 1970)

河合は、こうした日本人の傾向が影響して、ロジャースの言った「受容」が、日本においては、本来ロジャースが主張したものとは相当に異なった意味に曲解され、極端なものとなってしまって、ロジャースのクライエント中心療法は、セラピストが自分を無にしてクライエントの言葉をただひたすら受け入れ、オウム

返しを繰り返していればいいという、極端に受動的で、素人でもできるようなセラピーだといった批判を招くことにつながったのではないかと示唆しているのである。しかし、こうした日本人の極端な傾向は、実は、昨今に見られる心理臨床家の中の精神分析への急激な傾斜という動きにも、同様に現れているとはいえないだろうか。

　確かに日本では、その後、クライエント中心療法を標榜するセラピストの「極端な受動性」や「能動性や主体性のなさ」が問題視されるようになり、次第に、心理臨床家の中でさえも、自分はロジャーズ派であると専門家の集まりの中で公言することがはばかられるような雰囲気まで一時生じていたように思われる。そして、そうした風潮と並行するように、心理臨床家の中で精神分析への急激な傾斜が起こってきた。筆者は、こうした心理臨床家たちの反応の中に、自我の確立が西欧人のようでない日本人が、近代化以降、抱えるようになったと思われる「西欧的な自我の確立」をめぐるコンプレックスの動きを感じるのである。そして、そこにもともとあった心理臨床家の職業アイデンティティの問題が加わって、心理臨床家の自立コンプレックスはさらに強まり、まさにその反動として、ロジャーズへの極端な価値下げと、本来は心理臨床家の立場とは異なるはずの「医学モデル」である精神分析への急激な傾斜をもたらしたのではないか。つまり、日本の心理臨床家たちの中にある日本人的な没我的傾向と西欧的な自立をめぐるコンプレックスが、ロジャーズの「受容」を「自分を無くすこと」に曲解させ、その結果、ロジャーズ離れを加速させたと同時に、またその逆振れとして、まさに「個の自立」の象徴である精神分析への急速な傾斜を引き起こしたと見ることができるように思われるのである。

新しい精神分析とロジャーズの再評価

　ここで、先に述べたことは筆者自身にもそのまま当てはまることを、告白しなければならないだろう。筆者も心理臨床家としてのアイデンティティをめぐる葛藤の中で、精神分析に関心が向かっていった者のひとりだからである。しかし、その一方で、最初に洗礼を受けたともいうべきロジャーズの対人援助のスタンスが、心理臨床家の本来のあり方ではないかとの感覚を強く持ち続けてきた。筆者の中で、ロジャーズと精神分析は常に葛藤しながら同居していたのである。

ところが驚くべきことに、近年、フロイト亡き後の精神分析家たち自身の中から、これまでの精神分析が立脚してきた「医学モデル」や「自然科学モデル」に対して大きな疑問の声が沸き起こってきた。フロイトは、精神分析が「科学的治療」として公に認められるように、人間の心の現象を無理やり「自然科学モデル」に当てはめ、理論化しようとしたのではないかとの批判が噴出してきたのである。現在では、新進気鋭の理論家たちが、フロイトの伝統的な精神分析モデルを再検討し、新しい精神分析理論を構築すべく、精力的に研究を続けている。治療者と患者の関係性を重視し、精神分析の治療メカニズムをこれまでとは異なるまったく新しい角度から探究しようとする「関係精神分析relational psychoanalysis」と呼ばれる新しい潮流がアメリカを中心として起こっているのである。このように、人間の心をひとつの独立した一個の実体として想定し、心の構造を自我装置として機械論的に説明したり、それを治療者の科学的客観性によって解釈し、治療しうるとしたフロイトの精神分析の考え方は、いまや根本的に見直されようとしている。

伝統的な精神分析における治療者の科学的客観性が、ここに至って精神分析学派自身の手によって否定され、逆に当初、そもそもロジャースが強調していた治療者とクライエントとの関係性やクライエント自身の体験や主体性が、最新の精神分析理論の中でより重視されるように変化してきたことは、かつてロジャースを離れ、伝統的な精神分析に走った日本の心理臨床家たちにとって、皮肉なことだったかもしれない。近年、わが国においても、心理臨床家の中でロジャースを再評価し、多角的に見直そうとする動きが現れている（村瀬ら編, 2004）。かくも歴史は行きつ戻りつしながら進んでいくもののようである。

このような動向を見ていると、フロイトの時代と異なって、これまでとても相容れることは難しいものと思われてきた精神分析と他学派との視点が、現在では急速に接近してきているように感じられる。そこで本章では、当初、心理臨床家のセラピーとして登場し、精神分析派とはまったく異なるアプローチとされてきたロジャースのセラピー理論を、近年の新しい精神分析のそれと改めて比較・検討し、その異同を明らかにしてみたい。そして、新しい精神分析学派としてはコフートの自己心理学を取り上げたい。コフートの理論は、上述のようにロジャースのセラピー理論と近似した点のあることが指摘されており、精神分析とロ

ジャースの接点に位置するものとして見ることができるからである。そして、後半では臨床例を取り上げ、その治療過程を自己心理学とクライエント中心療法の両方の視点から検討し、学派の違いを超えた心理療法の治療要因を探ってみたいと思う。

3 「共感」をめぐるロジャースとコフートの相違

ロジャースのコフートへの落胆

まず、まったく立場の違うロジャースとコフートが類似している部分として最も注目されるのは、ふたりが共に「共感」を重視したことであろう。そこでまず、ロジャースとコフートの「共感」の位置づけについて検討してみたい。

そもそも伝統的な精神分析は、基本的に、患者の自由連想を分析家が科学的客観性をもって分析し、患者が気づいていない患者の真実を解釈によって患者に知らしめることによって治療するというモデルであり、そのためには、分析家は中立的で客観的な態度が必要とされてきた。しかし、コフートは、そもそも分析家が外的観察者の立場で、客観的、中立的に患者の心を理解することは不可能であり、分析家はもっと患者に共感し、患者の内的世界に入り込んで、患者の身になって内省することによってこそ、患者の内面を真に理解することができると主張したのである。こうしたコフートの視点は、まさにロジャースが強調したことと一致している。

この点について、ロジャースはコフートを高く評価しているが、しかし、コフートが「共感」を分析家が患者から情報収集をするための方法 (Kohut, 1959) として説明したことに対しては、ロジャースは強い異議を唱えている。それはロジャースが最晩年の1985年にミルトン・エリクソン財団が主催した「心理療法の発展会議」に出席して行った講演でのことである。

ロジャースは講演の中で以下のように述べている。

> 私は共感それ自体が、治療の動因となると考えています。共感はセラピィのなかでも、もっとも豊かな可能性をはらんだ位相の1つです。なぜなら、共感を経験することで人は解放され、強くなり、また、たとえどんなに怯えたクラ

イエントでも、自分が人類の一員であるという安心感へ導かれていくからです。人は理解されることができたとき、自分の居場所を確保できるのです。
　コフートもこの位相には大きな関心を払っていました。次の感動的な〔コフートの〕言葉を味わってみることにしましょう。「共感すること、自己に喚起されて生まれてきた人間としての反響を受容し、強化し、理解することは、心理的な栄養剤なのである。これがなければ、われわれが知っているような、また大切にしているような人間としての性格を保持することはできないであろう」(Kohut, 1978. p.705)。私はこの文章を入念に読んで、心の底から彼とまったく同感であると思いました。しかし、その後に出版された本のなかで、はなはだしく矛盾した文章に出会ったのです。(Rogers, 1987)

　ロジャースはこの後、コフートが共感を情報収集の手段とした説に言及し、「ここで私たちは袂を分かってしまいました。このような冷淡で、機械的な理解能力を使用することに、私は嫌悪を覚えてしまったのです」と一転して、大きな落胆とも取れる調子で、最終的にコフートを強く批判しているのである。

コフートの共感概念をめぐる変遷
　確かにコフートが情報収集のための手段としての共感を強調したところに、ロジャースが異を唱えたことは理解できる。しかし、このコフートへの批判には、少なからぬロジャースの感情的反応が含まれているように感じられてならない。なぜなら、コフートは共感それ自体の重要性についても十分に認識して述べているように思われるからである。
　実際、晩年のコフートは「情緒的なきずなとしての共感」や「心理的な栄養分としての共感」など、共感そのものの治療効果を強調するようになっている。コフートの生涯最後の論文となった「内省、共感、そして精神的健康の半円」(Kohut, 1981b) の中では、共感には「情報収集としての共感」と「人と人との強力な情緒的きずなとしての共感」の二つのレベルがあると明言している。しかしまた一方で、この論文を詳細に見てみると、コフートの共感そのものに関する叙述は、若干歯切れの悪い言い方になっていることが分かる。自己心理学において治療要因として重視される「自己対象機能」について述べる中で、コフートは「共感は、

自己対象が機能するための前提条件として必要であるが、共感それ自体が自己対象機能ではない」と指摘しつつ、またその一方では、「広い意味で、共感それ自体に治療的な効果があり、有益であると言わなければならない」とも述べており、論旨が若干錯綜しているのである。

しかし、この苦しい言い方は、この後に続くコフートの言葉を見れば、了解できるもののように思われる。コフートは、この後さらに次のように述べている。「ここでまず最初に、共感それ自体の存在が有効なものであるという私の主張が、科学的な仮説であって、決して、あいまいな神秘主義やセンチメンタリズムから生じたものではない、ということを強調しておきたいのである」。この文章からは、コフートが共感そのものの治療効果を強調することで、自己心理学が主張していることが神秘主義やセンチメンタリズムから派生したものと誤解されることを、内心強く怖れていたことが伺われるのである。コフートは精神分析学派の中にあって「共感」の重要性を認識しながら、同時に、共感を重視するアプローチが決して非科学的な代物ではなく、科学的な精神分析療法であることを理論的にも証明することに一生をかけて取り組んだ、勇気ある精神分析家だったのではないかと思われるのである。

コフート亡き後、現代自己心理学派の中では、コフートがこだわり続けた共感の概念や定義をめぐる議論は下火となり、むしろ、自己心理学的な治療プロセスや、治癒の動因としての自己対象体験の変遷など、より臨床的な議論に移っていったように思われる。こうしてコフートが最後に論じた「情緒的なきずなとしての共感」は、自己心理学派のいう「自己対象体験」の概念の中に吸収されていったように見える。他者からの共感的理解によって、他者に自分が認められ、支えられていると感じる体験は、自己心理学では「鏡映自己対象体験 mirroring selfobject experiences」として理解される。コフートの盟友とされる自己心理学派のウルフ (Wolf, 1988) は、「共感的に話を聞き、代理の内省を通して波長を合わせることで、被分析者からデータを収集する分析家は、同時に、この傾聴という行動によって被分析者の自己の凝集性を強め、自己評価と幸福感を高めるのである」と述べている。これは、ロジャースが同講演の中で「波長が合うこと自体が、治療し、強化し、成長を促進する」と主張したことと一致している。また、ロジャースが「共感を経験することで人は解放され、強くなり、また、たとえどん

なに怯えたクライエントでも、自分が人類の一員であるという安心感へ導かれていく」と語っていることは、コフートのいう「双子自己対象体験 twinship selfobject experiences」を連想する。これはロジャースもコフートも共に、クライエント自身の自己体験の中に重要な治療的要因を見出していることを示している。

4 「解釈」をめぐるロジャースとコフートの相違

　このように自己心理学では、共感と内省によってクライエント理解のための情報が収集されることと、共感的理解によって自己対象体験がクライエントに生じることは、同時並行的、相互促進的に進んでいくものと考えられているように思われる。そして、コフートは、そうした治療の進展の先に、適切な解釈が行われ、より高次の共感が生じる段階を想定している。それをコフートは「低次の共感」から「高次の共感」への移行と呼んでいる。

　コフートは、解釈による「高次の共感」について、最晩年に行った講演（Kohut, 1981a）の中で次のように述べている。「最も大切なポイントは、精神分析は説明を与えることで治療していくということです。（中略）"分かる"ことでもなく、"患者が何を感じ、何を言いたいのか"を反復したり、確認したりすることでもありません。それは単なる最初のステップなのです。それから（分析家）は一歩踏み出して、解釈を与えなければいけません。（中略）理解することから説明すること、患者が何を感じ、何を考え、何を想像しているのかを分析家が分かっていることを確認することから、次のステップである解釈を与えることへ進むのは、低次の形態の共感から高次の共感への移行なのです」。このようにコフートは、「説明」や「解釈」を通してこそ、この高次の共感の段階に進むことができると改めて強く主張しているのである。

ロジャースの「解釈」に対する批判

　ここで、ロジャースがクライエント中心療法を提唱する中で、一貫して治療者による「解釈的介入」を批判してきたことについて考えてみたい。ロジャースは「解釈」を「部分的もしくは全体的に、その人をその人自身に説明してやろうとする試み」（Rogers, 1946）であるとしており、そうした「解釈」というセラピストの

側の枠組みによる説明が、クライエントに押しつける形で、セラピスト中心に一方的、断定的に行われることを強く批判している。解釈的な介入が、クライエントに脅威を与え、クライエントを防衛的にしてしまうことを問題視しているのである。ロジャースは以下のように述べる。「解釈が鋭ければ鋭いほど、またそれが中心点に当たっていればいるほど、クライエント自身がすでにその点の洞察に到達しているのでないかぎり、それによってひきおこされる防衛はいっそう大きくなる。(中略) 解釈は、熟達したカウンセラーによっておこなわれるばあいでさえも、その解釈を拒否するクライエントの反応をともなうことがもっとも多い。クライエントは防衛せざるを得ない立場に追いこまれるのである」(Rogers, 1944)。

　この解釈を批判するロジャースの背景には、初期に提唱した「非指示的アプローチ」での主張がある。ロジャースは、これまでのカウンセリングはすべて、カウンセラーがクライエントの問題を発見し、診断し、処置するという「指示的アプローチ」であったと批判する。そうしたアプローチは医学的な治療においては有効であっても、心理的問題に関しては有効ではなく、かえって有害でさえある。そして、自分の立場は「非指示的アプローチ」であり、心理的な問題においては、セラピストはあくまでもクライエントの自主性を尊重し、クライエントの感情を受け入れ、選択と責任を委ねることによって、クライエントが自己の主体性を基に自ら自己の問題を探索し、それを乗り越えていこうとすることを一貫して支持するアプローチが最も有効であることを、さまざまな研究を通して主張したのである (Rogers, 1942)。

　またロジャースは、そもそも「指示的アプローチ」は、セラピストはクライエントより優れており、クライエントは自分の目標を自ら選択するだけの責任を負うことができないという考えが言外に含まれていると指摘する。そして、セラピストが、そのような姿勢でクライエントを評価し、その評価を基に「解釈」を与えたりすることは、クライエントに自分の能力に対する自信をさらに失わせ、セラピーが基礎を置いているまさしくその基盤をそこなわせることになる (Rogers, 1942) と述べている。

　ここで、コフートの先述の解釈に関する主張を見てみると、「精神分析は説明を与えることで治療していく」や「分かることだけではなく、そこから一歩進んで解釈を与えなければならない」との言葉は、治療者の方がクライエント自身よ

りもクライエントのことを分かっているからこそ、治療者が説明や解釈をクライエントに「与える」ことができるのであり、確かにそこにはロジャーズが批判したセラピストの優位性が表われているように感じられる。しかしながら、コフートは最後の著作となった『自己の治癒』(Kohut, 1984) の中で、また次のようにも述べている。「分析家としての私の人生の間に私が学んだ教訓が1つあるとするなら、それは私の患者が私に言うことは真実であるらしいという教訓である——私が正しくて患者が間違っていると私が信じた多くの場合に、しばしば長い探索の後にではあるが、結局は彼らの正しさが奥深いのに対して、私の正しさは表面的であるとわかった、という教訓である」。これは、まさにロジャーズが訴えたことと一致しているのである。

5 　クライエントがどう体験するかによる相違

　このようなロジャーズとコフートの見解の一致と相違の混在は、いったいどのように考えればよいのだろうか。そもそもロジャーズもコフートも、基本的にクライエントの枠組みからクライエントを理解する共感を重視している。ところが、解釈に関しては、ロジャーズは、解釈がセラピストの枠組みをクライエントに押しつけ、クライエントの自己を脅かす危険を強調しているのに対して、コフートは逆に、治療者の適切な解釈が患者にさらに深く治療者に理解されたという「高次の共感」の体験につながりうることを強調している。このようなコフートとロジャーズの解釈をめぐる見解の相違は、ややもすると相容れない根本的な相違のように思えてくる。

　しかし、この視点の違いは、クライエントの体験を中心に据えることで埋めることができるように筆者には思われるのである。つまり、コフートのいう解釈や説明が、クライエント中心に共感的に行われ、セラピストの共感的理解が提示されたものとしてクライエントに体験されていれば、それは臨床的にはロジャーズの治療姿勢と一致してくるのではないかと思われるからである。

　実は、このクライエントによる体験のされ方のいかんによるという見方は、ロジャーズのクライエント中心療法にもそのまま当てはまる。つまり、クライエント中心療法でセラピストの必要条件とされた共感的で受容的な態度についても、

それがクライエントにそのように体験されて初めて、そのセラピストの態度は共感的で受容的な態度といえるからである。実際、クライエント中心療法のセラピストが、必要な基本的態度を自分では取っているつもりでいても、クライエントには、ただ単に「聞いているだけ」としか体験されていなかったという悲喜劇が、皮肉にもこれまでしばしば指摘されてきたのである。

コフートも、1970年にベルリンの精神分析研究所で行われた記念講演で、ロジャースのクライエント中心療法に触れて、次のように批判していることが紹介されている。

> ある種の心理療法的カウンセリング、たとえば、現在少なからぬ人気を博しているものは、技法を限定し、主として患者さんに思い浮かんだことをすべて話してもらうだけにしています。カウンセラーの受け身の態度は、分析家の傍観者的な沈黙の態度に似ているようです。カウンセラーは傾聴し、そしてなにも言わないか、患者がいま言ったことをただ繰り返すかだけです。(中略) 分析家が傾聴するのは、〈理解〉し、そして〈説明〉するためで、そのようにして患者さんの自己理解を拡大させるためなのです。これに対して、先のようなカウンセラーにとっては、こうした自由連想法が、それ自体で目的になっているようです。しかし、自由連想のこうした使い方が推奨され、精神分析にまさるとされるとなると、分析家としてはビックリして首を振って、ノーと言わざるをえません。(『自己の探求』第2巻、523-524頁)。(岡村, 2004)

しかし、このコフートのロジャース批判も、クライエントが実際にそれをどのように体験しているのかを不問にしているところに問題があるといえるだろう。そもそもクライエント中心療法は、自由連想を目的にしているものではなく、コフートの解釈や説明の目的と同じく、クライエントの自己理解や自己認知の拡大をその目的としている。コフートもロジャースを誤解しているといわざるをえないのである。

リフレクションや解釈をめぐるクライエント側の体験の重要性

ここで「患者の言ったことをただ繰り返しているだけ」と批判されたクライエ

ント中心療法の技法である「リフレクション（気持ちの反射）reflection of feeling」について考えてみたい。ロジャースは最晩年に「リフレクション」について次のように語っている。「セラピストとしての私の観点では、私は"気持のリフレクション"をしようとは努めていない。私はクライエントの内的世界についての私の理解が正しいかどうか——私は相手がこの瞬間において体験しているがままにそれを見ているかどうか——を見極めようと思っているのである。私の応答はいずれも言葉にならない次の質問を含んでいる。"あなたの中ではこんなふうになっているんですか。あなたがまさにいま体験している個人的意味の色合いや手触りや香りを私は正確にわかっていますか。もしそうでなければ、私は自分の知覚をあなたのと合わせたいと思っています"と。（中略）したがって、私はこのようなセラピストの応答は"気持ちのリフレクション"ではなく、"理解の確認" testing understandings、または"知覚の確認" checking perceptions と呼ぶことを提案する」(Rogers, 1986)。

つまり、ロジャースのいう「リフレクション」は、技法として「リフレクトしよう」という意図はなく、クライエントの体験を重視しているが故に、クライエントの体験を正確に理解したいというセラピストの確固とした意志や態度や願いの表れなのである (Rogers, 1957)。そして、このセラピストのクライエントに対する肯定的な態度や意志がクライエントに伝わっていることがなければ、セラピストに共感的に理解されたという治療的な体験がクライエントに生じることもないのである。

このように考えると、コフートが主張する「解釈」や「説明」に関しても、「客観的に正しい解釈や説明を与えて治療する」というスタンスではなく、クライエントを人間的に尊重しながら、クライエントの主観的な体験をもっと深く理解したいという分析家の意志や願いの表れとして、それがクライエントに伝わっていれば、そして、分析家がクライエントの身になって内省した理解が、クライエントの体験や感覚に合っているかどうかを患者に確かめたいという気持ちで行われている営みであるならば、その「解釈」や「説明」は、クライエントにとって治療者に共感的に深く理解されたという「高次の共感」の体験となるのではないかと考えられるのである。つまり、セラピストの「リフレクション」も「解釈」も「説明」も、それが治療的なものとしてクライエントに体験されるかどうかは、セラ

ピストのそうした根本的な態度のいかんにかかっているということができるのである。

ちなみに、クライエントの主観的な自己体験を徹底的に尊重し、それをクライエントと共に探求していこうとする治療者の姿勢は、現代の最新の精神分析理論として注目されている「間主観性理論」が重視しているスタンスとまさに一致している。間主観性理論では、治療者の解釈を客観的で正しいものとする、従来の精神分析が立脚してきた「客観的科学主義」を真っ向から否定し、「解釈という用語を、現代関係性思考において使うのは、時代錯誤である」（Buirski & Haglund, 2001）とまで言っている。間主観的なアプローチについては、後の章で詳しく取り上げることにしよう。

6　ロジャースとコフートの「自己」の概念

自己愛的に脆弱なクライエントの特徴

一方、前述したようにロジャースが解釈のもたらす反治療的な影響を強く危惧していたことを、実はコフート自身も自己愛障害の患者の分析で頻繁に経験していたことは注目に値する。コフートは、精神分析的治療の中で行った解釈がことごとく失敗した自己愛障害の患者F嬢の例を次のように記載している。

> 彼女は私が沈黙しているのに突然激しく怒りだしたり、私が何の支えも与えないと非難したりした。（中略）しかし私がこの瞬間に、本質的には彼女がすでに自分で言ったことを、単に要約したり繰りかえしたりすると、彼女はただちに落ち着き満足するということを、私は次第に学んだ。（中略）しかし、もし私が、患者が自分ですでに言ったり発見したこと以上に、たった一歩でも、踏み出すと（中略）彼女は再び激しく怒り出し（私が付け加えたことは、彼女にもわかっていたかもしれない、という事実にもかかわらず）、私が彼女を陰険なかたちで攻撃していると、緊張したかん高い声で激しく非難し、私の言ったことで彼女が作り上げたものをすべて壊してしまったとか、私が分析を台なしにしているとか非難するのがつねだった。（Kohut, 1971）

コフートは、こうした自己愛障害の患者との治療経験を重ねていく中で、自己愛障害の治療理論として自己心理学理論を構築していくのである。

　ここで興味深いことは、上記の自己愛の患者が治療を継続していく上でコフートが必要と考えた治療者の態度や対応は、クライエント中心療法のセラピストが取るクライエントへの態度や対応と類似しているように思われることである。つまり、ロジャースの主張した治療者の基本的態度は、自己愛的に脆弱なクライエントに非常に有効なものだったと言うことができるのである。

　自己心理学から発展した間主観性理論を提唱したストロロウ Stolorow, R. D. は、早くからこの点に着目し、論文「自己愛の現代的概念に照らして見たクライエント中心療法における精神分析的なリフレクション」(Stolorow, 1976) の中で、ロジャースのクライエント中心療法の技法の治療的意義を再評価している。この中で、ストロロウは、ロジャースが描写しているクライエント像が、自己愛障害を有する患者の特徴と非常によく似ていることを指摘している。ロジャースのセラピー理論から浮かんでくるのは、自分自身の感情から隔離され、自己疎外の状態に陥っているクライエント像である。ストロロウは、このロジャースが描いたクライエント像は、自己の凝集性が低下し、断片化 fragmentation が生じやすくなっている自己愛障害の患者像に酷似しているというのである。

ロジャースとコフートの「自己」の視点

　ここでロジャースとコフートが、そもそも「自己」をいったいどのように考えていたかを見ておきたい。ロジャースは人間性心理学 humanistic psychology と呼ばれ、人間の持つ適応的な自己実現傾向の力を強調したことで知られている。したがって、そこで使われている自己という言葉には、人間の成長可能性という意味が込められていた (岡, 1990)。そして、ロジャースは臨床実践において、クライエントの自分自身に対する知覚、つまり、自分についての感情や自分というものについての自己認知に着目し、自己の認知がセラピー中でどのように変化するのかを研究することを通して、パーソナリティ理論と治療論を展開していったのである。

　ロジャースはセラピーが進んでいくと、その人の自分自身についての認知的枠組みである「自己構造 self structure」と、実際にその人が刻々と経験している現実

の「経験experiences」とが一致するようになり、パーソナリティ全体の統合が進んでいくものと考えた (Rogers, 1951)。「経験」には、その人の内的過程や、気づいていない感覚的、感情的な経験も含まれている。そして、この「自己構造」と「経験」の間の不一致が、心理的な不適応の基にあるとしたのである。つまり、「自己認知」と「現実の自己の経験」に不一致があると、ありのままの自己の経験を自分自身が受け入れることができず、自分の経験を否認したり、あるいは自己認知を狭めたり、歪曲したりすることにつながり、パーソナリティ全体の統合性を脅かすことになるのである。クライエント中心療法は、セラピストがクライエントの自己認知や経験をすべてありのままに受容し、それらを共感的に理解することによって、クライエント自身の自己受容が進み、クライエントの「自己認知」の領域が拡大することによって「自己構造」と「経験」の乖離が減少し、セラピーの目標である「経験に開かれた十分に機能する人間」(Rogers, 1961) が実現されていくとしたのである。

　一方、コフートは、患者が自分をどのように体験しているのかという「自己体験」の観点から精神分析理論を再構築し、それを「自己心理学」と名付けた。コフートは、自己の定義について、「主導性（イニシアティブ）の中心であり、さまざまな印象の受け取りの中心」、あるいは「心理的宇宙の中心」(Kohut, 1977) と表現したが、結局、最後まで厳密な定義をすることはなかったとされている。ちなみに、フロイトは「自我」を中心とした精神分析理論を構築し、最終的には、自我、エス、超自我からなる精神構造論を基にした自我心理学を発展させていった。つまり、フロイトの自我は、高度に抽象化された精神分析的概念だったのである。しかし、コフートは、あくまでも体験に近い精神分析理論の構築を標榜し、「機能としての自我」ではなく、「主観的な体験の座」としての「自己self」に注目した。コフートの「自己」は、主観的な自己体験の全体性を意味していたのである。

　ユング派分析家のマリオ・ヤコービは、著書『個性化とナルシシズム』(Jacoby, 1985) の中で、コフートの貢献を以下のように述べている。「それ〔コフートの自己心理学〕は人間を、相互に敵対する欲動や衝動が争っている戦場とはみなさず、本質的に人は自分自身を全体的人格として体験しているとみなす心理学である」。この「相互に敵対する欲動や衝動が争っている戦場」とはフロイトの欲動論drive theoryに基づく人間理解のことである。コフートは、こうした生物学的、本能的

欲動を満たすことを人間の一次的動機と考えるフロイトの古典的精神分析の見解から離れ、自分を統合された全体的な自己として認識し、生き生きと存在している自己として十全に体験したいという、全体的な人間としての自己充足の体験を求める自己愛的な欲求を最も重要な一次的動機として考える、人間性を視野に入れた精神分析理論を発展させたと考えられるのである。

7　ロジャースとコフートの「自己愛」の捉え方

ロジャースの「健康な自己愛」の視点

　それではロジャースは「自己愛」について、どのように考えていたのだろうか。ロジャースは著作の中で、自己愛という言葉をほとんど使っていない。そもそも自己愛とは、病理的な現象を表す、極めて精神分析的な説明概念である。理論より実践を重視したロジャースが、このような抽象な精神分析的概念を使おうとしなかったことは容易に理解できる。しかし、自己愛を病理的な意味ではなく、もっと一般的な意味で「自分をよりよく感じる」、「自分を大切にする」、「自分を価値あるものと感じる」といった肯定的な意味で用いるならば、ロジャースの重視する「自己受容」や「自己尊重」、「自己肯定」などは、すべて自己愛の健康な表れとみることができるだろう。実際、ロジャースは「セラピィにおける方向と終極点」の中で、以下のように語っている。「クライエントは自己自身を受容するのみでなく（中略）彼はほんとうに自分自身が好きになる (actually comes to like himself) のである。これは決して、誇張的な、または自己主張的な自己愛ではなくて、むしろ、自分自身になること (being one's self) に静かな喜びをもつということなのである」(Rogers, 1953)。ここでロジャースは、クライエント中心療法の中で達成されるクライエントの自己受容の本質を、自分自身のことが本当に好きになり、自分自身になることに静かな喜びを感じることとしている。これは、まさに健康な自己愛の表われとしてみることができるのである。

　コフートも、自己愛の健康な側面の重要性を精神分析学派の中で主張したのであり、ロジャースとコフートは、この人間の健康な自己愛を重視した点で、共通の地盤の上に立っているということができるだろう。

コフートの「自己の誇大感」への注目

　一方、コフートは発達的に、子どもは最初、自己の誇大性grandiosityを体験しているが、その後、自分は全能ではないことに気づき、自己の無能力感に圧倒されるとした。そして、それまでの誇大性を保つことができなくなったとき、子どもは今度は自分の親を全能視し、自分がその理想的な親の一部であると体験することによって、自己の誇大性を維持しようとすると考えた。その際、こうした誇大な自己愛を維持するための子どものニーズは、自己対象である親によって共感的に応じられ、必要に応じて満たされるが、同時に、現実との接触によって徐々に脱錯覚が起こり、次第に成熟した自己愛ニーズへと変容して、安定した自己評価の源泉となっていくとしたのである。

　しかし、こうした自己の発達過程の中で、自己対象である親が、子どもの誇大性や理想化のニーズに適切に応えることができなかったり、必要な現実との接触によってそれらを徐々に脱錯覚化させることができなければ、自己は原始的な「誇大自己grandiose self」の段階に留まったまま、現実的な基盤を持たない不安定な自己となり、そうした太古的な誇大感を防衛的に維持するために、自己対象に際限なく誇大自己の映し返しmirroringを求めたり、全能的な自己対象を飽くことなく求めては、失望と怒りを激しく繰り返すこととなる。コフートは、こうした現象が治療関係に表れることを「自己愛転移」(Kohut, 1977) と呼び、自己愛性パーソナリティ障害の患者は、このような不安定な自己愛の障害を慢性的に抱えていると考えたのである。

　ここで、コフートのいう「誇大自己」が次第に脱錯覚化し、現実化していく過程は、ロジャースのいう「理想的自己」がより現実的なものとなっていく過程と類似している。そして、コフートが、誇大自己の説明の中で、子どもと親の関係に触れているように、ロジャースもまた、「自己構造」と「経験」の不一致が生じる状況を説明する中で、以下のようなある青年と親のやりとりを描写している (Rogers, 1951)。

親の自己対象となる子どもの病理

　その青年の両親は、息子が機械関係の分野が得意になることを望んでいたが、青年が少しでもその関係で失敗すると、その度に両親は「お前はこういうことは

駄目なんだねぇ」と落胆の声を漏らした。そうした中で彼は、機械関係はまったく駄目な自分という、現実の経験とは関係のない、極めて否定的な自己概念を持つに至ったという。そして、このような青年は、両親の愛情を喪失する恐れから、「私はこのような人間であると両親が思うような人間として、自分自身を経験しなければならない」という考えを持つようになるとロジャースは説明する。この青年と両親のやりとりを自己心理学的に見てみれば、両親の側の自己対象ニーズが青年にそのまま直接的に向けられているとみることができるだろう。そのため、青年自身の自己対象ニーズを満たすことは無視され、逆に青年は両親にとっての「自己対象」となって、親の万能的な自己愛を満たすために利用されていると考えることができる。

　実際、コフートは、自己愛障害の患者の母親が、子どもを自分自身の自己対象にしている例を挙げている (Kohut, 1977)。このように青年が両親の愛を喪失しないように、防衛的にその両親の理想に沿う自己イメージを取り入れれば、それはロジャースにいわせれば、青年の「自己概念」と「経験」の不一致の基となり (図2a)、また、それをコフートの図式 (図2b) でいえば、彼のパーソナリティは、彼が自己の防衛のために両親の誇大な理想を取り入れた「自己の誇大性」(図2bの左側) のパーソナリティ領域と、その裏にある低い自尊感情が基になっている抑うつ的な「現実自我」(図2bの右側) のパーソナリティ領域とに「垂直分割」されるという、パーソナリティ構造の問題につながっていくということができるだろう。そして、ロジャースのいう、自己の防衛のためではなく、自分自身を本当に好きになり、ありのままの自分であることを喜べるようになるという、健康な自己愛の領域は、コフートの図式でいえば、「現実自我」のパーソナリティ領域の中で「水平分割」によって抑圧されている、本来、自己の成立と活性化のために必要な自己愛である「原初的な自己愛的欲求」(図2bの右下) にあたるのではないかと考えられる。ちなみに、この健康な自己愛の原初的な現われを、現代自己心理学派のオレンジらは「太古的発揚感archaic expansiveness」と呼び、「防衛的な誇大感defensive grandiosity」との違いを明確にしようとしている (Orange et al., 1997)。この「太古的発揚感」という言葉には、コフートのいう健康な自己愛のニュアンスがよく表されているように思われるのである。

第5章　ロジャースのクライエント中心療法とコフートの自己心理学　105

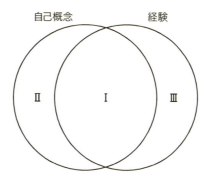

図2a　自己と経験の不一致に関するロジャースの図式

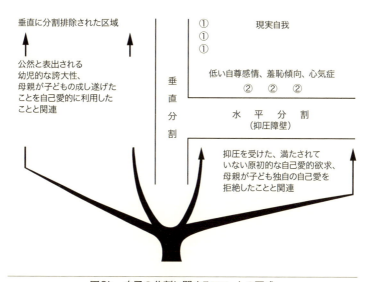

図2b　自己の分割に関するコフートの図式

自己愛ニーズへの根強い偏見

このように考えると、ロジャースも「自己愛」という言葉こそ使ってはいないが、コフートのいうように、両親との関係で生じた防衛的な自己愛の領域と、自己がもともと必要としている健康な自己愛の領域を区別して考え、その健康な自己愛を治療関係の中で育んでいくことを考えていたのではないかと思われる。

ここで、ロジャースの「リフレクション」もコフートの「映し返し mirroring」も共に、それらはクライエントの歪曲した認知への迎合であり、患者の病的な自己愛ニーズを満たそうとするものだとして、これまで誤解されてきた節があることも興味深い現象であると思われる。ロジャースの「リフレクション」が、クライエントへの迎合ではなく、より深い共感的理解に向けたクライエントへの問いかけだったことは先述したとおりであるが、同様にコフートの「映し返し」も、患者の誇大な自己愛ニーズそのものを満たすことではなく、本当はそうした患者の自己愛ニーズの存在を認め、理解し、どうしてそこまで強迫的に自己愛を満たそうとするようになったのか、その由来を分析することが目的なのである。

　しかし、このように健康な自己愛を念頭に置き、それを育むことを目的とするアプローチは、おしなべて病的な自己愛を賦活させ、強化してしまうものとして誤解され、警戒的に見られやすいようである。ロジャースとコフートは、こうした誤解や批判に晒され続けている点でも共通している。それは「自己愛」というものが概していかに否定的にみられやすく、正当なものとしては評価されにくいものであるかを物語っているように思われるのである。

　以上、文献を通して、ロジャースとコフートの類似点と相違点をさまざまに論じ、考察してきた。そこには学派や立場の違いに由来した批判や誤解も生じていたが、両者の理論やアプローチの間には、臨床的に共通した視点が多く存在しているように思われた。そこで次に、実際の臨床例をロジャース理論と自己心理学理論の両方の視点から検討することによって、ロジャースとコフートの臨床的な接点をさらに探究してみたい。

8　臨床例による検討

　クライエントのF子は24歳で、理化学系の大学院に在学していた。最近、急にやる気のなさや無力感、抑うつ感、身体の重さなどを訴えるようになり、大学も休みがちとなって、カウンセリングを希望し、知人に紹介を受けて来所した。インテークを行い、筆者が担当となって、心理療法を開始することとなった。

　初回、F子は、上記の主訴を述べた後、初回面接の予約を取った日から、なぜか調子がよくなっていると述べたのが印象的だった。臨床像は、小柄で知的だが、

どこか弱々しい、神経質そうな印象を受けた。面接では、これまでずっと自分の専門の分野で意欲的に研究し、頑張ってきたが、現場に研修に出るようになってから、研修先の上司や同僚との人間関係がうまくいかないことが多くなり、急に自分に自信がなくなってしまったことが語られた。F子は「同僚が他人のことを、あの子は操作的だとか、自己愛的だとか噂しているのを聞くと、自分も操作的なんじゃないか、自己愛的なんじゃないかと思ってしまうんです」、「これまで自分は明るいところが取り柄だと思ってきたのに、こんなふうになってしまって…」と泣きながら、自己イメージの混乱とその不安を訴えた。

　F子は、その後、「誰かに何かを教えてあげたりしても、それは自分がいい気分になるためにやっているんじゃないか、自分を満たすためにやっているんじゃないかと思ってしまうんです。それに自分は、感情が感じられない方じゃないかと思う。人にも共感できなくて、辛がっている子にも平気で『大丈夫？』と言ってしまう」と語り、「いままで私は何も考えずに突き進んできたような気がする。あまり自分を振り返ることをしてこなかった。このごろ、自分は周りが見えてないということが分かってきた」と、自分のあり方を面接の中で振り返るようになった。また、これまでずっと頑張ってきたことについて、「自分はできる人間だと思って、いつも高飛車になっていた。もうこれで精いっぱいというときも、もっとできる、磨けば自分はダイヤになる、と思ってきたんです」と語り、「気がついたら、ものすごく高いビルの屋上の横の空中で、自分が浮いている。足もとには何もないことに気づいて、『怖い！』とものすごく思って、恐怖のあまり目が覚めた」という夢を報告した。

　面接を開始して2ヶ月が経った頃、F子はセラピストに複雑な気持ちを抱くようになった。「この前のカウンセリングで、面接が終わったときに、先生が『また来ますか？』と言われたのが、『まだ来ますか？』と言われたんじゃないかと気になった。もう来なくていいのに、と思われているんじゃないかと…」。そして、F子はさらに考えた末、「自分は人にどこまで頼ってよくて、どこまで自分でやらないといけないのか、その線が分からないんです…」と語った。そこでセラピストは「あなたは、人に頼ることに葛藤があるのかもしれない。だから、ここでもどうしたらいいのか難しいのかもしれないですね」と伝えた。するとF子は「私は、昔から人に頼れていないと思う。小学生の頃、熱が出て、苦しくても親に言

わなかった。苦しいときに、苦しいと言えなかった。私は、あんたは元気で明るいことだけが取り柄やと母親に言われていたから…。でも、夜中にお腹が痛くなったとき、母親に病院に連れて行ってもらったことはあったけど…」としんみりと語り、その後、幼少期から両親に抱いてきたさまざまな葛藤を語った。

　その後の面接でＦ子は、「私は、しんどい気持ちを自分で覚えていない。だから、人のしんどい気持ちも分からないんだと思う。相手の気持ちに共感できない。自分がどう感じているのかが、自分で認識できない。感情を憶えていないんです」と語り、「子どもの頃、両親がすごい喧嘩をして、父が置時計で母を殴った。そのとき、『お母さんが死ぬ！』と思ったんです。でも、そのときの自分がどんな気持ちだったか、全然、思い出せない。それは映像のようになって残っている」と連想した。セラピストは、怯える幼いＦ子の姿が目に浮かび、胸が痛んだ。そして、「ああー、それはＦ子さん、当然の反応だと思う。すごく怖かったはず。でも、子ども心にそれを憶えていることは耐えられないことだから、子どもはそういうことは忘れようとするものですよ」と感情を込めて伝えた。すると次の面接でＦ子は、「この前、先生が『それはすごくショックなことだったから、憶えていないのは当然』と言われて、何か固まってしまった。何ともいえない変な感覚でした。頭がジーンとして、あー、あれはやっぱり大変なことだったんだと思った。これまで淡々として、大したことじゃないと思ってきたけど…。面接の後、家族のことが、いろいろ思い出されて、しんどかった。これまで私は自分の体験や過去のことを振り返らずに、先に先にとやってきた。それは、過去のことを考えると、家族のことを考えてしまうからなのかもしれない…」と語った。

　ところが数日してＦ子は突然、予約なしに来所した。前回の面接の後から急に眠れなくなり、しばらく大学にも出られるようになっていたのが、また登校できなくなっている、とのことだった。Ｆ子は不安げな様子で、「カウンセリングを受けていても、ひとつもよくなっていないんじゃないかと思う」とセラピストに不満をぶつけ、もっと有効な抗うつ剤を出してほしいと言った。しかし、結局、面接で話し合う内にＦ子は、カウンセリングを受けることで、もっとできる自分になれると内心で期待していたが、そのようにならないことに失望し、万能薬を求めていたことに気がついた。そして、最終的にＦ子は薬は服用せず、「結局、自分のやれるようにしかやれないし、自分のペースでやっていきます」と語った。

その後、再びF子は落ち着きを取り戻し、大学にも徐々に出るようになった。
　そうしたことがあってからF子は、いったい自分はカウンセリングに何を求めているのかを自問するようになった。「セラピストが歯医者になっていて、F子とふたりで話している」という夢を見たことも報告された。そして「自分は、しんどいということを先生に分かってほしくて、強力にアピールしていたような気がする。結局、自分は先生によしよししてほしかったんじゃないかと思います」、「自分は素直に甘えることができない。だから、それが変に出ている気がする。結局、自分のすべての部分において、全面的に頼れる人がほしいんだと思います。でも、全面的に頼りになる人はいないから、自分を頼みにしていくしかないんだなと思う。そう思うと淋しいような気もするけど…」と語った。セラピストは「ここでも私を全面的に頼りにすることはできなかったですね」と伝えた。F子は「全面的に頼りにできるところを求めて、ここに来たのかもしれない。求めていないつもりだったけど…」とぽつりと語った。
　その後、F子は以前のようには落ち込まなくなり、大学にも続けて元気に出るようになった。F子は明るくなり、「これまでは、前向きでないと許されない、後ろ向きの自分は許されないというのがあった。でも本当は、落ちるところまで落ちた自分を、親に認めてほしいという気持ちがあった。自分はダイヤモンドの原石と思いたい自分があって、磨けばもっとすごい自分になれると必死になっていたが、この頃は、ダイヤモンドでなくてもいい、普通の石ころでいいというか、そんなに自分は努力家でも勉強家でもないけど、ほっておいてもそこまで落ちることはないんじゃないか、どっかには引っかかるだろう、とも思えるようになった。前はロック・クライミングのように絶壁にしがみついていて、落ちたらストンと奈落の底まで落ちるようなイメージがあった。一番上か一番下しかないという感じだったと思います」と語った。
　その後、F子は大学院を無事卒業し、帰郷することとなり、面接は終了することとなった。最終回の面接では、「とりあえず整理がついた気がします。自分は何かこうあるべき、こうありたいという理想があって、それに状況が噛み合わないときに、しんどくなるんだと分かった。いままでは確固とした理想があって、自分を変えようとしていたが、理想とのギャップがしんどいんだと分かってから、理想のほうを変えたり、その理想で本当にいいのか考えたり、自分を理想に近づ

けるばかりでなく、いまはまだそこまで求めないほうがいいから、理想を自分に近づけてもいいんじゃないかとか考えるようになった。誰かの言うことを聞いていれば万事うまくいくなんてこともないんだし、不老不死の薬なんかないんだなと（笑）。だから、一個一個、自分で考えていくしかないと思う。ひと山、超えた気がする。また次の山にぶつかったら、そのとき、また考えようと思います」と語り、終了となった。

若干の考察

F子は知的に優れた女性だったが、人間関係の悩みから自信を一気になくし、自己の凝集性が低下した状態となって来所した。それは、これまでほとんど自分の体験を振り返ったことがなく、ひたすら自己の能力を過信して、高い理想的自己像のままに、F子の言葉でいえば「突き進んできた」ことが関係していたように思われた。過剰な自己愛的理想像の破綻は急速で、これまでの誇大な自己イメージがいかに根拠のないものだったかを、F子は急に自覚するようになった。誇大自己の急激な幻滅である。高い空中に自分が浮かんでいて恐怖する夢は、コフートのいう、無修正の誇大自己に現実自我が感じる不安反応（Kohut, 1971）を連想させる。そうなると、何もかもが利己的に自己愛を満たす行為に過ぎないように思えてきて、F子はますます自己嫌悪が強まり、さらに自己の凝集性が低下するといった悪循環に陥っていた。ここでセラピストは、F子の誇大自己を問題視せず、コフートのいう現実自我が感じる不安に共感しながら、クライエント中心療法的に傾聴を続けている。コフートは、臨床的には誇大自己を病理的なものと見なさず、逆にその必要性を強調しており、セラピストが患者の誇大自己を否定することのないよう注意を促している（Kohut, 1977）。その意味で、このセラピストの姿勢は、コフートの主張する治療姿勢にも近いものだったといえるだろう。ここではむしろ、F子自身が自分自身の誇大自己を否定し、自己愛を満たすことをことごとく否定的に捉えているところが、F子の苦悩ともなっていたのである。

その後、F子は、自分が自己の感情からいかに遠いかについて語り、他者に共感できない自分を問題視するようになった。そして面接の中で、子どもの頃から、親に明るいことだけが取り柄だと言われて、苦しい気持ちを親に言うことができなかった自分を振り返り、親の抱くイメージに自分がひたすら合わせてきたとい

う問題に気がついた。このF子の状況は、ロジャースのいう自己概念と経験の不一致と言うことができるだろう。親のイメージするF子の自己概念に一致しない感情体験を、F子は自ら否認し、自己体験として認知しないできたのである。しかし、面接が進む中で、子どもの頃、父親が母親に暴力を振るった記憶を語り、感情が思い出せないというF子に、セラピストが感情的に反応し、「それは怖かったはずだが、子ども心に忘れようとしたのだ」とセラピストの共感的理解を強く伝えることが起こった。F子は、そのセラピストの言葉に衝撃を受け、これまでの防衛が揺さぶられ、強い不安に襲われたものと思われる。F子はその後、眠れなくなり、予約外の面接を急遽求めてきた。F子は自己の不安をセラピストへの不満として訴え、万能の薬の処方を求めたが、セラピストがF子の体験を受容して傾聴していると、次第に落ち着きを取り戻し、自分がいかにセラピストに期待し、依存したい気持ちを抱いていたかに気づくこととなった。それは以前、セラピストが「人に頼り、甘えることをめぐる葛藤」について指摘していたことも伏線になっていたものと思われる。F子は、セラピストの夢を見て、セラピストに自分のしんどさをアピールし、よしよししてほしい気持ちのあることに気づき、そうした甘えの感情を正直にセラピストに言えるようになった。そして同時に、全面的にセラピストに依存し、助けてもらうことはできないという現実にも直面し、自分なりにやっていくしかないことを、淋しさの感覚を抱きながらも、受け容れることができるようになっていった。F子は最後に、自分はダイヤモンドの原石でなく、普通の石でいいと思えるようになったと語り、理想自己と現実自己が近づいてきたことが示唆された。こうしてF子の太古的な誇大自己は徐々に修正され、自己概念が広がったことによって、F子の意識される自己体験の幅が拡大し、自己受容が増して、現実への適応が改善したものと考えられた。

治療的介入についての検討

ここで、セラピストの介入について検討してみたい。まず、F子の「他者に頼ることの葛藤」についてのセラピストの指摘は、精神分析的に言えば、転移解釈と考えられる。それは、F子がセラピストに頼ることの葛藤を治療関係になぞらえて指摘しているからである。しかし、この介入は、転移関係のさらなる探索には進まず、むしろF子の子ども時代の連想を刺激して、母親との重要な体験の語

りにつながっている。これは、明らかに治療過程を促進しているように思われる。その意味で、セラピストの解釈的介入は、転移に触れている点では精神分析的だが、その後のクライエントの連想の流れを尊重し、その動きを中心に面接を進めている点においては、クライエント中心療法的であるといえるだろう。

ちなみに、ロジャースも転移の存在を認めているが、その扱いについては、精神分析学派のように転移感情を特別に扱うことを批判し、「セラピストが敏感に理解しており、純粋に受容的で非判断的であるならば、セラピーはこうした〔転移〕感情を通り抜けてすすむのである」(Rogers, 1986) と述べている。確かに、F子がセラピストの夢を見て、陽性の転移感情を抱いた際も、セラピストへ不満と怒りを向けてきた際も、セラピストは、それまでと変わることなくF子の自己体験を尊重し、共感的に理解することを続けていると、F子は次第に落ち着きを取り戻し、面接のテーマは転移関係に限定されることなく、さらなる深い自己探索に進んでいったように思われた。

ここで、転移をコフートの言う「自己対象転移」として考えてみると、F子は初回面接の予約を取った後に症状が軽減したことを報告しており、セラピストとの自己対象絆selfobject tiesの存在を治療開始前からすでに予感し、自己対象体験として自己に取り入れていたことが考えられる。こうした安定したセラピストとの自己対象転移が基底に流れていたからこそ、F子の自己のまとまりが補強され、セラピストの解釈的介入を契機に、自己対象だった母親との過去の外傷的な共感不全の体験を面接の中で思い出して語ることができ、それらを治療的に再体験することができたのではないかと思われるのである。

次に、自分の感情が分からないと訴え、父親が母親に暴力を振るった出来事を淡々と思い出したF子に、セラピストが「それはあまりにも怖かったから、子ども心に忘れようとしたのだ」と伝えた介入は、共感的な介入といえるのだろうか。ロジャースは、解釈はセラピストのほうがクライエントのことを分かっているという状況を招き、クライエントを依存的にしてしまう危険があることを指摘している。このセラピストの介入は、確かにロジャースのいうように、意識していないF子自身の気持ちをF子にセラピストが説明するといった「解釈」的な介入となっており、それはF子を不安にし、セラピストへの依存を助長しているように思われる。F子はセラピストのこの介入によって退行し、不眠となって、そうし

た状態に導いたセラピストを批判している。このF子のセラピストへの批判は、まったく的を得た批判であり、コフートも指摘しているように、それは決して陰性の転移反応として扱ってはならないものだったと考えられる (Wolf, 1988)。しかし、結果的に、セラピストの解釈的介入は、F子の防衛をゆり動かし、そのことを契機に、F子は自分の中のセラピストへの依頼心の存在に気づき、洞察することができている。セラピストへの万能的期待が裏切られ、自分を全面的に助けてくれるような人はどこにもいないという現実に直面することは、コフートのいう「自己対象転移の断絶と修復のプロセス」として重要な治療的体験となったように思われる。それは、土居健郎の「甘え理論」でいえば、「甘えの自覚によって、これまで自分がなかったことに気づく体験」（土居，1960a）に相当するものと思われた。土居はコフートの自己対象転移を「甘え」のことであると指摘しているが、F子は、そうした甘えられない淋しさの気持ちを自覚しながらも、その事実を受け容れ、理想的自己と現実的自己の近づいた、健康な自己愛に基づいた等身大の自己イメージを固め、立ち直っていったものと思われる。

また、このセラピストの介入は、セラピスト自身の感情的な反応に由来しており、分析的には、逆転移の一種の行動化として見ることもできるだろう。しかし、それはロジャースのいう、セラピストの「純粋性」の表われともいえるかもしれない。いずれにせよ、それはクライエントの心にインパクトを与え、クライエントの側の感情的反応を喚起させた。ロジャースは、クライエント中心療法をパーソン・センタード・アプローチに発展させてからは、もっぱらセラピストの「純粋性 genuineness」を重視している。近年、精神分析学派においても、逆転移の治療的利用や、治療者の反応の「真実性・本物らしさ authenticity」が重視されるようになっており (Lichtenberg, 1996)、ロジャースの「純粋性」との類似点がここにも見られるように思われるのである。

9　おわりに──ロジャースとコフートの相互参照の意義

心理臨床家の原点ともいえるロジャースのクライエント中心療法の視点と、新しい精神分析として注目されるコフートの自己心理学の視点を、理論的、臨床的に比較検討してきた。ロジャースとコフートの視点が共通している点は、共にク

ライエントの自己体験のあり方に焦点を当て、クライエントが自己を健康な自己評価をもって受け容れ、自己をまとまった、より良いものとして体験できるようになることを治療の方向としているところにあるように思われる。一方、相違点としては、治療要因としてあくまでも共感そのものを重視するロジャースと、解釈や説明を重視するコフートの理論的強調点の違いが見られ、その点においてロジャースとコフートは対立的な関係にあった。しかし、そこには互いの誤解や先入観が介在しているように思われた。また、そうした相違は、実際の臨床実践においてはそれほど目立ったものではなく、逆にそれらは互いに補完的なものであり、共感と解釈は、それらが治療的に行われている場合には、クライエントには渾然一体となって体験されているのではないかと考えられた。そして、こうしたクライエントの自己体験に焦点を当てて治療作用を探究する視点は、これからの心理療法のひとつの方向性を指し示しているように思われた。

　ロジャースとコフートの比較検討は、その両岸に足をかけてきた筆者にとっては長年の課題であった。しかし、それは壮大なテーマであり、多くの複雑な論点が錯綜していた。本章はそのほんの一端に触れたにすぎない。しかし、ロジャースとコフートの共通点と相違点を検討する試みは、心理臨床家にとって多くの有意味な臨床的考察を刺激してくれるもののように思われる。

第6章
自己愛障害をめぐる現代ユング派とコフートの接近

1 現代の自己愛障害への注目

　近年は、自己愛の問題に大きな臨床的関心が向けられている。アメリカ精神医学会による診断基準DSMの改訂第3版が1980年に発刊された際、第2軸のパーソナリティ障害の診断名の中に「境界性パーソナリティ障害」と共に「自己愛性パーソナリティ障害」が加わったこともまた、そうした傾向にさらに拍車をかけたように思われる。

　これらのパーソナリティ障害の研究は、すでに1970年ごろには、オットー・カーンバーグKernberg, O. やハインツ・コフートKohut, H.、ジェームス・マスターソンMasterson, J.、ジェラルド・アドラーAdler, G. といった米国の精神分析医たちによって盛んに進められていた。極度に不安定で衝動的な境界性パーソナリティ障害の患者や、治療者に明確な対象転移を起こさない自己愛性パーソナリティ障害の患者への精神分析的な治療は、これまでの正統的な精神分析の理論と技法では極めて困難だったからである。ある意味、精神分析的なアプローチが、こうした新しい時代の心の病にも対応できる有効な治療技法として今後も生き残っていけるかどうかが、これらの患者の病理の研究と治療成果にかかっていたと言っても過言ではなかっただろう。

　そうした中で、カーンバーグとコフートによる自己愛性パーソナリティ障害治療の研究は、当時、その理論の明快さと斬新さで注目され、しかも彼らの理論と治療アプローチがまったく対照的だったこともあって、それらは頻繁に対比され、活発に論じられた。カーンバーグは新たに「境界パーソナリティ構造borderline personality organization」の概念を提唱し、患者の病理と多彩な防衛機制を、英国の対象関係論を取り入れて分かりやすく説明し、それらの理論に基づいた治療技法を体系的に提示した。カーンバーグは、ボーダーラインの患者は、生来の攻撃

性の強さから、良い内的対象と悪い内的対象を統合することができないため、そこに頻繁にスプリッティング（分割）などの原始的な防衛機制が働いて、さまざまな行動化を来たすという精神分析的な理解を提示し、今日のボーダーライン治療に大きく貢献した。また、カーンバーグは、境界パーソナリティ構造をもった患者の中で、比較的軽症の病的な自己愛を有する患者群を、自己愛性パーソナリティ障害とし、治療的接近としては患者の防衛、特に「陰性転移」を徹底的に分析するアプローチを強調した。

　かたやコフートは、そうした難治性の患者の中には、従来の対象転移とは異なった「自己愛転移」という特殊な転移が起こっていると主張し、その自己愛転移（後には自己対象転移とされる）の分析によって治療可能な患者を自己愛性パーソナリティ障害とし、治療的接近としては患者の自己対象への渇望や失望を共感的に理解し、分析するアプローチを強調した。さらにコフートは、自己愛性パーソナリティ障害の治療論を構築していく中で、次第にこれまでの伝統的な精神分析理論の根本的な修正を行うようになり、その後、従来の精神分析の枠組みとはまったく異なる自己心理学理論を新たに確立していくこととなる。

　一方、上述した米国の精神分析学派とはまた異なる流れとして、現代のユング派の分析家たちの中でも近年、自己愛障害の治療の研究が積極的に行われており、注目される。もともとユングは個性化の過程として人生後半の課題を取り上げたが、それはまさしく人生における自己愛の危機と成熟に関わるテーマだったと考えられる。さらに興味深いことには、多くの現代ユング派の分析家たちが、自己愛障害の治療研究において、精神分析学派のコフートの研究を盛んに取り上げ、コフートと現代のユング派分析家の視点が非常に近いことを指摘しているのである。フロイトとユングが決別して以来、精神分析の歴史の中でこれまで決して歩み寄ることのなかったフロイト派とユング派の分析家たちが、近年、自己愛障害の治療を通して急速に接近しているともいえるのである。

　そこで本章では、まず現代のユング派による自己愛障害の研究において、コフートがどのように取り上げられているのかを、ユング派の文献を通して概観し、現代ユング派の主張とコフートの自己心理学の視点の相似点と相違点について検討してみたい。そして、その後、臨床例を取り上げ、現代のユング派の視点とコフートの自己心理学の視点の両面から治療経過を検討し、現代の自己愛障害の治

療アプローチについて検証してみたいと思う。

2 自己愛障害をめぐる現代ユング派とコフート派の相似点と相違点

「原型的転移」と「自己対象転移」の類似性

　今日のわが国における自己愛パーソナリティへの注目もあって、現代ユング派の文献の中で、自己愛障害の治療に関連した著作が日本でも数多く翻訳されている。その中で、まず取り上げたいのは、2001年に訳出されたカトリン・アスパーAsper, K.の『自己愛障害の臨床――見捨てられと自己疎外』(Asper, 1987) である。アスパーは、チューリッヒのユング研究所で講師も務める正統な現代のユング派分析家であり、本書は、コフートの遺作となった『自己の治癒』(Kohut, 1984) が刊行された3年後に出版されている。

　アスパーは、まず本書の序章の中で、今日の自己愛性の問題をもつ、自我が脆弱な患者の増加について、以下のように述べている。

> 　今日では、自我の脆弱な人が治療的援助を求めることが非常に多くなった。(中略) 彼らの自我ははじめは強いように見えるが、分析してみると、この強さが柔軟性の欠如と硬直した防衛にもとづくものだとわかってくる。自我構造はガタガタで、自我と自己のつながりは壊れやすい。(中略) 自己愛の傷が全人格を損なって、彼ら自身と世界に関する特有の考えを形成してきたと見なければ、ほんとうに理解できない。彼らは強い自我を持つ人とは根本的にちがう心理力動を示す。(中略) 自己愛障害の人は、まず自己愛を発達させる必要がある。これがしっかりとしていなければ、影、アニマ／アニムス、ペルソナを統合して、古典的な個性化の段階をたどっていくことができない。それができてはじめて、自己や意味深い目標へと向かえるのである。(Asper, 1987)

　アスパーは、このように自己愛障害の治療においては、まず自己愛を発達させることが必要であることを指摘しているのである。そして、この後、自己愛障害の研究に関してコフートの業績を高く評価し、次のように述べている。「この創造性あふれる研究者〔コフート〕がなした貢献のうち、最も豊かな実りは、転移と

逆転移のなかの自己愛障害性諸現象について記述したことと、そうした諸要素を扱うために必要な治療的態度を解明し、基礎づけたことである」。アスパーがここで評価している「転移と逆転移のなかの自己愛障害性諸現象」とは、コフートが概念化した「自己対象転移」、つまり「鏡転移 mirror transference」と「理想化転移 idealizing transference」のことを指している。アスパーはこれらの「自己対象転移」や「自己対象ニーズ」を、ユング派の概念である「元型的な転移」や「元型的な欲求」につながるものと捉え、さらに次のように論じている。

> 分析心理学では「楽園への渇望」というのがある。(中略) ここで楽園というのは、欲求がすべて満たされる状態、その人と環境が完全に適合した状態を指す。楽園の原像の虜となると、ふたつの元型的な欲求があらわになる。ひとつは、愛されたい、賞讃されたいという欲求。もうひとつは、理想的な人物に所属していたいという欲求である。経験的次元では、渇望の顕示は楽園への欲求に呼応しているといってよい。これらはハインツ・コフートが述べている内容、すなわち誇大自己が賞讃を求め、理想化された自己対象に所属したがる、ということと一致する。(Asper, 1987)

彼女はこのようにコフートのいう「鏡映自己対象ニーズ」や「理想化自己対象ニーズ」がユング派のいう「元型的な欲求」である「楽園への渇望」に重なるものとしており、自己愛障害の人は、この消えることなく存在し続けている「楽園への渇望」に縛りつけられていると述べている。そして、この「楽園への欲求」とは良い母親に対する永遠の渇望であり、自己愛障害における治療では、基本的に治療者には母性的な要素が必要になることを指摘しているのである。

転移関係をめぐる治療プロセスの共通性
特にアスパーは、自己愛障害の治療過程を主にコフートの諸概念を用いて、次のように説明している。

> 誇大自己と理想化された自己対象が治療のなかでうまく再活性化されると、自己愛に傷を負った人は、かつて葬り去った欲求を意識化するようになる。そ

の欲求は、一方には、愛されたい、賞讃されたいということがあり、他方には、賞讃したい、愛したいということがある。こうしたふたつの基本的欲求が、分析においては、ナルシシストに典型的なふたつの転移形態として姿を現す。すなわち、コフートが鏡映転移、理想化転移と呼んだものである。分析家は望ましい母親が現実のものとなった存在として、それらを受け入れ、共感的に理解しつつ、買いかぶりすぎの、けれど正当な欲求を徐々に和らげようと試みるのだ。こうしてアナリザンド〔被分析者〕は新しい構造を獲得し、自己愛を成熟させていく。(中略)コフートの言う誇大自己と理想化された自己対象は元型的欲求と等価なものであり、今の場合には、楽園への渇望に相当する。それは、重んじられるたいせつな存在であろうとする試みであり、絶対的な安心感を与えてくれる人物や関係を求めての苦闘なのである。(Asper, 1987)

さて、ここで注目されるのは、アスパーが指摘する「治療者の母性的態度の必要性」である。「楽園への渇望」は永遠の母親への渇望であるとされているように、自己愛障害の人が「楽園への渇望」に固着し、縛りつけられているのは、幼児期から情緒的に深刻な見捨てられを経験し、深い自己愛の傷を負っているからである。そして、その傷を癒すには、治療に母性的で成長促進的なものが必要だというのである。しかし、ここで分析家が母性的な態度を取るとしても、当然、患者の「楽園への渇望」を満たすことは到底不可能なことである。この点について、アスパーは次のように述べている。

　自己愛の問題の変容にとって、楽園への渇望を転移のなかで分析家に向けることは決定的に重要である。(中略)〔しかし、〕分析家が楽園を修復することなど、もちろんできはしない。だから分析家は、アナリザンドから見れば、いつも「失敗」ばかりしている。つまり分析家はアナリザンドを十分に映し返してもいないし、アナリザンドがその渇望にもとづいて欲するほど理想的でもない。こうした「失敗」によって、アナリザンドには自己愛の傷が布置され、そこにはフラストレーションに対するさまざまな感情反応――とりわけ、憤怒、あきらめ、空虚感、不安、無気力のような――が伴っている。そうなったら、分析家は持てるかぎりの関心と共感をこの反応に向けるのだ。一般にアナリザンド

は、ほかでもない自分の楽園渇望がこの反応を引き起こしている、とは意識していない。ここで、この反応が生い立ちに照らし合わせて共感的に理解されるならば、ゆっくりと徹底的な分析を積み重ねていく過程で、楽園に対する要素は和らげられ、理想と現実の間の緊張は小さくなる。(Asper, 1987)

このアスパーが描写している治療プロセスは、まさにコフートが主張した自己心理学的な治療プロセスと酷似しており、驚かされる。アスパーのいう「分析家の失敗」によるアナリザンドのフラストレーションとその感情的反応を共感的に理解し、楽園への渇望を和らげていくというプロセスは、コフートのいう「自己対象転移の断絶と修復」のプロセスに相当するものと考えられるのである。

このように、ユング派の「楽園への渇望」や「楽園転移」の概念は、コフートの「自己対象ニーズ」や「自己対象転移」の概念に非常に類似しており、これらのユング派の概念は、コフートの治療理論をよりイメージ豊かに理解することに貢献するのではないかと思われる。

ユングとコフートに共通する「自己」の志向性

現代のユング派とコフートとの類似性が見られるもうひとつの側面は、「自己」の捉え方である。現代ユング派分析家の重鎮であるマリオ・ヤコービも、その著書『個性化とナルシシズム——ユングとコフートの自己の心理学』(Jacoby, 1985)の中で、自己愛障害治療をめぐるユングとコフートの比較を綿密に行い、コフートの貢献を高く評価しながら、コフートの自己の概念がユングの自己の概念と類似していることを指摘している。

ユングは、自己実現あるいは個性化の過程 individuation process に向けて人格を変容させていく傾向を担っているのは自我ではなく、意識と無意識を含んだ全体性の中心、つまり「自己 self」であるとし、治療の目標は自己実現、あるいは自己の個性化にあるとした。一方、コフートも「自己」を本質的に不可知なものとしながら、「個人の心理的宇宙の中心」(Kohut, 1977) と広義に定義し、人間は究極的には「中核自己」の求めに従って、全き自己の充足を果たそうとする存在としている。ヤコービは、コフートの言葉を引用しながら、次のように述べている。

コフートのアプローチは実際、自己が内発的な知識をもっており、もし分析が自己のもつ癒しへの傾向をうまく支援することができたなら、あるいはそれを妨げている何らかの障害を取り除くことができたなら、自己は本来の道筋をたどる能力を与えられているのだという深い信念によって支えられている。この見解は次のコフートの文章で明確に表明されている。
　「言い換えると、あらゆる人格の内側にある基本的な力が、自己とその中核にあるプログラムの存続であるというわれわれの確信、そして最後の切り札として最も深いところで、あらゆる分析家は患者のこうした基本的動機の力と直面していると感じるのだという確信を、われわれは捨て去ることができない」(Kohut, 1984 147)。
　コフートの見解とユングの見通しとの間の類似性を、これ以上印象的な形で提示することはできまい。(Jacoby, 1985)

　ヤコービはこのように述べて、ユングもコフートも、「自己」を実現するという志向性を持っている点で共通していることを指摘している。また、アスパーも「自己愛の成熟が目指す理想、そして個性化の過程が目指す理想。このふたつはほんとうにそっくりだ」(Asper, 1987)と述べ、ユングとコフートのめざす方向が極めて近いことを驚きを持って指摘しているのである。

ユングとコフートの「自己」をめぐる相違点
　しかし、ユングの「自己」の概念には、ヌミノース的な体験や神イメージとしての「自己」など、宗教的次元が重要な要素として含まれており、コフートの「自己」とは大きく異なる点も見られる。ニューヨークで活躍している現代ユング派の分析家、ネーサン・シュワルツ＝サラントは、その著書『自己愛とその変容――ナルシシズムとユング派心理療法』(Schwartz-Salant, 1982)の中で、次のように述べている。「コフートの自己概念は、フロイト派の人びとの自己概念とは確かに違っている。しかし、彼が自己の『不可知性』と『宇宙的』特質に言及していても、それはあまり重要ではなく、単なるメタファーにすぎない。それらは、元型領域における中心的な重要性に裏打ちされていない」。
　ここでシュワルツ＝サラントは、自己愛障害の患者の布置はユングの元型のひ

とつである「永遠の少年」に相当するとし、自己愛障害の治療プロセスを「永遠の少年」の個性化の過程と重ね合わせて論じており、興味深い。「永遠の少年」は壊れやすいアイデンティティ感覚に脅かされており、自己の否定的な感情を扱うことができない。そのため「永遠の少年」の個性化の過程は、頂上からの下降である必要があり、まず霊的spiritなものに続いて、本能的な問題や影の問題が関わってくるとしている。したがって、コフートのいう自己対象転移の治療プロセスは、ユング派の「永遠の少年」の個性化の過程から見れば、その第一段階として理解されるというのである。しかし、その次の段階である、否定的な感情や悪といった影の統合の段階では、コフートの「十分な共感の欠如」といった「善なるものの欠陥」、あるいは「光の欠如」といった態度だけでは不十分であり、「生来の暗い人間の側面」に直面していくようなより深い変容のためには、そうした態度は有害ですらあると指摘しているのである。

こうしたユング派の指摘は、人間の生来の攻撃性の問題を重視するカーンバーグによってなされたコフート批判や、ロジャースの人間性アプローチに向けられた批判に通じるものであり、興味深く思われる。ちなみにコフートは、欲動や攻撃性を軽視したのではなく、欲動や攻撃性が、人間が人間であることの本質的な部分であるとする見解に異議を唱えたものとして理解されるが（富樫、2013）、いずれにせよ、こうした欲動や攻撃性の問題をどのように考えるかについては、現在もさまざまな議論のあるところであろう。

ユング派における治療技法の修正

それでは次に、アスパーが指摘する、自己愛障害に対するユング派の治療技法の修正について見てみよう。まずアスパーは、自己愛障害の患者が、分析心理学の集合的側面に影響を受けやすいという問題を次のように述べている。

> 自己愛の傷を持つアナリザンドは、ユング派心理学の集合志向性、目的志向性に魅了されることが非常に多い。彼は自分自身のなかに立脚点を持っていないし、感情面でも問題を抱えており、また子ども時代に関する手がかりも失っているから、こういう志向性を歓迎するのである。そのようなかたちであれば、かつての痛みの記憶は喚び起こされない。さらにまた、自己愛障害の人が、自

身の誇大さゆえにユング心理学を好むのもはっきりしている。元型、自己、未来志向というのは、彼には刺激的で、誇大なものへの渇望を満足させうるテーマである。私たち分析家がこれを放置しておくと、自己愛に傷を負った人は、みずからの傷のところを通り過ぎてしまう。最も援助が必要なはずのところを無視する結果になるのである。（Asper, 1987）

　アスパーは、自己愛の傷を負ったアナリザンドが癒しを経験するためには、その傷に含まれるさまざまな感情を再体験し、表出し、分かち合えるようにならなければいけないと述べており、そのためには、子どもの頃からの患者の個人的な生い立ちを徹底的に分析し、失われた感情をよみがえらせることが特に重要であることを強調している。そうした分析を通して、自己愛障害の人は、非共感的な養育者の影のなかで過ごした悲しみ、愛情深い親に守ってもらえなかった痛み、そして強い憤怒の感情が意識化され、深く体験されることで、「悲嘆の過程」が進み、治癒につながっていくのである。しかし、アスパーは、自己愛障害の患者は、自己の誇大さゆえに、分析心理学の集合的、普遍的無意識に関する素材にとりわけ強く魅かれやすいため、ユング派の技法であるアクティブ・イマジネーションによって神話的なマテリアルが導入されると、そうした個人的な生い立ちにまつわる「悲嘆の過程」が犠牲になってしまう危険性を指摘しているのである。

　筆者も、自己愛の問題を持つ女性クライエントの心理療法を担当した経験で、思い当たることがある。そのクライエントは幼少期から非共感的で虐待的な両親に育てられ、親への強い怒りと不信感を抱いていた。個人心理療法の面接の中で、彼女は生きる希望のなさを訴えたが、その一方で、毎晩、多くの夢を見ていた。彼女は面接で、無意識の象徴的表現と思われるような夢をいくつも報告するようになり、筆者はいつしかクライエントの夢に魅了されるようになっていた。夢について連想を話し合いながら、面接は象徴的な意味深いテーマにあふれたが、一方で彼女の症状や状態は一向に改善することはなく、その後、しばらくして彼女は来所しなくなった。アスパーが指摘したように、実際、筆者がクライエントの集合的な夢の内容に魅かれている間、クライエントの個人的な生い立ちにまつわる悲嘆の過程は、ふたりの意識にのぼることがなくなっていたのである。

　一方、アスパーの『自己愛障害の臨床』の訳者である老松は、本書の解説の中で、

アクティブ・イマジネーションが、アスパーのいうように自己愛障害の患者に常に有害であるとはいえないと述べ、「その適応の可否は、事実上、単純に病理の深さや種類によっては決められない」と指摘している。筆者も老松の指摘に異論はないが、クライエントの分析心理学の集合的側面への偏りが、クライエントと治療者の関係性の中で生じている現象であることを考え合わせると、ここにはクライエントだけの問題ではなく、治療者からの影響も関与していることが考えられるように思われる。自己愛障害のクライエントが分析心理学の集合的側面に惹かれる傾向は、心理療法家の中にも同様に存在しているのではないかと思われるからである。コフートも指摘しているように、自己愛障害のクライエントが提示してくる問題や内容は、治療者の自己愛を刺激しやすく、また、それによって治療者自身の自己愛をめぐる問題も喚起されやすいもののように思われるのである (Kohut, 1977)。

　以上、現代のユング派とコフートの自己愛障害へのアプローチの類似点と相違点を、主に現代のユング派分析家の著作を通して検討した。その結果、現代ユング派の治療者の多くがコフートの業績を高く評価し、コフート派の概念との共通性に注目していることが明らかになった。そして、現代ユング派によるコフート理論の理解は、コフートが主張する治療プロセスに豊かなイメージを与えていることが示された。そこで最後に、筆者が経験した個人心理療法のケースの治療過程を提示して、ユング派とコフートの自己心理学の両視点から検討してみたいと思う。

3　臨床例による検討

　32歳の会社員G男が、慢性的な下痢や胃痛、ひどいアトピー性皮膚炎に悩んで、心療内科クリニックを受診した。これまで胃腸科や皮膚科で何度も検査を受け、投薬も続けてきたが、まったく改善せず、ますます症状がひどくなっているので、心療内科を紹介されたという。家族は両親と本人の3人家族で、G男は大学卒業後、就職して郷里を離れ、一人暮らしをしていた。治療は主治医による薬物療法と本人の希望で個人心理療法を並行して行うこととなり、心理療法は筆者が担当することになった。

初回の面接でG男は、職場の上司との折り合いが悪く、ストレスはあるが、もともと思春期の頃から人間関係で悩むことが多く、前々からカウンセリングに興味があったと言い、自ら積極的に語りだした。「昔から自分は、人間関係を自分から取り結んでいくことを避けてきた。ひとりになりたいとよく思った。子どもの頃から自己嫌悪が強かった」、「母親から、帝王切開で出産したことがいかに苦しかったかをよく聞かされた。母親は女の子がほしかったらしい」、「子どもの頃から誕生日会をしてもらったことがなかった。父親は何でも普通でいいというタイプで、僕が勉強ができても喜ばず、むしろ苦手なスポーツをもっとしろとばかり言った。親にありのままの自分を受け入れてもらってこなかった気がする。何かから逃げる夢をよく見る。でも夢ではそんなに恐怖は感じていない」。G男は一気に語り、最後に「これまで自分でいろいろ自己分析してきたが、変われない。自分は感情があまり出てこない気がする」と語った。G男は知的に高く、語りは理路整然としていたが、淡々としていて感情抑制的な話し方だった。印象的な夢を見たときは面接で話し合うこととし、治療面接を継続することになった。

面接が始まると、G男はさまざまな夢を見てはセラピストに報告するようになった。(夢1)「腹にドーンと来て、薄目を開けたら男の人に乗っかかられていて、手も足も押し付けられている。抵抗するが、はねつけられない」には、心理療法への抵抗や不安が表れているように思われた。G男は、夢の中では感覚が非常にリアルだったことが意外だったと語った。

(夢2)「家族で高校の卒業式に出ている」では「卒業式の夢が出てきて珍しい。幼稚園や小学校の卒業式は、別れの淋しさを感じたなと思う。特に幼稚園の卒園式はものすごく悲しかった。家に帰ってからすごく泣いた。先生にもう会えないんだと思って悲しかった。状況が変わることが不安だった。だから小学校以降はあまり悲しみを感じないようにしようとして、理屈をつけて悲しくないぞと思うようにした。実際コントロールできていたように思う」と連想した。その後、慢性的だった下痢や胃痛が少し軽快する。

しかし、その後、「生き生きしているというわけでもなく、何かに集中しているわけでもない。何かやりたいということもなく、フラフラしている。生きる方向性がない。仕事もただ食べるためにやっている感じで、がんばる気になれない。自分の自己実現に関わることが何もない」と虚無感や自己の空虚感を口にし、「根

拠のない自己肯定感をもっている人が多いが、そういう人にものすごく腹が立つ。馬鹿かと思う。大したものを持ってもいないのに、さも自分はすごいものを持っているような人に嫌悪感を感じる。しかし、そんなふうに馬鹿にならないと世の中は生きていけないのかとも思う」と自己愛の問題が示唆される訴えが続いた。

さらにその後の面接では、「この頃、歩いていても、人と少しぶつかったりするだけでムカムカする。最近は心の中で罵倒したり、激しくののしったりしている。びっくりするほど汚い言葉が頭の中に浮かぶ。以前はこんなことはなかった。自分に何らかの変化を感じるが、攻撃的な面が出てきているように感じる」と強い怒りの衝動を訴えた。一方、夢ではこれまでになかった感情的な夢を見るようになる。(夢3)「父方祖母が病気で死にかかっている。僕は、死にかかっている祖母に自然な感じで呼びかけている。場面が変わり父親が出てくる。親戚の人たちが葬式の準備を始めるが、父親は悲しそうな顔をして、まだ亡くなってないのに…と僕の方を向いて言う」では、実際の父方祖母が亡くなったときのことを思い出し、「祖母が実際に亡くなったとき、そうしなくちゃいけないという不自然な感じで、祖母に声をかけた。ところが夢の中では自分が自然に祖母に声をかけていたので、不思議だった。僕は人が苦しんでいるのを見ても感情移入できないところがあって悩んできたが、夢の中では自然な感情が出ていたので驚いた。これまで僕は他人の感情に同調するのが嫌だった。自分は自分、他人は他人、その境目があいまいになるのが生理的に気持ち悪かったことがあったと思う」と語った。

こうしてG男のさまざまな感情が夢の中で体験されるようになった。(夢4)「氷山が流れてくる。動きが早く、大阪湾のようなところに突然ガーッと氷の塊が出てくる。別の氷山もあって、そこにまた氷山が流れてきて、ぶつかっては崩れていく」では、これまで凍結されていた彼の感情の塊が氷解して動きだしてきたこと、そして、それはいかに大きなものであるかを示唆しているように思われた。

その後、「これまで親子で本音をぶつけ合うことをしないままで来た。一回、『俺のことを本当にかわいいと思ったことなんてないだろう！』と親にぶつけてみたい気がする」と語られた。さらに、「空想の中で親に怒りをぶつける台詞のバージョンが増えている。母親が主な相手になっている。怒りを激しくぶつけるパ

ターンと淡々と理詰めで責め立てるパターンがある」と語る一方で、「しかし、この前、想像の中で、母親の手料理のイメージが出てきた。汚い言葉で罵倒したりしていたら、後でいいほうのイメージも出てきたのでよかったのかなとも思う。空想では食事のときテーブルをひっくり返したり、母親にお茶をひっかけたりする。これまではそこまで想像したことはなかった。予行練習をしているみたい。それで両親がショックを受けて、自殺することを想像したりもする。そうなったら悲しいだろうが、せいせいするのかなとも思う。『死んでしまえ！』というセリフがバンバン出てくる」と語った。

　この間、G男は多くの夢を見る。(夢5)「見ず知らずの男に短刀でズバッと肩を切られる」や(夢6)「猫のキャラクターを凶暴化したようなやつに手首をガブッと食いちぎられる」は、G男の両親への強い怒りがG男自身を脅かしているように感じられた。一方、(夢7)「職場の女性が出てきて、本かテレビの文字を見て『トワエモアって何？』と聞かれ、僕は『フランス語で"あなたと私"という意味だよ』と答えた」では、G男の怒りの表出と並行して、G男のアニマ的な世界が活性化してきていることが感じられた。この頃、G男は女性の夢をよく見るようになる。(夢8)「会社の部屋で見知らぬ女性と一緒にいる。すると何かの拍子に女性が窓から滑り落ちそうになる。僕は必死に彼女の手をつかみ、引き上げて助けようとする」や(夢9)「大学のときの同級生の女性で、まじめで地味な子が夢の中で娼婦になっていて、旦那さんと結婚している。僕は、その夫は娼婦と知っていてよく結婚したなぁ、よく受け入れたなぁと思っている」では、「大学のときに惹かれた女性がいた。でもそれだけで、別に告白もせずに終わった。女の子を好きになると自分に嫌悪感を感じ、罪悪感が出てくる」と女性への強い葛藤の存在について語った。

　その後、G男は印象的な夢を見る。(夢10)「どうも会社らしい。同僚と一緒にエレベーターに乗って降りるが、地下1階までしかないはずが、地下5階まで行ってしまう。するとそこは宇宙人の秘密基地になっていて、見てはいけないものを見てしまう。同僚の女性に『見ちゃったのね』と言われる。そこでは宇宙人が防衛戦争の準備みたいなことをしているようだが、普通の人間も混じっているようだった。その後、またエレベーターは上に上がり、そこからはよく憶えていない」。G男は、「地下5階というのが印象的だった。この頃、下降する夢をよく

見ている気がする。同僚の女性に『見ちゃったのね』と言われたのは、あなたは異次元のものを見たとストレートに言い過ぎる、と言われたような気がした。宇宙人とか異次元とかは本当はなくて、そういうのもありだと思えていれば、同僚の女性にそんなふうに言われなかったのかもしれない。他の人はそこまで変とは思ってないのに、僕が変と思ってしまう。だから、他人との付き合いでも、ここは自分とは違うといつも思ってしまう。仲良くしている人を見ても、自分とはここが全然違う、自分はそれは全然やりたくない、と思って見ている。それが、人に付き合いづらいやつと思わせるのかもしれない…。自分は地下5階と思っているけど、本当は地下1階なのよと言われた気もする。『見ちゃったのね』というのは、それは想像の産物であって、その見方に固執していると、エイリアンに見えてくるんだと…。宇宙人は他人なのかもしれない。僕は『これは宇宙人だ』と思ったけど、それは普通の人なのよと言われたのかもしれない…」とあふれるように連想を語り続けた。そして面接の最後に、「この頃、何か、人のことが少し許せるようになってきました。音楽の話でも、前は自分と違う趣味だと聞くと、その人を自分の中からバーンと閉め出して排除していたが、この頃は一時ほど思わなくなった。不思議です…」と語った。筆者はG男の語りに感動し、「ブランド物の好きな人とか見ても、以前ほど嫌悪感を感じなくなった」と言うG男に「宇宙人じゃないと？」と微笑んで言うと、G男も「ええー、そうですねぇー」と笑顔になり、「以前なら、腹の底から湧きあがって来るような拒絶感があったんですが…」と自身の変化を感慨深く振り返った。

　次の回では、精神的にずいぶん安定してきたことが報告された。G男は「前回の後、どうして自分はカウンセリングを受けることを選んだのかということを考えていた。それは他人というものを信用してもいいのかということを確認したかったからじゃないかと思う。親とも深い話をしたこともないし、他人もどこか信用できなくて、これまでずっと引いて接してきた。それが前回、夢の話をあそこまで話せて、先生を信じてもいいのかなと思ったんです」と語った。その頃、G男は再びリアルな感覚の夢を見た。(夢11)「寝ている間にパジャマにゴキブリが入ってくる」では、そのあまりのリアルさに、夜中、布団から飛び起きて思わず身体をまさぐったと言う。

　正月になり、G男は久方ぶりに帰省したが、そこでとうとう事件が起こった。

G男と父親の間で口論となり、取っ組み合いの喧嘩になったのである。母親はそれを見て泣いていた。その後の面接で、G男は「殴り合いまでして父親とぶつかったが、あまり心に響くこともなく、リアリティーもカタルシスもなかった。でも今回、これまで抑えてきたことを大方吐き出した。父親のあんなに怒った顔も生まれて初めて見た。母親はただ僕を怖がっていた。母親に関しては、これ以上望んでも仕方ないような気がする…」と語った。

　その後、G男は「母親を原爆で殺す」夢を見たが (夢12)、しばらくして「正月のことがあってから、この頃少し自分が変わってきた気がする。問題が解決したわけでも、怒りがなくなったわけでもないが、何か親に対して過剰な期待をしなくなったというか、つき放して考えられるようになった。無駄なエネルギーを使わなくなったような気がする」と語り、「今朝、また夢を見た。奇妙な夢で、実家が出てくる。(夢13)「実家。ボール紙でできた入れ物があって、そこに『おまけ』で10～15センチくらいの小さい人形がついている。それは宇宙人みたいで、生きていて、突然逃げだす。僕はそれを追いかけ回して、とうとう捕まえる。そして、逃がしてやろうと玄関をあけ、外に向かって放り投げる。家の前には神社があって、宇宙人は神社の中にトコトコと走っていって、境内の真ん中あたりで振り返り、こっちに手を振る。ありがとう、と。僕も両手を挙げて手を振った」。不思議な夢だったが、最後の場面がいい感じだった。こっちも向こうに『がんばれよー!』という感じで手を振っていた。今年に入ってからの夢は、いままでとはパターンが違う。なんでこんな夢を!?という夢が多い。最近、外に出ないとあかんなと思う。親の方に向けていたエネルギーを別の方にふり向けたい感じになっている。いまの会社にしても、この頃、もう少し自分に向いている会社に勤めた方がいいんじゃないかと思うようになった」と語った。

　また、「この頃、いまの部屋は手狭だなと思ったり、もっといい環境に移りたいなと思うようになった。食べるものにもこれまでまったく興味がなかったが、もう少しいいものを食べたいなとも思う。前はこんなことは考えなかった」、「この前、インターネットで帝王切開を調べてみたら、母親が僕を出産したときの体験も、相当ハードな体験だったんじゃないかと思った。初産でうまく産めず、器具を突っ込まれ、すごいことをやられたんだと思う。お互い因果応報があったのかもしれない…」と初めて語った。

そして、その後、「これまで、もう親はどうにもならないから縁を切ろうという感じだったが、切ったと思っていてもやっぱり残っていて、解決しないものなんだなと思う。一方的に親を非難するわけにもいかないし、自分で引き受けなければいけないなという気もする。親と縁を切るといっても、気持ちの面で、実のところ切りようのないものを切っているのは自分にとってもよくないし、傷つく気がする。自分の一部分であるところが削がれていく感じがする。それではだめなような気がする。結局、何だかんだ言いながら、ひとりでは生きてはいけないんじゃないか。それが否が応でも分かってきた。ひとりで平気だと言ってきたが、深いところでは平気じゃないんだと思う。昨晩、また夢を見た。(夢14)『親と一緒に引越しをして、これまでとは違う、古い民家のようなところに移っている。前の道路のお向かいの家でお葬式をしている。道路沿いに人々が出て、そっちに向かって手を合わせ、拝んでいる。僕も母親と一緒に玄関から出て、手を合わせて拝んでいた』。何かいい方向に動いているような気がする。ある種、出直しの夢のような気がした」と語った。

その後、(夢15)「部屋を引き払って、引越しの準備をしている。学生のときの部屋のよう。部屋にはまだ私物が置きっぱなしになっており、それを父親とふたりで取りに行く。僕は部屋の押入れから細々したものを引っ張り出して、捨てるものと、持って帰るものをより分けている」にも、これまでの精算と出直しの動きが感じられた。そして、「この頃は、もう下痢も胃痛もしなくなったし、不思議なことにアトピーもずいぶんましになっている。少し元気が出てきて、この先、できれば転職もしたいなと思う」と症状の軽快が報告された。

その後、G男は新しい職場を捜し始めたが、同時に「いまの職場から逃げ出すことはよくないと、内面化された父親が許してくれない感じがある。もうダメだーと思っても、いや、お前ならできる、と父親の声がする。あるがままの自分を超えても、がんばらねばとなる。でも、もう限界だと思う」と語った。その後、実際に転職先が見つかり、転職する。

その頃、G男はまた印象的な夢を見る。(夢16)「沖縄のユタのおばさんが、体育館のようなところに人を集めて、儀式っぽいことをしている。なぜか僕もそこに参加している。そしたら、僕がその中から代表に選ばれる。するとユタのおばさんが泣き出す。鼻水を流して、ものすごく泣いている。そしたらテレビになっ

て、テレビにそのおばさんと僕が出ていて、おばさんがなぜか僕の親のことを僕に謝っている」。G男は「夢から醒めたとき、憑き物が取れた気がした。夢の中で、僕も感動して、泣きそうな感覚になった。何かが解決したような気がした。僕の心の中で許したのではないが、ダメだったものはダメだったものとして、次のステージに行った気がした」と語った。

　その後の面接では、「先週のカウンセリングの後、いろいろ気づいたことがあった。いままでやってきたことは、子どもの頃の感情を出したのかなと思う。最初は子どもの怒りというか、単にバカヤロー！という怒りだった。それが悲しみと怒りの混じった、しんみりとしたものになっていった。悟ったように切り離して見ることはできないが、自分の子ども時代の喪の儀式だったというか…。そしたら、これまで人の死というのをリアルに感じられなかったのが、いつか親も自分もみんな死んでいくんだなーということを初めてしみじみと感じた。自分でも不思議だった。そしたら結婚もしたほうがいいんだろうなと…。いろんな意味で、最終段階に来ているのかなぁーと思う」と語る。G男の言葉に筆者も感動し、「そうかもしれませんね。自分もみんなもいずれ死んでいく。そう思うと一緒にこうしているだけでもありがたいこと…」とつぶやくと、G男は涙がこみ上げ、タオルで目をぬぐった。

　そうして年が明け、G男はいままで見たことのない夢を見た。(夢17)「キャンプ場のようなところに、僕は女性とふたりで、キャンピングカーで来ている。どうも僕は結婚しているらしい。落ち着いた、安らかな気分でいる」。「幸せな落ち着いた気分がありありと感じられた。何か霧が晴れた感じがした。ひと山、越えた感じがする。一息ついて、あー俺はこのまま進んでいくなぁーと感じる。この道を俺は選び取ったというのではなくて、俺はこう行くんだなぁーというのが分かっている感じ。前はそれがなかった。なぜ俺はここにいるのか？という感覚だった。そこから逃げ出そう、逃げ出そうとしていた。いまはそれなりに受け容れた気がする。特別素晴らしいことはないが、これは僕にしか歩けない道だから、これはこれでいいんじゃないかと。要するに、やることをやって、あとは天に任せるしかないという感じ。この頃、自分の中に、何かに頼りたいという気持ちがある。宗教はいままで嫌いだったが、それも人間にとっては必要なものなんじゃないかと思う」と語った。また、「夢にまた両親が出てきた。夢の中で、両親と

自分は仲良くしていた（夢18）。表面的だが、穏やかだった」とＧ男はうれしそうに語った。その後、面接の継続の必要性について話し合った。症状もずっと消失しており、精神的にもずいぶん安定しているとのことで、面接は3ヶ月後に終了することとなった。

　最終回、「こういう話ができる相手がいなかったというのが、僕にとってハンディーだったんだなと思う。一人で理屈で考えていっても、解決できないんだなぁーと思った。フロイトみたいに、意識化できたらいいというのではなく、日本人的になるが、腹で分かるようになること。それには他者が要るんだなぁーと思った。何が交流しているのかは分からないが、雰囲気とか、情感とかいうものがお互いの間でやりとりされていくことがないと、腹で分かるということは起きないんだろうなぁーと思う。僕はこれまでこうして耳を傾けてもらえるということがなかったんだと思う。相手をしてもらえる、かまってもらえるということが、自己肯定の基礎になっているんだと思う。自分は自己肯定感の低いせいで、僕はそれに値しないからと逃げて、拒絶ばかりしてきたが、この頃、相手からの親しみの表現を受け取れそうな気がしてきている。親のことでは、ありもしない幻想があって、前まではどこかで、こうでなかったらよかったのにというのが強固にあったと思うが、それが弱まってきた。明と暗があって、暗を引き受けられるようになったんじゃないかと思う。生きてきた過去について、それなりに腹をくくって引き受けられるようになった。今日で終わりにしてもらったが、まだ続くかなという気はする。うまくいかなくなったら、また来たいと思います」とＧ男は涙ぐみ、何度も握手をして、終了となった。

＊

　ここで、Ｇ男の治療経過を振り返ってみたい。Ｇ男はこれまでずっと自己愛の傷つきを抱えてきたものと思われる。幼少の頃から両親にありのままの自分を受け入れてもらえなかったとの思いは深くＧ男の心に浸透しており、その証拠となるようなさまざまな出来事をＧ男は長じてからも事細かく記憶していた。そうした繊細で傷つきやすい感受性は、これまで両親に気づかれることもなく、また、両親を十分に理想化することもできなかったＧ男は、必要な「鏡映自己対象ニーズ」や「理想化自己対象ニーズ」を満たすことができず、「健康な自己愛」の発達が妨げられてきたものと思われた。こうした子どもの繊細な自己愛の傷つきが両

親に感受されない体験は、アスパーのいう「情緒的見捨てられ」としてG男に体験されてきたものと思われる。そして、その後、職場でのストレスと消化器官の不調を契機として、G男の不安定な自己愛的平衡は破綻し、自己の断片化を来たして、心理療法を求めることになったものと思われる。

　面接を開始するとG男は興味深い夢を見るようになり、治療プロセスはまさにG男の夢に導かれるように展開していった。当初、G男は、自然な感情が出てこないことを訴えた。アスパーは「自己愛に傷を負った人は、自分のほんとうの感情とうまくつながっていないことが多い。その契機となる、適切な映し返しが過去になかったからである」と述べている (Asper, 1987)。実際、G男自身、両親からの映し返し mirroring もなく、悲しみや痛みの感情を自己のものとして受け止めることができずに、それらを無いものとしてコントロールしてきた経緯を語っていた。

　そして、G男が自己の感情を取り戻していくプロセスは、まず、怒りの感情の爆発から始まった。最初、道で住きかう人にも苛立ちを覚えるようになり、その後、これまで抑えられてきた両親への怒りの感情が表出されるようになった。G男は執拗なまでに両親を罵倒し、攻撃する自分を空想し続けた。攻撃的空想はさらにエスカレートし、G男に傷つけられた親が自殺するという復讐空想にまで発展している。この激しい怒りは、自己愛が傷つけられたことによる怒りであり、コフートのいう「自己愛憤怒 narcissistic rage」(Kohut, 1972) と考えられる。また、それは逆に、ユング派のいう原型的な欲求である「良い母親を求める欲求」、つまり「楽園への渇望」がいかにG男の心に布置 archetypal constellation していたかを示していたともいえるだろう。

　しかし、そうした否定的な空想が続いた後には、母親に関する肯定的イメージが浮かんできたことも報告されており、興味深い。そうした怒りの意識化と並行して、夢では父方祖母が亡くなった際の自然な悲しみの感情が蘇るなど、これまで経験されてこなかった感情体験が起こっているのである。大阪湾に突如、氷山が出現する夢が示すように、これまで凍結されていた強い感情は、夢の活動を通してG男の中で解放されていったものと思われる。

　こうした自己の感情体験の取り戻しが徐々に進む中で、夢にはユング派のいうアニマ的な女性が登場する。アニマはユングが挙げた元型のひとつであり、男性

の無意識にある永遠の女性イメージを示すと同時に、魂soulと同義に用いられるユング派の概念である。子どもの頃から理性や理屈で感情を抑制し、感情が揺さぶられるような他者との親密な接触を極力避けて生きてきたG男にとって、夢の中のアニマ像は、まさにG男が生きてこなかった反面であり、感情的豊かさや他者との深い情緒的接触、いわゆるエロス的世界を象徴しているものと考えられた。夢の中のアニマ的女性との接触や救出は、G男のエロス的感情が自己に統合されていくプロセスを示していたものと思われる。そして、その後、地下5階で遭遇した宇宙人の夢を見る。宇宙人はG男にとって、自分とは相容れない異質な他者であり、また、この世界における異端者としてのG男自身でもあったものと思われた。G男はセラピストと共に夢をめぐる連想を自在に広げえた体験の中で、これまでの自己が論理的、観念的に囚われた状態であったことに気づき、憑きものが取れたような体験をしている。

そして正月に帰省した際、父親と激しく衝突することが起こる。しかし、現実に両親と衝突しても自己の望みは決して満たされえないことに気づいたG男は、一時、親への自己愛憤怒が再燃し、原爆で母親を殺す夢を見る。アスパーは、苦しみが癒しへとつながっていくプロセスを「苦しみによる方向づけ」(Asper, 1987)と呼んでいるが、G男は、両親への苦しい憤怒を表出しつつも、次第にその中で「悲嘆の過程」が進行し、深い苦しみと痛みから悲しみ、そして諦めへと感情が意識化され、体験されていった。G男の「悲嘆の過程」は、憤怒の苦しみを契機として始まったものと思われる。アスパーは「憤怒は本質的に悲嘆の一部をなすものである」と述べているが、G男の癒しのプロセスにおいても、激しい自己愛憤怒の表出とその悲嘆の体験が、重要な治療要因となっていた。

その後、夢には、囚われていた宇宙人を実家の前の鎮守の森に逃がす夢や、引越しの夢、お葬式に母親と共に参列する夢など、過去との別れや出直しをめぐる「喪の作業」を象徴する夢が多く現れる。そして、G男は自己のエネルギーを内的な両親との葛藤で消耗するのではなく、外的な世界で自分のために建設的に使いたいと思うようになり、自分の生活をより良いものにしたいと思うなど、健康な自己愛の欲求が芽生えてきた。その頃、心身症的な身体症状もほとんど消失している。

ここでさらにG男は、自分の身の丈に合った仕事に転職したいと考えるように

なったが、同時に、その考えを否定し、禁止する父親の声を聞いている。これはユング的にいえば否定的なアニムスの声だったのではないかと思われる。否定的アニムスはG男を過度に論理的にし、自由な感情的表現を縛るものだったと思われるが、G男は次第に否定的アニムスから解放され、自己の感情世界が分化して、肯定的なアニマの働きが現れるようになったと見ることもできるだろう。また、コフート的には、この否定的アニムスは、幼少期からの非共感的な父親イメージに由来する外傷的な自己対象のイメージだとも考えられる。

その後、G男は、沖縄のユタが儀式の中で両親になり替わってG男に謝るという夢を見ている。象徴的な夢であり、G男はこの夢の中で大きな感動を体験している。これはユング派のいう宗教的なヌミノース体験のようなものだったといえるだろう。G男は、その後、死という人間の有限性から生きる意味を捉えるようになり、これまで否定してきた宗教に存在価値を認めるようになっている。ユング的にいえば、これまでは意識された自我によってのみ捉えられていた一面的な世界が、意識と無意識を含めた、全体的なセルフ（自己）の視座から世界を観照することができるようになり、自我－セルフ（自己）軸が安定したものとなったと考えることもできるだろう。また、それはコフート的にいえば、治療者との安定した自己対象転移の中で、G男の健康な自己愛が成熟し、安定した自己－自己対象関係が治療関係からさらに他の人間関係へと拡大されていったものと見ることができるのである。

4　おわりに──自己心理学とユング派の豊かなイメージ

自己愛障害へのアプローチをめぐって、現代のユング派とコフートの理解を文献と臨床例を通して比較し、その類似点や相違点について検討してきた。アスパーが「自己愛の傷は、子どもが成長促進的な母性的接触の欠如で苦しんだことに由来する」(Asper, 1987) と述べているように、自己愛障害の治療では、幼少期からの自己愛の傷つきを扱うことが必要だと考えられる。もともとユングは、精神病レベルの分析治療を通してプレ・エディパルな患者の問題を扱い、早期母子関係における自己の病理を普遍的無意識の観点から探究した。一方、コフートは、自己愛障害の患者に鏡転移や理想化転移といった、自己と対象が分化する以前の

転移現象である自己対象転移が生じていることを見出し、プレ・エディパルなレベルの患者への精神分析的な治療アプローチを自己愛の治療を基軸として体系化したといえるだろう。その意味ではユングもコフートも、早期母子関係における自己の生成とその病理に焦点を当て、早期の成長促進的な母性的接触の欠如に苦しむクライエントの治療を探究した点で共通しているものと考えられた。

　そして、ユングとコフートの両視点から臨床例を検討した結果、コフートが提唱した自己対象転移の治療プロセスは、ユングの元型的転移の視点を加えることによって、より豊かにイメージすることができることが示唆された。ユングとコフートは異なる時代を生き、互いに参照し合うことはなかったが、ユング派の元型的イメージの知見とコフートの自己心理学の視点は、自己愛障害のクライエントの内的世界の理解に相互促進的に寄与するもののように思われるのである。

第 III 部

現代自己心理学と心理臨床

第7章
臨床場面における治療的相互交流の共同構築

1　心理療法とは何かという問い

　心理療法とは何かについて問うことは、心理療法の治療作用とは何かを考えることに等しい。「心理療法のいったい何が有効なのか」というテーマである。しかし、これは一般化して答えるには極めて困難な問いであり、絶えず個々の臨床例に立ち返りながら、理論的、臨床的に検証し続けていくしかない課題であろう。

　精神分析医の成田善弘は、「精神療法とは何かと問うことは、人間とは何かとか、愛とは何かと問うのと似ている」と述べている(成田, 1981)。心理療法とは単なる技術を超えたものであり、ひとつの創造活動、アートのようなものだとも言われてきた(前田, 1999)。そのように考えれば、心理療法は、その定義を定めること自体が難しいところに、その特徴があるのかもしれない。しかし、当然のことながら、実際に心理療法を行う治療者は、自分が行おうとしている心理療法が具体的には何を目的としているのかについて、常に明確であることが求められるだろう。

　心理療法の目的については、今日までさまざまな学派が持論を展開している。クライエントの症状消失を目的とするもの、クライエントの認知パターンの変化を目的とするもの、クライエントの人格的変容を目的とするもの、クライエントの自己実現を目的とするもの、あるいは、家族システムの変化を目的とするものなど、心理療法の目的には学派によってさまざまな考え方が存在する。

　ユング派分析家の河合隼雄は『心理療法序説』(河合, 1992)の中で、「心理療法は最初は相当に限定された意味をもって出発したが、人間の心にかかわることは、結局は人間存在全体にまでかかわってくるので、人間の生き方や人生全般のことまで考えないと、心理療法を行なうことができなくなってしまった。そのために、フロイトにしろユングにしろ、それぞれが人生の目標ということまで考えること

になり、心理療法の目的を考えることは、人生の目的を考えることだ、というほどになってしまった」と述べている。このように心理療法の目的には、クライエントの個々の具体的な悩みの解決というレベルから、はては生きる目的や意味といった実存的なテーマまで、極めて広い幅があるのである。

心理療法理論の構築と脱構築

一方、心理療法とは人と人との出会いであるとも言えるだろう。出会いとなるとそれを定義することはさらに難しくなる。そこには、ある治療者とあるクライエントとの間の、ユニークな一回限りの出会いが存在する。それを心理療法というならば、心理療法とは、みずからの定義を独自に毎回、新たに創造することによって生まれることになるだろう。

心理臨床の世界では、このように心理療法の定義を明確化、理論化、一般化しては、さらにそこで抜け落ちた点をすくい上げ、一度構築したその定義や理論を再び脱構築して、それらをまた問い直していくという作業を絶え間なく繰り返していくことが本質的に必要なことなのかもしれない。成田は、「精神療法とは何かという問は精神療法そのものに内在している。人間が自分とは何かを問わねばならぬように、精神療法はみずからの定義を問わねばならぬ。つまり精神療法とは、精神療法とは何かと常に問うことである」と述べている（成田，1981）。心理療法が常に創造的なものであり続けていくためには、そうした弁証法的な緊張を伴いながら「心理療法とは何か」という問いを考え続けていくことが必要なのである。心理療法家は常にそれを自らに問い続け、曖昧さに耐えながら、心理療法の意味と効果を絶えず検証し続けていくことが求められるのである。

こうした心理療法そのものに内在する本質的な問いは、いまや、これまで最も緻密に構築された心理学理論であるとされてきたフロイトの精神分析理論に対しても向けられるようになり、現在、伝統的な精神分析理論の脱構築と再構成が積極的に進められている。現代の精神分析では、これまでの精神分析理論に則ったやり方が本当にクライエントの役に立っているのか、あるいは、精神分析的心理療法のいったい何が実際の治療作用につながっているのか、といったテーマについて原点に立ち返った大幅な見直しと検討が行われているのである。その流れを大きく捉えるならば、これまでの治療者中心、解釈中心、理論中心だった治療か

ら、クライエント中心、関係性中心、体験中心の治療への変化だといえるかもしれない。

　本章では、そうした現代の精神分析の新しい動向について概観し、その後、近年の現代自己心理学派が提示している臨床技法の原則について見てみたい。さらに伝統的精神分析のそれと比較しながら、現代精神分析における治療者の基本的スタンスと技法の変化について考察する。そして最後に、そうした新しい治療者のスタンスの視点から、臨床場面における治療者とクライエントの治療的相互交流の様相を、臨床素材を通して具体的に検証してみたい。

2　現代精神分析における動向

フロイトの「禁欲原則」の問題

　周知のようにフロイトは、精神分析療法を行うに当たって、治療者は「中立性」、「匿名性」(分析の隠れ身)、「受身性」といった「禁欲原則」を基本的な治療的態度として守らなければならないとした (Freud, 1919)。精神分析療法とは、このような禁欲の姿勢を治療者が一貫して維持することによって初めて成立するものとされ、それ以外の態度や行いをとることは強く戒められたのである。

　こうした基本原則は、フロイト亡き後、その是非についてさまざまに議論されながらも、日本ではいわゆる「フロイト的治療態度」(小此木, 1983) として広く浸透し、これまで精神分析の世界で大きな拘束力を発揮してきたといえるだろう。しかし近年、米国の関係精神分析 relational psychoanalysis といわれる流れを中心として、これまで動かしがたいものとされてきたこれらの原則や概念を、臨床体験に則してもう一度見直そうとする動きが起こっている。

　かつてフロイトは、治療者のとるべき態度について「医者としての分別」という言葉を使って、患者に対して治療者が権威的に一定の価値観や人生観を押しつけ、患者の自主性を損なうようなことがあってはならないと説いた (Freud, 1919)。これは、患者を自分の思いどおりにしたいという治療者の欲望を禁じ、治療者自身の禁欲を説くものであり、現在も、精神分析療法に限らず、すべての心理療法に共通する、治療者が遵守しなくてはならない重要な倫理的原則となっている。

　しかし、精神分析療法における「禁欲原則」は、そうした「倫理的原則」の域を

はるかに超えて、自由連想法を治療手段とする治療メカニズムに直結した「技法的原則」となり、フロイトは、禁欲のスタンスをとることを限りなく厳密に治療者に求めるようになっていく。患者の自由連想を制約なく、できうるかぎり純粋に展開させるためには、治療者の個人的な影響を極力排除することが必要とされ、そのためには治療者は常に「中立性」と「匿名性」を維持し、「空白のスクリーン」のようになることが必要だとされたのである。しかしこうなると、治療者は自己の価値観を押しつけないどころではなく、患者に人間としての自分を一切見せてはならないことになる。また、「転移」を分析することが精神分析療法の最も重要な治療機序と考えられるようになってからは、精神分析は、患者という一人の個体の中に潜在している無意識の葛藤と内的対象関係を、治療者との治療関係の中に転移としていかにありのまま浮かび上がらせ、展開させるかが重要な治療操作となった。そのため治療者は、余計な相互交流は一切とらず、可能な限り患者に治療者の現実を差し出さずに、できるだけ患者の心の中にあるものだけを、そのままの形で治療者に向けて表出させていくことが求められるようになったのである（小此木，2002）。

　しかし、そもそも治療者が「空白のスクリーン」となり、自分の個人的な情報や影響を一切患者に与えずに、それらを遮断して、患者の無意識だけを純粋に映し出すといったことが現実に可能なのだろうか。たとえいくら治療者がそのように努力したとしても、実際の治療関係では、治療者と患者の間には絶え間ない相互交流が意識的にも無意識的にも活発に起こっていることは自明のことである。そうしたある意味、当たり前のことが、近年、精神分析の世界でもようやく言及されるようになり、治療者が「中立性」や「匿名性」、「受身性」を頑なに維持しようとすることで、臨床的にはむしろさまざまな問題を引き起こしている可能性があることが公にも論じられるようになってきたのである。

　この「禁欲原則」をめぐる問題は、古くはフェレンツィ Ferenczi, S. が、それに反した積極的な技法を提唱し、フロイトと衝突したことで知られているが、近年では米国において、コフートがこの問題を鋭く追究し、再び注目されるようになった。上述のように、これまでの伝統的精神分析では、治療者は「禁欲原則」を守ることによって患者から自分を切り離し、患者の自由連想を客観的に聞き取ることを通して、患者を分析するためのデータを集めることができるとしていた。

しかし、コフートはそうした考え方に真っ向から反論し、治療者は患者にもっと共感し、患者の主観的世界に入り込んで、患者の内側から患者の主観的枠組みを理解するといった「共感的聞き取り empathic inquiry」を行わなければ、精神分析療法に必要な情報を得ることなどできないとして、治療者の「共感」の重要性を強調したのである (Kohut, 1959)。

自己心理学派による「禁欲原則」の再検討

　コフートは、こうした治療者の極端な中立的態度が、患者に外傷的な影響を与える可能性さえあることを指摘している (Kohut, 1971, 1977)。伝統的精神分析が重視してきた「抵抗分析」の捉え方を、権威的な治療者－患者関係から発したものとして批判し、治療場面で患者に生じる「抵抗」は、外傷的な過去の体験の再現を予測させるような治療者の態度や言動によって引き起こされている可能性が大きいことを指摘したのである。一時はアメリカ精神分析学会の会長も務めたコフートが、これまで誰もはっきりとは言わなかった精神分析療法に内在するこれらの根本的な問題点を明確に指摘したことは、当時の精神分析界に大きな衝撃を与えたことだろう。

　コフートの盟友としても知られる自己心理学派の重鎮、アーネスト・ウルフ Wolf, E. S. は「禁欲原則」について、「これ〔禁欲原則〕は、患者と治療者の双方が、治療上の特殊な関係から普通の社会的関係になってしまうことのないようにすべきであることを意味している」(Wolf, 1988) と述べ、社会的な関係に満足してしまうと、分析的な作業から気持ちがそがれることになったり、外傷的な記憶を再体験する辛さを避けたいと治療者も患者も思うようになる危険性を指摘して、社会的な親密さを避けるための「禁欲原則」は必要であるとした上で、同時にまた次のようにも指摘している。「〔しかし、〕親しい人間同士のつきあいにともなう普通の心づかいを差し控えると、誠実ではない感じや不自然な印象を作り出し、治療作業に破壊的に働くのは無理もないことと思われる。そうした態度は、患者に、治療者は冷たく超然としていて、自分の感情体験などには関心をもっていないと誤解させるばかりでなく、患者が治療者のことを、感受性が鈍く、自分をケアしてくれない人として体験することにもつながるかもしれない。そのような禁欲は、治療的雰囲気を破壊するものである」(Wolf, 1988)。このように自己心理学派では、

治療者と患者の関係性を、お互いが信頼し合い、関心を向けあって安心して反応し合うことのできる人間的な治療関係を基本に据えているように思われる。

　つまり治療者に必要な態度とは、その患者にとっての内面の探索がその時々で最も促されるような態度であり、したがって、それが具体的にどのようなものになるかについては、「その患者」によって、あるいは「その治療関係」や「その時々の状況」によってすべて異なってくるのである。こうした立場から、現代自己心理学派の論客バコールBacal, H. A.は、「禁欲原則」に代わる概念として、患者にとって最も治療的な体験を促す治療者の全体的な応答性という意味で、「至適応答性optimal responsiveness」（Bacal, 1998）という新しい概念を提示し、従来の禁欲原則に囚われない立場から、治療者の治療的態度について理論的な検討を行っている。ちなみに、この「至適応答性」の視点は、治療者は「ひとつの正しい解釈」で患者を治療するという伝統的精神分析の呪縛から、治療者を解き放つことにもなったのである。

　このように現代自己心理学派の観点は、従来の治療者側の理論を中心とした視点よりも、クライエントの側の体験を中心とした視点へと焦点が移っているように思われる。こうした人間的な反応を極力抑えて患者に関わろうとしてきた伝統的精神分析の治療者の姿勢を見直そうとする動きは、「匿名性」を保つためにこれまで禁じられてきた「治療者の自己開示」を再考する動きにもつながっている（Mitchell, 1993; Stolorow, 1992; Ogden, 1994）。日本では、米国のメニンガー・クリニックで最新の精神分析を学び、帰国した精神分析医の岡野憲一郎が、そうした新しい動向を踏まえて、「禁欲原則」に代わる「提供モデル」を提唱し（岡野, 1999）、その中で「治療者の自己開示」の治療効果についても再検討を行っている。岡野は、治療者が自己開示をかたくなに拒否した場合、かえって患者の自由連想を行う際の抵抗を助長することがあり、また逆に「治療者の自己開示」が、患者の抵抗を和らげ、いわゆる対効果により患者自身の自己開示を促進する可能性もあることを示唆している（岡野, 1991, 1999）。岡野は、さまざまな自己開示の自験例を吟味した後に、「治療者の自己開示は、それが注意深く選択的に、しかも状況に応じて用いられた場合には、きわめて重要な治療アプローチになる」と結論している。これは、これまでタブーとされてきた「治療者の自己開示」も、場合によっては「至適応答性」として患者に体験される可能性を示している。こうした治療者の

人間としての「真実性・本物らしさ authenticity」の治療的な意義が再評価されてきているのである。

間主観的パースペクティブへの展開

このように患者の心を独立した一個の心的装置としてとらえ、治療者は禁欲原則を守って、患者の心の動きを観察し、患者の連想、空想、転移を客観的に分析するという伝統的精神分析の枠組みは、今日、大幅に修正されつつある。現代の精神分析は「関係精神分析」ともいわれるほどに、治療者と患者の関係性が重視されるようになり、精神分析の治療作用は、治療者と患者の実際の相互作用に大きな影響を受けているという見方が前提となってきているのである。

こうした関係論的な視点の導入による新しい動きの中で、コフートの流れをくむストロロウ Stolorow, R. D. らを中心としたグループは、さらに「間主観性理論」を提唱している（Atwood & Stolorow, 1984; Stolorow, 1992; Orange et al., 1997）。彼らは、治療でのやり取りの場を、治療者の主観的世界と患者の主観的世界の間で織りなされ、創造されていく間主観的な場ととらえ、患者の連想や空想や転移はすべて、治療者の主観と患者の主観の間で共決定されたものと捉えている。彼らは、治療における患者の体験を、治療者と患者との間主観的コンテクスト（文脈・脈絡）という視点から理解していこうとするのである（丸田, 2002）。

この「間主観性理論」は「人間の心の動きや体験はすべて、その人・主体に発するものではなく、他者というもうひとつの主体との関係性、つまり間主体性から発し、構成され、成り立っている」（横井, 2001）という理論的枠組みを提示している。そこでは「主体としての他者」と「主体」の二者のあいだには理論上、同等性があるという認識が前提とされている。したがって精神分析の営みは、治療者と患者の間で起こるすべての出来事を、治療者と患者が平等な立場で「共同探索」していく作業として定義されることになる。この間主観的な認識論の導入は、臨床場面で生じる治療者と患者のやり取りをどう見るかについて、これまでの伝統的な枠組みからの画期的な視点の転換を意味している。そして、いまや現代の精神分析の流れは、この「間主観的パースペクティブ」を志向しているとさえいわれているのである（小此木, 2000）。

以上、現代の精神分析の動向について、主に「禁欲原則」の再検討の動きを中

心に概観してきた。精神分析理論の脱構築はすべて、最初はフロイトの伝統的精神分析へのアンチテーゼとして起こってきたものであり、伝統的な枠組みと新しい枠組みとの創造的衝突の中から生まれてきたものである。こうした創造的衝突は、今後もさらに続いていくことだろう。そうでなければ新しい枠組みもいずれは硬直化し、ドグマ化されてしまうからである。すべての心理療法論は、本来、こうした見直し、問い直しを必要とする。精神分析の世界は、創成期から今日に至るまで激しい理論的な論争や対立が絶え間なく繰り広げられてきた世界である。そのことは精神分析が、それだけ尽きせぬ発展性と豊かな創造性を孕んでいることを示しているのである。

3 現代自己心理学派の臨床スタンス

現代自己心理学派の臨床スタンス「10の原則」

では次に、現代自己心理学派の治療者たちが、臨床的には具体的にどのようなスタンスをとろうとしているのかを概観してみよう。ここでは現代自己心理学派を代表するリヒテンバーグLichtenberg, J. D.、ラックマンLachmann, F. M.、フォサーギFosshage, J. L.らの共著である『自己心理学の臨床と技法――臨床場面におけるやり取り』(Lichtenberg et al., 1996)を参照することにする。本書には、現代自己心理学派の臨床技法の原則が「10の原則」としてまとめられて解説されており、現代自己心理学派の臨床スタンスについて具体的に理解するための良書だと思われるからである。

本書においてまずリヒテンバーグらは、現代自己心理学派のアプローチの基本的スタンスについて次のように述べている。「治療作用therapeutic actionは、分析者と患者の間で相互的に構成される、創造的なコミュニケーションによって促進される。（中略）最良の場合には、分析者と患者が、この分析者とこの患者の間でなかったら生じえないような体験を生み出す。（中略）分析者と患者が相互的に創造し、共有した1回限りの体験のみが、変容につながる崇高で感情に満ちた瞬間をもたらしうるのである」。ここで明確に示されていることは、精神分析的治療が、治療者と患者が共同して作り上げていく、まさに「創造的共同作業」であるというスタンスである。つまり、現代自己心理学のアプローチでは、治療者と患

者が、自由に生き生きと相互交流し、互いに連想を刺激し合いながら、患者の体験や治療場面で起こっていることを共同で探索し、気づきを共有し合い、さらにまたそれを共に拡張していくという「創造的な相互交流」を目指しているのである。本書に示されている「10の原則」はすべて、このスタンスを基本とし、治療者と患者の共同探索を促す治療状況、あるいは治療的雰囲気を作るための設定条件として示されているように思われる。それでは、以下にこの「10の原則」を一つひとつ見ていくことにしよう。

安全な雰囲気と共感的な受けとめ

まず一番目に挙げられているのが「親しみやすさや信頼感をもった枠組みと、安全な雰囲気とを確立するような設定」である。ここではまず、治療者と患者が創造的な相互交流を行っていくためには、その前提として、そうした信頼感と安全感のある雰囲気が治療関係の中に存在していなければならないことが強調されている。ここでは、患者からの質問に治療者は答えてはならないという伝統的精神分析の標準的な技法に関しても、治療者はそうした態度が患者にどう体験されているかに注目しなければならないとしており、相互交流のオープンさを損なわせるような態度を治療者は決して取ってはならないとしていることは注目に値する。伝統的精神分析の禁欲原則を中心とする治療者の姿勢とは、基本的スタンスがずいぶん異なることが分かるだろう。

二つ目は、「共感的な知覚様式を系統的に適用すること」である。自己心理学はコフート以来一貫して「共感」を治療者の機能として重視しているが、治療者の「共感的な受けとめ方」は「10の原則」のすべてに含まれており、また、それらをつなぐ包括的な基本原則であるとされている。

リヒテンバーグらの「動機づけシステム理論」

三つ目の「患者の特定の感情を見きわめることで患者の体験を認識し、また、患者が求めている感情体験を見きわめることで患者の動機づけを認識する」は、リヒテンバーグらが提唱する「動機づけシステム理論 motivational systems theory」に由来している。感情とは体験の質を示している。したがって患者の体験に伴う感情を同定することで、患者が求めているもの、つまり患者の「動機づけ」を知

ることができ、患者が必要としている「自己対象体験」を推測することができるとしている。

　リヒテンバーグらは、最も基本的な人間の「動機づけ」として、具体的に次の七つの次元を提示している。①生理的要請に対する心的調節psychic regulation of physiological requirements、②個人への愛着attachment to individual、③集団への親和性affiliation with group、④養育care-giving、⑤探索と好みや能力の主張exploration and assertion of preferences and capacities、⑥身体感覚的快と性的興奮sensuality and sexuality、そして、⑦引きこもりや敵意を用いた嫌悪的反応aversive responses of antagonism and withdrawal、である（角田，2013）。リヒテンバーグらは、これらの次元の動機づけが常に相互に影響し合い、システムとして自己組織化され、自己安定化することによって、安定した自己対象体験が形作られ、自己感が発達していくものと考えている。したがって患者のそのときの体験は、いずれの動機づけをめぐる体験が優位となっているのか、つまり、患者が志向している体験は、たとえば、生理的な安定なのか、愛着なのか、有能感なのか、あるいは嫌悪的状態の軽減なのか、などを手がかりにして、患者がそのときどきに求めている「自己対象体験」の質をキャッチし、それに治療者は応答していこうとするのである。「動機づけシステム理論」は現代自己心理学の新しい展開のひとつとして注目されている。

「語ること」による自己の凝集性の拡大

　四つ目の原則は「メッセージにはメッセージが含まれる」である。これは「患者のメッセージはすべて、より重要な本当のメッセージをそれによって隠蔽している」といった伝統的な精神分析の見方を採用せず、患者が語ることをまずはそのまま額面どおりに受け止め、コミュニケートしながら探索を進めていくことに治療的な妥当性があることを主張している。治療者がこうした態度を取ることが、治療者と患者が共同探索していく雰囲気を維持することにもつながるのである。

　そして五つ目は「語りという包みを満たすこと」である。これは、治療者が患者に「誰が、何を、どこで、いつ、どのように」といった、患者の語りの展開を援助する質問を行うことを意味している。こうして患者の語りが構成されていき、患者の自己体験が首尾一貫した豊かな「物語」にまとまっていくこと自体が、患

者の自己の凝集性を高め、自己の強化につながっていくのである。この「物語」の視点は「ナラティブnarrative」とも呼ばれ、文化人類学、社会学、心理学、医学など、人間にかかわるさまざまな学問領域で、近年とみに注目されている枠組みである (皆藤, 2001)。河合隼雄 (1992) は、早くから心理療法を物語として捉える視点を提示しており、治療とはクライエント自身の「満足のゆく物語」を治療者とクライエントで作り上げていくことだとしている。

伝統的精神分析のスタンスとの相違

六つ目は「帰属attributionを担うこと」である。これは「転移」の扱い方にも関連している。リヒテンバーグらも転移分析を重視してはいるが、その扱いに関しては、患者から担わされたそうした特性をすぐに患者に直面化することを良しとする伝統的精神分析の姿勢に疑問を呈している。リヒテンバーグは、そうしたとき、治療者は患者からの「帰属」をまず担うことを推奨しており、次のように述べている。「患者が行う帰属に分析者が十分に開かれている場合には、いくつかの効果的な影響が後にもたらされる。何よりもまず、分析者の開かれた態度と関心が、転移の間主観的な探索を促進する。こうした探索は、患者側の歪みや投影という仮説を用いて、そのプロセスに批判的になって水を差す場合には、あまり起こりそうにないことである」。ここにも患者の体験のあり方をまず妥当性のあるものとして尊重していこうという現代自己心理学の姿勢が表れており、ロジャースのスタンスを彷彿とさせるものである。

七つ目の原則にある「モデル場面の共同構成」も、こうした患者の中心テーマが物語として最も象徴的、集約的、隠喩的に現れている記憶や空想や夢のイメージを治療者と患者で共同して抽出し、まとまったモデル場面として構成していくことを意味している。これは、まさに河合の言う「物語作り」のことではないかと思われる。

八つ目の原則、「嫌悪性の動機づけ (抵抗、消極性、防衛性) はその他のあらゆるメッセージと同様に探索されるべきコミュニケーション表現のひとつである」は、伝統的精神分析が重視した「抵抗分析」の捉え方に対して異議を唱えたコフートの見解に由来するものである。伝統的精神分析では、患者の治療への消極的な姿勢や防衛的な姿勢に特に注目し、それを「治療抵抗」として取り上げて解釈する

ことが多い。しかし、リヒテンバーグらは、これらの抵抗や防衛をあくまでも「嫌悪性」という動機づけのひとつとして捉え、それだけに特別な重みを付けることなく、他の動機づけの探索と同様に扱っていく治療者の姿勢を推奨している。

治療者の3種類の介入

　九つ目の原則は「分析者が治療プロセスをさらに進めるために行う3種類の介入方法」であり、最後の原則は「私たち〔分析者〕は、私たちの介入の継列とそれに対する患者の反応に添い、その効果を評価する」である。治療者が行う3種類の介入には、「共感的な傾聴に基づいて、患者の視点の内側から行う介入」、「分析者自身の視点から、患者が認識できるパターンや気持ちや見立てや印象を伝える介入」、そして「分析者と患者との間で生じる、熟練した自発的参画」が挙げられている。

　現代自己心理学派のアプローチでは「患者の視座から共感的に傾聴するスタンス」が一貫して重視されているが、それだけでなく、そうした「共感的聞き取り」から得た患者に関する治療者自身の連想や印象を、積極的に患者にフィードバックしていこうとする姿勢が特徴となっている。伝統的精神分析の治療者は、患者の連想だけを純粋に取り出すことを考えていたため、治療者の側の連想や印象を提示することを差し控えようとする傾向があったのに対して、現代自己心理学派の治療者は、むしろ患者と治療者が相互に連想を提示し合い、間主観的な観点から、共同で患者の主観的世界を探索していこうとしており、そこには大きなスタンスの違い見られるように思われる。

　さらに注目されるのは、最後の「熟練した自発的参画 disciplined spontaneous engagement」である。リヒテンバーグらは次のように述べている。

　　私たちは、間主観的な正直さが問われる時に介入すること、つまり、創造的で、革新的で、1回きりで、計画されたのではなく、思いもつかない介入を示す器量と準備性が分析者にはあるのを認め、そのことに拍手を送る。こうした介入は、分析者の口からこぼれ出たようなものであり、しばしば分析者と患者の両方にとって驚きとなる。これらの瞬間は、特定の分析者と特定の患者との間の分析上の決定的な節目で、一回限りのものとして生み出されると捉えるの

がもっとも適当である。これらは「大量生産」的な介入技法や一般原則に移し換えられるよりは、「オーダーメイド」の瞬間のままで残される方が良いのである。(Lichtenberg et al., 1996)

　この記述はまさに心理療法のアートの側面である「治療的創造性」に触れているといえるだろう。現代の精神分析では、「中立性」や「受身性」を超えて取られた治療者の行為（エナクトメント）の持つ治療的意義を評価していこうという動きが生じている。心理療法における「治療者の自発的創造性」というテーマは、今後さらに探究されていくことだろう。
　以上、リヒテンバーグらの著作を通して現代自己心理学の臨床スタンスを概観した。それらは治療者と患者の間で共同で創造される治療的コミュニケーションの構築を目指しているように思われた。現在進められている精神分析理論の脱構築は、これまでスタンダードとされてきた型にはまった治療者のイメージや、「中立性」、「匿名性」、「受身性」といった禁欲原則の呪縛から治療者を解放し、臨床場面において治療者がより自由なスタンスを取ることを可能にする方向へと進んでいるように思われる。
　そこで次に、筆者が経験した事例の中で、「治療的相互交流の共同構築」に関連すると思われる臨床場面のやり取りをいくつか取り上げ、現代自己心理学の臨床スタンスについて具体的に検討してみたい。

4　臨床例による検討

〈臨床例1〉

　25歳の男性である。これまで他者との安定した関係を維持できたことがなく、長年、家に閉じこもっていたが、その後、多くの治療機関を渡り歩くようになり、カウンセリングを受けてきた。しかし、結局どこも長続きせず、治療も中断していた。彼は対人的に極度に敏感で、他者の言動をすぐに被害的に捉え、混乱し、パニックを起こすことが常だった。その後、筆者の元に来所し、個人心理療法を開始した。以下は、治療を開始した初期の頃のある面接場面でのやり取りである。（「　」内はクライエント、〈　〉内は治療者の言葉）

「…あのー、僕に対して、何か嫌悪感をもってられませんか?」
〈嫌悪感?… 持ってないけどー〉
「あー、そうですかー… いやーそれが分からなくて…」
〈ああーそうー…〉(治療者は何かおかしくなってきて、思わず笑い出してしまったところ、クライエントもつられて笑い出す)
「それがーまあー… 表現してくださるといいんですけどもー…」
〈毎回、"嫌悪感、もってませんよー"って言うの?(治療者:笑い)〉
「まーそんなことは変ですけどー」
〈うーん、そうやろうー〉
「うーん… でもいまの"毎回言うのか?"って言われたの、ちょっと攻撃を含んでませんでしたかー?」
〈ああーそうかー(治療者:笑いがこぼれる)〉
「ちょっと、意地悪いというかー(クライエント:笑い)」
〈そうだねー、ちょっと意地悪だったねー(治療者:笑い)、いやー、すいませんー〉
「はあー… まーそうですねー…(クライエントは落ち着いた調子になって沈黙し、何か考えている様子)……そういう相手がどう思っているかが… 分からなくてー…」
〈そうだねー、それは見えないもんねー…(治療者はクライエントの苦悩に共感していた)〉
「…それでー先生の方も、なるべくいまみたいに、自分の意見とか、考えていることを言ってほしいんですよー」
〈ええー、そうしますよ〉
「ええー… それを言ってもらわないと、何か、冷たく観察されているような感じがしてー… "そう"と言われるだけでは、それが否定なのか肯定なのか、よく分からないんでー」
〈あー、そうだねー〉
「以前、受けていたところの先生は、わざとそうして、分からないようにしていたみたいですけどね… "言ってること、理解できるなー"と思ってるのか、"何を言っとるんや、こいつはー"と思ってるのか、分からなくてー… どう思

われているんだろうというのが、すごく気になってきて、それで最後は通うのも止めてしまったんですー」

治療的やり取りの中の笑いとユーモア
　このやり取りで印象的なのは、治療者とクライエントの笑いである。治療者は、被害妄想的な彼の質問にまじめに答えながら、何かおかしくなってきて、思わず笑ってしまった。そこには治療者の生の反応が露呈していた。しかし、ここで治療者がその質問を笑うことができたのは、少なくともその瞬間、治療者はクライエントに対して"嫌悪感"を微塵も持っていなかったからである。そのことは、その瞬間、クライエントに伝わり、彼は安堵の笑いを漏らした。それは、明らかに治療的な交流の瞬間だった。治療者の笑いは、期せずして治療的な介入となっていたのである。そして治療者は、その打ち解けた雰囲気に乗じて、〈毎回、"嫌悪感もってませんよ"って言うのー?〉とさらに突っ込んだ介入を行っている。治療者は、クライエントの執拗な防衛的態度をジョークを交えて取り上げようとしたのである。しかし、そこには、ややブラックジョーク的な皮肉が混じっていた。彼はそれを敏感に察知し、治療者に「いまのはちょっと攻撃を含んでいませんでしたか?」と問い返した。治療者は、クライエントに指摘されて、そのことに気がついた。それはクライエントの被害妄想などではなく、まったくそのとおりだったのである。治療者は素直にそれを認めた。彼は、治療者の正直な反応に安心したのか、「ちょっと意地悪いというか」と治療者に返しつつ苦笑した。しかし、クライエントの「意地悪い」という言葉には、もはや被害的なニュアンスは感じられず、むしろユーモラスな響きが漂っていた。そこで治療者も〈ちょっと意地悪だったね〉と気持ちよくそれを認め、ユーモアを交えて謝って見せたのである。治療者もクライエントも、結局、互いが互いの滑稽さを認め、笑い合っていた。治療者は、これらの交流を交わす中で、そのように本音と本音で対等にクライエントと交流できていることの喜びと楽しさを感じていた。おそらく彼もそうだったであろう。そして、その後、クライエントは、自分は人の言うことを信じることができないという自らの問題を見つめる方向に進んでいったとき、治療者は彼の苦しみをしみじみと共感することができたのである。
　この治療者の笑いや反応は、「中立性」や「匿名性」を維持する治療者の態度と

は、およそかけ離れたものであろう。しかし、そうした治療者の生の反応がきっかけとなってクライエントにも笑いが生じ、治療者とクライエントの間に、治療的な相互交流が生じることとなった。これは、治療者の治療的な自己開示とも言えるだろう。そして興味深いことに、その後、彼は、以前の治療者は、わざと自分の意見や考えをクライエントに知られないように隠し、自分は冷たく「観察」されていたように感じていたことを語った。これは、まさに禁欲原則を維持する治療者が、クライエントによっては、そのように体験されていることを具体的に示すものと思われる。確かに振り返ってみると、このやり取りが生じたとき、治療者とクライエントの間には、現代自己心理学派の原則でいう、「親しみやすさや信頼感をもった枠組みと安全な雰囲気」が流れていたと思われる。「安全な雰囲気」が底流にあったからこそ、治療者もクライエントも余裕を持って笑うことができ、探索を続けることができた。さらに言うならば、治療者とクライエントとの間に、そうした安全感をベースとした、互いに安心して自由に探索を続けあうことのできる雰囲気が醸成されていれば、そこには創造的コミュニケーションである「治療的相互交流」が生じてくる可能性が自然に高まるのではないかと思われるのである。しかし、この安全に協同で探索できる雰囲気を臨床面接の中で常に維持することこそが、実は最も困難なことなのかもしれない。面接場面では、患者の陰性感情や不安や葛藤、それに対する治療者の感情的反応など、さまざまな転移・逆転移感情が巻き起こり、それらが輻輳して、安全に協同で探索できる雰囲気がしばしば破壊されるからである。本症例においても、敏感なクライエントとの間でこの「安全な雰囲気」を毎回維持することは非常に難しく、その修復がうまくできなかった際には、何度も中断の危機に見舞われることとなったのである。

〈臨床例2〉
　クライエントは、対人恐怖症の青年期の女性である。心理療法を続け、専門学校に通うことができるまでに回復していた。しかし、彼女は、周囲の人の自分への言動を、すぐに自分のことを不快に感じている証拠と思い込み、落ち込んで、しばしば家に閉じこもってしまうことが続いていた。以下は、ある面接場面で生じたやり取りである。

彼女は、その日、暗い表情で来所した。そして、入室してすぐに、先日、専門学校のクラスで、あるグループの女子学生たちが自分のことを悪く噂していた、と深刻な様子で訴え始めた。彼女は、それが事実であると主張し、最後に「先生、どうしたらいいですか?」と切迫した様子で、直接的な解決策を求めてきた。治療者は、これまでも同様の訴えがなされたときは、それが彼女の思い込みである可能性のあることを伝え、彼女に冷静な再考を促していたが、そうした対応は、いつもあまり効果がないことも感じていた。治療者は、そのとき、これまでと同様の対応をとる気が起こらず、黙ってそのまま彼女の話を聞き続けた。話はそのうち変わり、最近の出来事や、専門学校の授業でレポート発表をした際、案外、心配したほどには失敗せず、まずまずの出来でやり過ごすことができたことなどが語られた。その頃になると、面接場面での雰囲気は、ずいぶん和らいだものになっていた。
　その後、彼女は、レポートを作成していたとき、自分で調べて見つけたという「悪しき恐怖」と「善き恐怖」について話し出した。「恐怖には"悪しき恐怖"と"善き恐怖"というのがあるそうです。"悪しき恐怖"というのは、そんなことは実際にはないのに感じる恐怖のことで、たとえば、じゅうたんの下に蛇がいると思い出すと、そんなはずはないのに、怖くて仕方がなくなってくることを言うんです。"善き恐怖"というのは、たとえば、ライオンが近づいてきたら感じる恐怖のことで、それは正しい恐怖で、むしろ必要なものなんです」。
　治療者は、彼女の話がおもしろくて、しばらく彼女の説明に感心して聞き入っていた。すると、彼女は急に思い出したように最初の訴えに戻り、治療者に「先生、どうしたらいいでしょう?」と尋ねた。そのとき、治療者の心の中でフッと先ほどの彼女の話が重なった。治療者は、〈それこそ、いまの"悪しき恐怖"じゃない?〉と思わず答えた。治療者の意図したことは瞬時に彼女に伝わったようだった。彼女は「あー! そうですねー!」と一瞬にして明るい表情になった。「あぁーそうかー、そうですよねー!」と彼女は何度も繰り返し、いまここで、重要なことを発見した喜びに浸っているようだった。彼女は、その日、何度も治療者に感謝を述べ、元気に退出していった。そして、この面接後、彼女の被害的訴えは徐々に減少していったのである。

治療的やり取りにおける発見と創造

　このやり取りも、治療者にとって印象深いものだった。「治療は発見的でなければならない」（河合, 1992）と言われている。まさに彼女は、このやり取りの中で、発見の驚きと喜びを体験したと思われる。しかし、それは治療者にとっても不思議な体験であり、驚きの体験であった。「悪しき恐怖と善き恐怖」のテーマは、突然、彼女の心の中に浮かび上がってきた。治療者は、それが彼女自身の悩みへのひとつの回答になっていることにフッと気づき、それを彼女に伝えたところ、彼女は驚きの声を上げた。しかし、実は治療者とクライエントは、その瞬間、ほとんど同時にそのことに気がついたのではないかと思われた。つまり、二人が同時にそれを発見したのである。彼女も驚いたが、治療者も驚いていた。創造には常に驚きが伴う。そこには、二人が協同して何か創造的なことを行ったような、心地よい達成感が漂っていた。そして、その前提には、治療者とクライエントのまったく対等な関係があり、治療者は、クライエントの無意識の智恵に感動を憶えていた。彼女は、盛んに治療者に感謝を述べたが、それが治療者個人に向けられたものではないことは、治療者には十分に分かっていた。創造的なコミュニケーションに参与したことに、双方が共に深い満足を感じていたのである。

　河合は、クライエントを小説の作家、治療者をその読み手に喩え、治療者の態度に支えられてクライエントがイメージを産出し、両者でさらにそれを拡充していくという心理療法の過程を「極めて創造的なプロセス」と述べている（河合, 1991）。さらに河合は、治療者とクライエントの関係について次のように表現している。「治療者とクライエントの関係は、自然科学における観察者と被観察者の関係と異なり、両者の間の切断をできる限りなくしようとするものなので、両者の相互作用は極めて緊密であり、先に述べた『創造過程』は両者の協同作業によるものと言っていいほどになってくる。ただ、心理療法家としては、その行為のイニシアティブをできる限り、クライエントの無意識に取らせようとしているとは言えるであろう」（河合, 1991）。

　この河合のたとえで言えば、本症例において治療者は、クライエントの無意識から浮かんできたメッセージを読みとったのだといえるのかもしれない。村岡は、精神分析的治療の過程で患者の心的変化が急激に生じる局面を「ターニング・ポイント」と呼び、そこでは治療者・患者間に「きわめて相互的な交流」が生じ、

双方に予期せぬ驚きが伴うことを指摘している（村岡，2000）。このようにいまや学派の違いを超えて、治療過程に生じるこうした「治療者・クライエント間の緊密な相互作用」が注目されているのである。

治療者が解釈し、患者に洞察を与えるという伝統的精神分析の臨床的スタンスとは異なり、「治療者とクライエントが緊密に相互交流しながら協同して発見し、創造していく」という現代自己心理学の臨床スタンスは、それが実現できたとき、治療者とクライエントの双方にとって心地よい達成感と効力感をもたらし、共に自己感を向上させるスタンスなのである。

〈臨床例3〉

クライエントは30歳の女性である。職場での対人関係のトラブルで抑うつ状態となって来院した。不眠、食欲不振で体重も減少し、仕事も休職となったが、薬物療法と心理療法を続けるうちに、状態は次第に回復していった。彼女は、母親との関係に幼少の頃から葛藤があり、面接では、これまで母親に素直に甘えたことがなかったことを振り返るようになっていた。幼少の頃、プールで溺れかけたときに、母親が自分の思うほどには心配してくれなかったという記憶が、涙とともに語られたこともあった。そうした頃、高校時代の同窓会で、彼女は、昔仲のよかった男性と再会した。ふたりは急速に接近し、彼女は彼と付き合うようになった。ところが、それと同時に、彼女の状態は再び悪化し、不安定な状態となった。彼女は、彼を求めるあまり、彼に執拗にしがみつき、彼が彼女を部屋に残して帰宅すると一気に抑うつ状態に陥った。ある日、面接の約束の時間に、彼女から治療者に電話が入った。今日の面接はキャンセルしたいと彼女は暗い声で言った。理由を聞くと、「いま、彼が部屋から帰ったところで、落ち込んでしまって、何もする気が起こらないから」と力なく答えた。そのとき、治療者は、やむにやまれぬ気持ちになり、思わず彼女に次のように言った。〈あなたは彼に依存してしまってはいけない。自分は自分の足で立っているのでなければ、彼との関係もうまく行かなくなる。あなたはこれ以上、彼に依存してはいけない〉。彼女は治療者の言葉を神妙に聞いていたようだった。そして、治療者は彼女に、〈次回は、必ず面接に来るように〉と伝えたのである。その後、彼女は面接を一度も休むことなく通い続け、彼との関係も次第に落ち着いていった。彼と離れた際にも、以

前のあのときのように不安になることもなくなり、安定した交際が続くようになった。母親にも、理解してもらえていないと感じたときは、その不満を直接母親にぶつけ、話し合うこともできるようになった。その後、抑うつ症状はほとんど消失し、転職して仕事も再開した。仕事は順調に続き、1年後、とうとう彼女は晴れて彼と結婚することになり、面接は終了することとなった。

　最終回の面接で、治療者は彼女に「いままでの面接で何が一番印象に残っているか、あるいは何が一番助けになったと思うか、よかったら聞かせてほしい」と求めたところ、彼女は、「面接のキャンセルの電話をしたとき、先生に『あなたは彼に依存している』と言われたことです。あのとき、ああー、本当にそうだ、これではいけないんだ、とすごく思った。あれ以来、自分でも注意するようになったと思います」と答えたのである。

逆転移の治療的利用

　この例では、最終回の面接で「心理療法の何が一番助けになったか」との質問に、枠外の電話で治療者に言われた言葉が最も助けになったとクライエントが答えたことが、いまも印象に残っている。この治療者の言動は、約束した面接時間外のやり取りであり、また、治療者は中立性を保ち、自分の考えを一方的にクライエントに説くことをしてはならないという禁欲原則にも抵触しており、原則破りの行為であると考えられる。しかし、あの電話を受けたとき、母親への依存欲求に関して大きな葛藤を抱えていたクライエントが、その不足を一気に取り戻すべく、その欲求を彼に向けようとして退行し、プールで溺れかけたときのように、自分の足場をどんどん失っていくクライエントの姿が、治療者の眼前にありありと実感された。そして、思わず治療者の口をついて出たのが〈あなたは彼に依存してはならない〉という言葉だったのである。こうして皮肉にも、治療者は「中立性」や「受身性」の禁欲原則を破りながら、クライエントには「彼への依存欲求」を禁欲するよう命じていた。しかし、クライエントにとって、それは治療的な直面化となったのである。

　振り返れば、あのときの治療者の言動は、「真実性・本物らしさauthenticity」においては純粋な反応であり、また、やむにやまれぬ衝迫に動かされていただけに、治療者の心的エネルギーがクライエントに集中的に投入された瞬間でもあっ

たように思われる。これは逆転移の治療的利用（Racker, 1968; Bollas, 1987）とも言えるかもしれない。また、それまでの患者への理解が治療者の中で結晶化していたからこそ、そのような思い切った言動を取ることができたともいえるだろう。それは、ある意味では、溺れかけている子どもを前にして思わず取った反射的行動にも似たもののように感じられる。しかし、こうした治療者の咄嗟の言動が、クライエントに必ずしも治療的に働くかどうかは定かではない。治療者の一方的な能動性が、クライエントの主体性を著しく侵害する可能性も十分に考えられるからである。

基本的には「禁欲原則」は安易に破られてはならないものである。しかし、患者のことを共感的に理解してきた治療者が「禁欲原則」の意味を内的に体験しながら、それでも内からこみ上げるものによって思わず取った自発的言動が、治療的に働くこともあるという「治療者の治療的自発性」の意義を認めることで、治療者とクライエントの治療的相互交流は、より豊かに生じやすくなる可能性があるのではないかと考えられる。治療者の治療的自発性は、今後、さらに探究されていくテーマだと思われる。

5 おわりに——「守破離」としての心理療法家の成長過程

現代の精神分析の動向と現代自己心理学派の臨床的スタンスを概観し、これまでの伝統的精神分析における基本的態度とは異なった、新しい治療者のあり方について検討してきた。また、臨床素材の検討では、筆者自身の臨床体験を取り上げ、治療者とクライエントの治療的相互交流の具体的なやり取りを提示して、若干の考察を加えた。

伝統的精神分析の「禁欲原則」を重視する治療者のスタンスと、現代精神分析や現代自己心理学派におけるより柔軟な治療者のスタンスとの間には、その最も極端な臨床スタンスを両極として、実際には広範なスペクトラムが存在しているものと考えられる。したがって、実際の臨床場面において治療者は、その両極のスタンスの間で、二律背反の葛藤を抱えながら、臨床的な妥当性を常に念頭に置き、個々のやり取りの瞬間瞬間に即応して、柔軟に自己の介入を決定してゆかねばならない。しかし、そこには、常にひとつの正しい解釈や介入というものは存

在しないのである。そのため治療者は、自己の介入が治療的なものだったかどうか吟味するために、クライエントのその後の反応を注意深く観察する必要がある。こうした困難で曖昧な状況に耐えながら、治療者が自らの最も治療的な態度を考え続けることは、とりもなおさず「心理療法とは何か」を考えることにつながっているように思われる。

　日本の伝統芸能の世界に「守破離」という言葉がある。芸の修行は、最初は教えを厳密に守り、型を身につけることから始まるが、経験を積み重ねる中で、次第に自分なりの工夫を試みて、教えを破るようになり、最終的には最初に憶えた型から離れ、独自の境地を創り出していくことをいう。心理療法家の訓練のプロセスも、そのようなものかもしれない。そして、心理療法家の成長過程そのものが、ひとつの創造活動でもあるように思われるのである。

第8章 間主観的アプローチからみた治療的やり取り

1 メタ理論としての間主観性理論

間主観性理論の衝撃

　間主観性理論 intersubjectivity theory は、現代精神分析のストロロウ Stolorow, R. D.、アトウッド Atwood, G. E.、オレンジ Orange, D. M.、ブランチョフ Brandchaft, B.、フォサーギ Fosshage, J. L.、ラックマン Lachmann, F. M.、ビービー Beebe, B.、スターン Stern, D. N. やボストングループ（BCPSG）と呼ばれる研究者たち、さらにフェミニスト精神分析のベンジャミン Benjamin, J. など、さまざまな立場の理論家たちが、コフートの自己心理学をさらに発展させ、洗練させている精神分析理論の総称である。それはコフートを越えて、現代の精神分析の理論的展開の最先端に位置するものといわれている。

　筆者が間主観性理論に初めて出会ったとき、精神分析的心理療法においていままで常識とされてきた大前提が次々と覆されてリセットされていくような一種の解放感を感じ、衝撃を受けたことを憶えている。思い起こせば、そもそも筆者は、精神分析に初めて接したとき、強い拒否反応を抱いたものだった。それは筆者が大学院生の頃だったが、その感情的反応のために精神分析から一時距離を置いてしまい、その頃、最も身近に感じられたロジャースのセラピーやユングの理論にもっぱら傾倒していった。まだ本格的な臨床経験もなく、何も分かっていなかった当時の私に、精神分析の深い含意が理解できるはずもなかったが、性的欲動をめぐる葛藤に焦点を絞った解釈や、精神・性的発達論に基づく発生論的な解釈の構成に、どうしても感覚的に馴染むことができなかったのである。あるいはただ単純に、性本能と攻撃本能をことさら重視するフロイトの人間観に当惑してしまい、否定したい思いにかられた面もあったように思う。

　このように当時の筆者の精神分析に対する反応は、たぶんに自分自身の理解の

浅さや未熟さに由来するものだったのは確かだが、そうした若く素朴な院生の頃の私の感覚に生じた違和感や疑問の中に、いまから思えば妥当な面もあったことが、その後の精神分析の展開を学んでいく中で逆に見えてきたのは、思いもかけないことだった。実際、フロイト以降の精神分析の発展の歴史は、多くの優れた精神分析家たちが、フロイトの古典的精神分析のさまざまな問題点について批判的な検討を積み重ねてきた歴史だったのである。

　そのひとりであるコフートは、本能的な欲動を人間の動機の中心に置いたフロイトの生物学的な欲動論 drive theory を批判し、個人の精神内界における主観的な自己体験に焦点を当てた新しい精神分析理論である自己心理学を提唱した。そしてコフート亡き後、自己心理学はさらに理論的な発展を続け、近年、その最も革新的な間主観性理論が登場してきたのである。

　間主観性理論を最も精力的に日本に紹介した精神分析医の丸田俊彦は、間主観性理論を、どんな理論的背景を持つ治療者にも応用可能なメタ理論であるとして、間主観性理論を臨床に取り入れることは「間主観的感性」を持つことであると述べている（丸田，2002）。間主観的感性とは、ひとつの理論をあたかも真実であるかのように思いだしたり、クライエントの心をまるで何かひとつの実体であるかのように具象化して想定し、そこに治療理論や治療技法を機械的に当てはめようとし始めた治療者が、我に帰り、治療者中心の機械的発想から、クライエントの視座に立ってクライエントの主観的体験のあり方を共感的に内省し、理解していこうとするスタンスに立ち戻ることのできる臨床的センスを意味しているのである（丸田，2002）。

強力なメタ理論としての間主観性理論

　このように間主観性理論に立脚したアプローチでは、何か客観的な真実を治療者が知っており、治療者がその客観的な視点からクライエントに対して正しい解釈を与え、治療するという伝統的精神分析の「治療者の科学的客観性」を全面的に否定する。そして、治療場面で起こっているすべての事象は、クライエントの主観と治療者の主観の相互作用によって産み出された「間主観的な現象」として捉える必要性を説いている（Orange et al., 1997）。クライエントの主観には治療者の主観が絶えず影響を与えており、また同様に、治療者の主観にもクライエントの

主観が常に影響を与えている。治療場面における体験はすべて、それが起こっている治療者の主観とクライエントの主観の間の相互作用の文脈、つまり間主観的なコンテクスト intersubjective context を無視しては、決して理解することはできないと断言するのである。彼らは、精神分析とは、本来、そうした二つの主観性の交差が構成する特定の心理的な場において起こる現象を解明する「間主観性の科学」でなければならないと主張しているのである (Atwood & Stolorow, 1984)。

現在、間主観性理論による伝統的精神分析の脱構築はさらに進み、その結果、それが主張していることは、ややもするとまったく当たり前のことを指摘しているに過ぎないような印象さえ与えるまでに至っているといえるかもしれない。しかし、実はそのような印象を抱いてしまうところに大きな落とし穴があることを、丸田は次のように指摘している。

> 間主観性理論の中核は、あまりにも常識的な叙述である。人間関係が、そして、治療関係が、間主観的なものでは無いとは、誰も思っていない。「人間」という言葉が見事に物語っているように、ヒトと言う動物は、ヒトの間に在って初めて人間となる。社会性を持ち、主観と主観の交流が在って初めて人間なのである。その意味で、間主観性理論が主張する論点は、すべてが「当たり前」、それこそ、「何が新しいのか？」と聞かれるのが不思議なくらい常識的な内容なのである。
>
> ところが、今度は逆に、実際、間主観的な視点を持つとなると、これがかなり難しい。ましてや、その観点を持ち続けるということになると、これは、限りなく不可能に近く、絶望的にすらなる。われわれは、直ぐに、自分の主観的世界を具象化して、それを客観的事実とみなしてしまう傾向があるからである。これは、日常の生活では有効な手段であり、言ってみれば、生き延びるためには欠かせない特性であろう。しかし、いったん、相手を、患者を、理解しようとする場合には、その特性が落とし穴になる。(丸田・森, 2006)

丸田の言うように「当たり前」のことを臨床において常に実践し続けることは、実は最も難しいことなのかもしれない。実際、フロイトの機械論的な客観的科学主義を鋭く批判したコフートでさえ、自己心理学理論の中で「双極性自己の二つ

の極の間にかかる緊張弧」といった概念化を行い、心をあたかも実在物entityのように具象化して、機械論的な思考に陥ってしまっていることをストロロウらは厳しく批判しているのである (Stolorow et al., 1987)。

このように間主観性理論は、常に自己の主観と他者の主観が複雑に絡み合いながら、留まることなく流れ続ける、人間の心と心が生みだす体験世界の現象を、知らず知らずのうちに客観主義的、自然科学主義的な見方で静止したものとして固定的にとらえ、それらを一方的、機械的に操作して治療しようとしている、あらゆる治療理論や治療者側の姿勢の問題を明らかにし、そうした偏った視点を相対化して、間主観的な視点を回復させる点において強力なメタ理論であり、極めて臨床的に重要な視点であるように思われるのである。

そこで本章では、まずストロロウらの間主観性理論の理論家たちがコフートの自己心理学理論をどのように修正したかを概観することで、間主観性理論の視点を明らかにし、そうした徹底した相対化の末に彼らが到達した治療原理とはいったいどのようなものなのかについて見てみたい。そして最後に、そうした間主観的なパースペクティブから実際の臨床的な面接でのやり取りを具体的に詳しく検証することを通して、間主観的アプローチの特徴と治療的意義について臨床的に考えてみたいと思う。

2 間主観的視点によるコフート理論の再構成

間主観性理論を提唱するストロロウらは、コフートの自己心理学から大きな影響を受けて、当初、その基本モデルの多くの部分を踏襲していたが、コフート亡き後、自己心理学理論に内在していた曖昧さや理論的整合性の問題点を明らかにし、それらを再検討、再定義することによって、コフートが提唱しようとしたことをより明確化し、自己心理学理論をさらに洗練、発展させたといえるだろう。そこでまず、ストロロウらが、コフートの「自己」、「自己対象」、「共感」、「共感不全」、「変容性内在化」、「最適なフラストレーション」、「自己対象転移」、「誇大感」などの基本概念をどのように修正したかを見ていきながら、間主観的な視点の特徴を概観してみたい。

「自己」の概念

コフートは『自己の修復』(Kohut, 1977) において「自己self」を「個人の心理的宇宙の中心」と定義し、また、「空間的に凝集し時間的に連続する一つの単位であり、それは自主性の中心a center of initiativeであり、印象の受け手a recipient of impressionである」としている。こうしたコフートの広義の自己の定義や説明は、自我心理学の「精神装置としての自我」という高度に抽象化された精神分析的概念の偏りを是正し、より体験に近いexperience near精神分析理論の構築をめざす試みとして、重要な意味を持っていたものと思われる。しかし、その一方で、このコフートの「自己」の定義には理論的に曖昧な部分が多いことが当初から問題視されてきた。

まず、ストロロウらは、コフートが「自己」に言及する際、「心理的構造としての自己」と「体験する主体であると同時に、行為を起こす発動者agentであるヒトpersonとしての自己」とを随所で混同して論じていることを指摘し、それらを厳密に区別する必要があるとした (Stolorow et al., 1987)。そして、さらにストロロウらは、精神分析的な治療が共感的探索の対象としているのは「発動者としてのヒトが、そのヒト自身（自分自身）をどう体験しているか」といった「患者の主観的自己体験」であることを明確にしている。間主観的アプローチでは、この患者の主観的な自己体験を探索することを目的とし、そこで患者の主観的体験が治療者に共感的に理解されるという自己対象体験を治療要因として重視しているのである。ここではまた、コフートが「自己」をあたかも実在物であるかのように具象化して論じていることを問題視していることを見逃してはならない。ストロロウらは、コフートのいう「自己」を一貫して「主観的自己体験」として捉え直しているのである。

「自己対象」の概念

「自己対象」について当初コフートは「自己の一部のように体験される対象」(Kohut, 1971, 1977) とし、自己愛性パーソナリティ障害の患者の自己愛的な対象関係を示す概念として提示した。しかし、その後、自己対象の概念は、自己愛性パーソナリティ障害の患者に限らず、すべての人間に敷衍されて用いられるようになる。コフートは、自己対象が、実在する人や実際の環境のことを指しているかのように誤解されやすいことから、『自己の治癒』(Kohut, 1984) の中で、それは対象

を体験する際の主観的体験の一側面dimensionのことであると述べ、注意を促している。また自己心理学派のウルフは、「自己対象」という言葉自体が混乱を招きやすいとして、自己対象は自己でも対象でもなく、それによって自己と自分らしさselfhoodの体験が喚起され、維持されるような主観的体験を意味していることを示すために、自己対象を「自己対象体験」と呼ぶことを薦めている（Wolf, 1988）。この点に関してはストロロウも、自己対象とは「対象体験の一側面であり、主観的に体験された対象であり、自己体験の保持、修復、変容に関わる一群の心理的機能」（Stolorow et al., 1987）であるとし、自己対象の意味するところを「自己対象機能」として論じている。

「共感」の概念

コフートは、精神分析学派の中で、初めて「共感」を理論と治療の中心に置いて、独自の精神分析理論を体系化した。しかし、ストロロウは、コフートがこれまでの著述の中で「治療者のクライエントに接する態度としての共感」と「精神分析的な探索方法としての共感」を厳密に区別せずに論じてきたために批判や混乱を招いてきたことを指摘し、「共感」の概念を探索方法に限定して用いることを主張した。そして、治療者のクライエントに対する共感的態度の治療的側面を「情動調律affect attunement」として明確化し、さらに探索方法としての共感は「共感的・内省的検索empathic-introspective inquiry」として概念化して、共感を機能的に細分化して論じている（Stolorow et al., 1987）。

一方、コフートは、治療者がクライエントに完全に共感し続けることは不可能であるとして、むしろ、必然的に繰り返し起こる非外傷的な「共感不全empathic failure」に治療者が気づき、それを適切に取り上げて、その由縁を共感的に理解することが、クライエントの真の理解につながることを主張した（Kohut, 1984）。この視点はまことに鋭い臨床的卓見であったと思われる。しかし、この「共感不全」という表現は、正しい共感というものがどこかに客観的に存在しており、治療者側の失敗によって生じているかのような印象を与えてしまう点が問題視された。本質的には、共感も共感不全も客観的に同定されるようなものではなく、二者間の間主観的なコンテクストから生じる体験なのである。ストロロウは、そうした誤解を避けるために、「共感不全」という表現を、クライエントの自己対象

体験に重きを置いた「自己対象不全」という表現に置き換えることを提唱している (Atwood & Stolorow, 1984)。

「最適のフラストレーション」と「変容性内在化」

こうしたストロロウらの指摘は、クライエントの主観的な自己体験の探求を精神分析の目的の中心に据えようとしたコフートの姿勢をさらに明確化し、徹底させたものであることが分かるだろう。こうしたストロロウらの貢献によって、コフートの自己心理学概念に関する誤解や用語上の混乱は、かなりの整理をみたように思われる。しかし、次に挙げるコフートの「最適のフラストレーション optimal frustration」と「変容性内在化 transmuting internalization」の概念は、コフートが旧態依然としてフロイトの伝統的精神分析の枠組みから脱却できていない概念として、現代自己心理学派の理論家から鋭く批判されている。

コフートは、治療者が共感に失敗し、クライエントに「最適のフラストレーション」が生じることで、治療者の自己対象機能がクライエントに取り入れられ、クライエント自身の自己対象機能に変容し、内在化されると考えた。ここには、神経症の治療では、治療者との関係の中で症状の代理満足が起こってしまうことを避けるために、患者の欲動は決して満足させてはならず、フラストレーションを与えなければならないとしたフロイトの「禁欲原則」の基本的姿勢が色濃く残っているものと考えられる。また、コフートは「変容性内在化」のプロセスについても、外界からの適度なフラストレーションが起こることによって初めて対象へのリビドー備給が撤回され、非人格化された特定の機能が内在化されると説明している (Kohut, 1971)。ストロロウらは、これらのコフートの説明を、古典的な欲動論の機械論的な枠組みの中で定式化されてしまっているとして厳しく批判しているのである (Stolorow et al., 1987)。

自己対象転移の断絶と修復における治療作用

ストロロウは、自己対象転移の分析を通してどのような治療プロセスが生じているのかについて、コフートの「最適のフラストレーションによる変容性内在化」という概念化ではなく、以下のような視点から論じている。少し長いが、重要な指摘なので引用してみよう。

分析家のもとにやって来るほとんどの患者は、子どもの頃、複雑な自己対象（体験）の失敗を繰り返し経験している。それは二つの局面に分けられる。最初の局面では、一次的な自己対象ニーズが親から拒絶されたり、挫折したりして、心の痛みが引き起こされる。そして、次の局面で、子どもはその心の痛みを包み込み、和らげてくれるような情緒的に調律された反応を、二次的に自己対象へ求めようとする。しかし、一次的な自己対象ニーズを繰り返し拒絶した親は、普通、そうした子どもの心の痛みを和らげるような調律的な反応を子どもに提供することはできない。子どもは、こうしたつらい気持ちは親に歓迎されることはなく、逆に親の気分を害する有害なものだと感じて、その気持ちは親との必要な絆を維持するためには捨て去らなければならないと感じてしまう。このような状況のもとで押し込められた感情は、その後、生涯にわたる内面的葛藤と外傷的な状況での脆弱性の元となる。そして、分析家に再び自分自身をさらす体験は、彼らに強い抵抗を引き起こす。（中略）こうした発達的な視点から見ると、自己対象転移の中で分析家との絆の断絶を分析することの治療作用は、そこで初期の発達的な外傷が再び蘇って体験され、特に重要なことは、その後、そうした患者の痛みの感情に分析家がどのように応答するかにかかっているのである。つまり、転移関係の中で、分析家が、子どもの頃に二次的に切望された「受け容れ、理解してくれる親」として調律した反応を返し、子どもの心を抱っこし holding、一次的な自己対象の失敗によって生じた患者の苦痛な情緒的反応を和らげることが、治療作用の源泉になると考えられるのである。こうして自己対象との絆が強められ、拡張され、拒絶や失望への感情的反応を分析家が受け入れてくれることへの信頼が増すに伴って、患者は一次的な自己対象への思慕の情をより自由に表現できるようになる。こうした変化に伴って、これまで捨て去られてきた痛みの感情は徐々に患者の心の中に統合され、変容されて、感情的な耐性の能力が強まり、これまで滞ってきた発達のプロセスが再び進み出すのである。（Stolorow, 1993，安村訳）

「最適のフラストレーション」から「至適な共感」へ

　このストロウの治療過程の描写は、イメージとして追想しやすいもののように思われる。この表現の中には、治療者は患者の欲求を決して満たしてはならず、

フラストレーションを与えなければいけない、といった禁欲原則のニュアンスはまったく感じられない。むしろストロロウは、治療関係の中で一次的自己対象ニーズが挫折することはどうしても避けられないことであり、その痛みが蘇った際に、治療者がその苦痛な情緒的反応を受け入れ、理解できる親のように患者の情動に調律することによって初めて、これまで放置されていた患者の苦しい情緒状態が解放され、統合されて、停止していた心理的成長が再開可能となるとしているのである。つまり、意図的にフラストレーションを与えることによって治療が進むのではなく、必然的に生じる痛みが理解されフォローされて、二次的な自己対象ニーズが適切に満たされるからこそ、自己対象への同一化や自己対象機能の内在化が促進されるのである。この強調点の違いに関して、ストロロウらは次のようにも述べている。

> そうした〔自己対象転移の〕分析の治療的作用は、そうした断絶が生む崩壊的な情緒状態の統合であり、それに伴う、裂けた自己対象絆の修繕である。つまり、ここでわれわれが強調したいのは、構造形成が、主として、絆が健全な時か、それが修復されるプロセスにおいて起こることである。(中略)この、体験に近接した説明は、共感的・内省的様式と調和したものであり、"至適フラストレーション"を、"至適共感"(Stolorow, 1983)ないしは"至適反応性"(Bacal, 1985)といった概念と、情動調律の中心性とで置き換える。(Stolorow et al., 1987)

このようにストロロウは、一次的自己対象ニーズの傷つきに対する治療者の側の適切な「情緒的応答性 emotional responsiveness」こそが、決定的な治療要因となることを主張している。そして、その治療における強調点は「最適のフラストレーション」から「最適の充足」、つまり「至適な共感」や「至適応答性」、あるいは「至適な情動調律」へと移動しているのである。

伝統的精神分析において一次的な動機付けとして位置づけられてきた「欲動 drive」は、こうして間主観性理論では「情動 affect」へと置き換えられ、「体験をオーガナイズするものとしての情動」が治療作用の中心に位置づけられている。間主観的アプローチでは、間主観的なコンテクストの中で生じるクライエントの情動の変遷という「感情の文脈」が共感的に理解され、共有されることが重視さ

れているのである。

転移に含まれる二つの次元

　自己対象転移に関しても、ストロロウは共感的・内省的な探索を通して、その明確化を試みている。周知のようにコフートは、当初、自己愛性パーソナリティ障害の精神分析的な治療の研究から始め、その診断と治療の指標として、治療者に自己愛の充足を一方的に激しく求める「自己愛転移」の現象に注目したが (Kohut, 1971)、その後、伝統的精神分析の枠組みから離れ、自己愛性パーソナリティ障害の治療から、自己そのものの発達とその治療の研究へと移っていった。そうした理論的な変遷の中で、「自己愛転移」という言葉は使われなくなり、「自己の発達や維持に必要な自己対象体験を求めようとする転移」という意味で「自己対象転移」という言葉が用いられるようになっている (Kohut, 1977)。そして、当初、「自己愛転移」と称された激しい転移現象は、「自己対象転移」が破綻し、自己の断片化が生じた際の患者の状態として理解されている。

　こうした流れの中で、ストロロウは、「自己対象転移」はすべての転移の一側面であることを主張する (Stolorow, 1993)。すべての転移現象の中には、自己対象体験を治療者との関係に求めようとする「自己対象的次元 selfobject dimension」と、葛藤の元となっている対象関係を治療者との関係の中で繰り返してしまう「反復的次元 repetitive dimension」の二つの次元が存在しているというのである。

　ちなみに、この自己対象的次元の転移とは、近年、現代自己心理学派で「発達上前向きな転移 forward edge transference」(Tolpin, 2002) とされているものに相当するように思われる。この「発達上前向きな」という視点は、伝統的精神分析が「転移」をもっぱらクライエントの過去の養育者との病理的で外傷的な対象関係が現在の治療者との治療関係の中で反復されるという、発達的には「後ろ向き」に捉えてきた視点とは異なり、これまで経験できなかった自己対象体験を治療者との転移関係の中で創造し、体験して、発達的に前向きに前進していこうとする、転移の発達促進的、創造的、適応的、そして健康的な側面に注目したものである。ストロロウは、治療プロセスにおいては、この転移の二つの次元が頻繁に入れ替わり立ち替わり生じているとしたのである。

深く理解されることへの怖れ

　ストロロウは、この転移の二つの次元の移り変わりを以下のように説明している(Stolorow, 1993)。たとえば、クライエントが、治療者との関係を早期の外傷的反復の予兆のように体験した際には、転移の反復的次元が前景を占めることとなり、クライエントの自己対象への渇望は背景に退いてしまう。しかし、そこで治療者が、クライエントが治療者とのつながりの断絶を体験していることを感受し、そのことを共感的に理解することができたとき、転移の自己対象的次元が復活し、その結果、自己－自己対象関係はさらに安定したものとなるのである。ところが一方で、クライエントはそうした治療者の理解を怖れもする。なぜなら、そうした治療者の深い理解は、これまでクライエントが圧し殺してきた太古的な激しい自己対象ニーズを刺激し、それが治療者に向いて噴出してしまうと、結局、再び自分が拒絶される結果を招き、いま以上に傷つくことになりはしないかと怖れるからである。こうして転移の中で葛藤的体験が再び浮上し、次には転移の反復的次元が喚起されることになる。治療者はこうしたクライエントの転移の次元の揺れ動きに敏感に調律し続けながら、その理解を言葉化していくことが必要となるのである。

　このように間主観的アプローチでは、治療者が転移の中で生じているクライエントの自己対象ニーズや葛藤反復への怖れをめぐる微妙で密やかな心の揺れ動きを繊細にキャッチし、クライエントの自己体験の刻一刻の質的変化を共感的・内省的スタンスで持続的に捉えながら、それらに情緒的に調律し、クライエントのその時々の自己対象ニーズに沿って応答していくことが求められる。そこでは治療者の臨床的な感受性と全体的な応答力が問われており、一方で治療者は自己の視点や理解が固定化されたり、誤っている可能性も常に念頭に置きながら、治療者とクライエントの間主観的コンテクストを追い続けていかなければならないのである。

「陰性治療反応」や「境界例」の概念への批判

　ストロロウは、上述したようなクライエントの微妙な心の動きを、伝統的精神分析は共感的・内省的に理解しようとはせず、それらをおしなべて治療に対するクライエントの病理的な「陰性治療反応」として誤って捉えていると強く批判し

ている。また、早期に拒絶され、満たされないまま潜在してきた理想化の欲求 idealizing needs や鏡映の欲求 mirroring needs などが、転移の自己対象的次元として治療者に向けて再活性化している現象も、伝統的精神分析ではすべて病理的なものとして否定的に捉えていると批判し、間主観的アプローチとの立場の違いを鮮明にしている。

　ストロロウらは、クライエントと治療者の間主観的なやり取りが、すべてクライエントの病理として扱われている顕著な例として「境界性パーソナリティ障害」、いわゆる「境界例」の診断と治療を取り上げ、次のように述べている。「"境界例"と呼ぶものの心理的本質は、"一切が solely 患者の中に存在する病的状態"ではない。むしろ、それは、間主観的な場——不全を起こした太古的な自己対象絆の下にあって、不安定で傷付きやすい自己が構成する場——で起こってくる現象を指している」(Stolorow et al., 1987)。境界例と呼ばれるクライエントが形成する自己－自己対象絆は、非常に不安定で崩壊しやすい特徴はあるとしても、治療者がクライエントの情動体験に適切に調律し、それを共感的に理解できれば、それなりに安定した自己－自己対象絆を形成することができ、また、いったんそれが達成されれば、境界例に特徴的といわれている症状も、後退するどころか消失さえするとしている。つまり、境界例の症状の悪化には、治療者からの寄与がことのほか大きく関係している可能性があるのである。臨床の現場でこれまでささやかれてきた「ボーダーラインのあるところ、ボーダーラインにする治療者あり」との言葉は、まさにこのことを指しているもののように思われる。

　またストロロウは、境界例に特徴的な原始的防衛機制とされている「スプリッティング splitting」も、それは境界例のクライエントの極度に脆弱な自己が、非応答的な環境の元で育ったために、もともと発達的に自己体験を統合することができず、よい体験と悪い体験に分割されていることによって生じている現象であって、それを、境界例のクライエントは原始的防衛機制としてスプリッティングを用い、自己を分割させているとするのは、スプリッティングする前の統合された自己の状態が存在していることを前提にした見方であり、論理的にも矛盾のある、誤った捉え方であることを指摘している。これまで境界例に関する精神分析理論や治療者の捉え方は否定的なものが多かったが、そのこと自体が、治療者が境界例のクライエントと治療者との相互作用の存在を一切否定し、すべてをクライエ

ントのみに帰そうとしてきたことの表われであり、それは治療的にも倫理的にも大きな問題を孕んでいるのである。

「投影性同一化」の概念への批判

近年、対象関係論の中で原始的防衛機制として盛んに言及されている「投影性同一化projective identification」の概念に対しても、ストロロウらは強い疑問を投げかけている。クライエントは投影性同一化を使って、自己に統合できない感情を治療者の中に投げ込み、その結果、治療者はそのクライエントの感情に同一化させられるという捉え方は、クライエントから治療者へという一方向のみの理解であり、これでは逆転移感情も含めた治療者の反応をすべてクライエントのせいにすることにつながるからである。しかし、もともと投影性同一化は、二者間に双方向的に生じる緊密な無意識的相互作用の現象を指していたはずである。

この点に関して、丸田俊彦との共同研究者で知られる森さち子は「治療者側の整理されていない問題と思われることまで、すべてなんでも、『投影性同一化』として片づけられているという印象が強まってきたのである。たとえば、治療者が眠くなると、それは患者さんがそうさせていると捉え、また治療者が性的なものを感じると、それはもともと治療者の中にあったものではなく、患者さんから投げ込まれたもの、つまり患者さんからの性的誘惑であると捉え、その理解を実際に言葉にして解釈するというような治療者も現れた」(丸田・森, 2006)と指摘している。こうした臨床的問題も、治療場面で生じる現象を間主観的な相互作用として捉える視点を治療者が少しでも持っていれば、起こることはなかったものと思われる。

「防衛的誇大感」と「太古的発揚感」の区別

コフートは、自己愛性パーソナリティ障害の精神構造を『自己の分析』(Kohut, 1971)の中で図式化して示している。その中で、患者の病的な誇大感の由来を、自己愛エネルギーの流れにおける水平分割と垂直分割によって説明している。この点についてオレンジらは、外傷的な体験によって水平分割の下に封印された健全な誇大感と、自己中心的に傲然と顕示される自己愛性パーソナリティ障害の病的な誇大感が混同されやすい (Orange et al., 1997) ことを指摘し、水平分割によっ

て抑圧されている健康な誇大感で、歓喜あふれる情動的体験を「太古的発揚感 archaic expansiveness」と呼び、垂直分割により隔絶された横柄さ、傲慢さ、尊大さ、特権意識、侮蔑的態度などの誇大感を「防衛的誇大感 defensive grandiosity」として、それらを区別することを提起している。

これによってコフートの自己愛エネルギーの図式はより理解しやすいものとなり、コフートの提唱した治療者のミラーリングに関しても、それはクライエントの防衛的誇大感に対してではなく、健全な太古的発揚感に対してなされるべきであることがより明確になったものと思われる。また、クライエントの防衛的誇大感は、時に治療者に不快感や否定的感情を誘発するものだが、治療者はそれをミラーリングしたり、逆にそれを否定してぺしゃんこに粉砕したりするのではなく、むしろ垂直分割によって押しやられてしまっているクライエントの抑うつや無力感との感情的接触を試みて、その由来を共感的に理解し、受け入れることが必要とされているのである (Orange et al., 1997)。

3 間主観的アプローチの臨床実践のためのガイドライン

体験を形づくるオーガナイジング・プリンシプルという視点

ストロロウらが、コフートの基本的概念をどのように見直したかを概説しながら、彼らの間主観的な視点を概観してきた。では、こうしたコフート理論の明確化の作業の末に、ストロロウらが最終的に到達した間主観的アプローチの治療原理とは、いったいどのようなものなのだろうか。

間主観的アプローチでは、治療者は、客観主義的な中立性を想定したスタンスではなく、常に治療者とクライエントの相互作用による影響を念頭に置きながら、持続的な共感的・内省的スタンスをもって、クライエントの主観的な自己体験の変遷を探求していくことを目的としている。そして、このクライエントの主観的体験世界を形成している原理を、彼らは「オーガナイジング・プリンシプル organizing principle」と呼んでいる (Atwood & Stolorow, 1984)。これは自己体験の意味を形づくる原理であり、はっきりとは意識されていないという意味で、前自省的な無意識に属するものである。しかし、それはこれまでの伝統的精神分析でいう、葛藤のために抑圧されているという意味での無意識ではなく、早期の養育者

との一定の間主観的脈絡の繰り返しによって形成された「情緒的確信」(Orange et al., 1997)であり、クライエントの主観的体験をその後もオーガナイズし続けているものである。

ここでオーガナイジングと現在進行形になっているのは、それは基本的に固定されたものではなく、常に進行し続けているプロセスであり、相手とのやり取りの中で変化していくものであるという意味が込められている。したがって間主観的アプローチは、これまでのクライエントのオーガナイジング・プリンシプルが治療者とクライエントの共同作業の中で解明され、より柔軟なオーガナイジング・プリンシプルが新たに展開されていくことを促進していくプロセスだと考えられている。

ちなみに転移という概念も、分析関係をめぐる患者の体験が、患者自身の心理的構造としてオーガナイズされている現象であり、オーガナイジング・プリンシプルの表われのひとつと考えられる。この視点からすれば、必ずしも転移は過去への退行現象でもなければ、固定化された過去からの置き換えでもないことになる(Stolorow et al., 1987)。また、オーガナイジング・プリンシプルは、患者が現実を神経症的に歪曲しているわけでもなく、患者の主観的体験から見た場合には、健全な防衛としても理解される。したがって治療によるオーガナイジング・プリンシプルの変化とは、これまでの古いオーガナイジング・プリンシプルが解消されるといったものではなく、新しい体験によって新しいオーガナイジング・プリンシプルがそこに新たに加わることだとされているのである。

現代自己心理学派のバースキー Buirski, P. とハグランド Haglund, P. は、以下のような指摘を行っている。

間主観的な視点を持つ治療者は、抑圧された衝動、防衛、あるいは葛藤の派生物に耳を傾けるのではなく、患者の体験をオーガナイズしている、通常は無意識なプリンシプルと、それに付随する破壊的 disruptive な情動状態の識別に焦点をあてる。それに加え治療者は、精神病理というラベルを貼られるものの多くが、実は、危機に瀕した心理的均衡をなんとか保持し、修復しようとする患者側の試みの表れであることを察知し、評価しようと努める。(中略)したがって、間主観的アプローチの重要な強調点は、焦点を、それまでの不適応パ

ターンを繰り返す性向といった、患者の精神病理にではなく、心理的健康へと向かう患者の努力に置くことにある。(Buirski & Haglund, 2001)

このように間主観的アプローチでは、全き自己を体験しつつ、自己のまとまりを保持し、自己を統合されたものとして体験したいという自己対象ニーズに基づいて、自己体験を意味あるものとしてオーガナイズしようとするクライエントの健康なモチベーションに焦点を当てていくことを、その治療的な方向としているように思われるのである。オーガナイジング・プリンシプルの概念は、間主観性理論がこれまでの伝統的精神分析の枠組みを脱して、包括的な治療原理として抽出したものであり、それはどのような治療モデルにも広く適用することが可能なものだといえるだろう。

情動のコンテクストを共有する

間主観的アプローチが到達したもうひとつの視点は、コンテクスト中心主義 contextualism である。丸田は、ストロロウに直接、間主観的アプローチの神髄は何かと尋ねたところ、「コンテクスト！ コンテクスト！」と連呼したという逸話を紹介している（丸田, 2002）。

コンテクスト context とは、文脈、前後関係、脈絡、状況を意味する。間主観性理論では、治療場面で起こっていることはすべて、治療者の主観とクライエントの主観の相互作用のコンテクストから生じているものと捉えられる。したがって、クライエントが語る内容、コンテンツ content だけではなく、それらがどのような相互作用の文脈、間主観的なコンテクストの中で語られているかに注目することが、クライエントの主観的な自己体験を理解するためには不可欠なのである。

こうした視点から、間主観的アプローチでは、クライエントの言動をすべてコンテクストの中で理解していこうとするが、その際、最も重要なものとされているのが、情動の流れというコンテクストである。間主観性理論では、情動 affect は、自己体験をオーガナイズするものであり、動機づけの主要な要因と考えられている。つまり、クライエントと治療者の相互交流を主にオーガナイズしているのは情動なのである。クライエントと治療者の間では、情動状態の緊密な相互調整が起こっている。スターンは、こうして生じている情動状態を、「間情動性

interaffectivity」と呼んでいるが (Stern, D. N., 1985)、情動もまた元来、間主観的なものなのである。

バースキーらは、臨床場面における間情動性について以下のように述べている。

> 二つの主観性は、時として、共通の情緒体験（間情動性）を共有する。それが起こりうるのは、二人のうちの一方が、相手の情動表出に気づき、続いて、「それ、ぴったり一致してる」と相手が認識するような何かをする場合である。それはどう見ても強力なモーメントである。（中略）相手の応答を喚起させた情動の主は、相補的な形で、気が付いてもらえた、理解されたと感じる。これらを合わせた結果が、共有された体験であり、それは、間違いなく、両者の絆の形成に寄与する。(Buirski & Haglund, 2001)

治療者とクライエントの間で重要な情動表出のコンテクストが共有されたとき、そこには「気がついてもらえた」、「確かに理解された」という間主観的な体験が生じる。その体験はクライエントの自己感を確実に強め、自己対象絆の形成につながっていく。そうした二人の主観と主観の間で生じた深い情動を伴った共有体験は、両者にとって決定的な「出会いのモーメント」(Stern, D. N., 2004)となり、クライエントの体験様式が変化する強力な治療要因となるのである。

コンテクスト（文脈）がコンテンツ（内容）を生みだす

結局、クライエントの自己体験への共感的・内省的探索も、患者への情動調律も、自己対象転移の変遷の共感的探索も、オーガナイジング・プリンシプルの解明も、すべてはそうした間主観的なコンテクストをいかに捉えるかということであろう。いかにクライエントの連想と情動の流れに治療者が調律し、その変遷を共感的に理解し共有できるかが、治療の成否を左右するのである。

ストロロウらは、自身の立場を以下のように述べている。「何ごとも、それが現われるコンテクストを離れては、知られることも体験されることもできないことを、念頭においておかなくてはならない。われわれが知っている存在そのもの、全部ではないにしろ、かなりの部分が、コンテクストから成っている。心理的現象は、存在と意味の両方をコンテクストから受領する」(Stolorow et al., 1987)。クラ

イエントと治療者の相互作用の中で、どのようなコンテクストが生み出され、どのように共有されるかが、クライエントの自己体験の意味を決定することになるのである。

臨床面接におけるコンテクストは、具体的な臨床場面での行為としては「やり取り」と言い換えることができる。あるいは、やり取りがコンテクストを生みだすということもできるだろう。つまり、前提として、それぞれの固有の心が存在していて、そこから二人の間でやり取りが生まれるというよりも、二人の間で交わされるやり取りそのものが、その都度、二人の心を生成し、二人の心的現実を創造することになるのである。ちなみに、この二人の心が生み出される創造的な相互作用の領域をスターンは「間主観的マトリックス（基盤・母体）intersubjective matrix」(Stern, D. N., 2004)と呼び、それを心の起源としている。

こうした間主観的なパースペクティブは、「現実とはそこに関わる人々によって構築されている」とする社会構築主義social-constructivismの視点とも共通している。間主観的アプローチは、人間の主観的体験が疎外される元となるようないかなる具象化も抽象化も許さず、心的世界を他者と共に共同構築されたものと捉え、その中で可能な限りクライエントの主観的体験のあり様を、あくまでクライエントの自己体験の流れに沿って理解していこうとする、臨床的に重要な治療感覚を中核に据えたアプローチなのである。

4　臨床例による検討

以上、ストロロウらによるコフートの自己心理学概念の見直しと、間主観的な視点の特徴を概観してきた。それらを臨床的に見るならば、彼らが主張することは極めて了解しやすいものであり、間主観的パースペクティブが日々の臨床感覚にフィットする面があると感じるのは、おそらく筆者だけではないだろう。ところが、そうした誰もが感じる多くのことが、伝統的精神分析の世界ではこれまで明言されることはなかったのである。

間主観的な視点は、言葉にしがたい臨床の本質的な部分を示唆している。そしてまた、この間主観的な臨床的感覚は、臨床素材から離れては決して論じることができず、理解することもできないものであり、本来は、その具体的な間主観的

コンテクストの中に入ることによって初めて気づかれるものなのである。

そこで次に、臨床素材として筆者の実際のクライエントとのやり取りの一部分を逐語録的に取り上げ、間主観的な視点から詳細に検討することを通して、間主観的アプローチの意味するものを具体的に明らかにしてみたい。

〈臨床例〉

学生時代から長期の閉じこもりを経験し、その後も強迫症状や離人症状、抑うつ症状、軽い関係念慮などを訴えている20代の男性クライエントとの面接である。面接で語られる内容はいつも曖昧模糊としており、自己体験としてまとまりにくい傾向が伺われた。以下は、あるセッションの始めの部分のやり取りである。(「　」内はクライエント、〈　〉内は治療者の言葉)

〈どうですかー〉
「…はあー…　まあー…　そうですねー…　この前、A先生（主治医）と少し話したんですけどー…　そのときA先生が、僕は雑誌とかだったら割と読めているところを見ると、勉強にそんなに集中できないというのは、勉強に特別な思い入れがあるからじゃないかーと言われたんですー…」
〈ほうー、そうですかー〉
「…そう言われて、自分でもそうだなーと思ったんですけどー…」
〈あああー…　特別な思い入れがあったみたいー〉
「そうですねー…」
〈どんな思い入れがあるみたいな気、しましたかー？〉
「はー…　いい点とりたいというかー…　他はー…　うーん…　よく分かりません…（一瞬、クライエントは気まずい、情けないような表情となり、押し黙ってしまう）…」
〈ああー、そらそうねー…　よく分からないよねー、自分の心はー…〉
「ええー…　そうなんですー…（ほっとしたような表情になって微笑む）」

治療者は最初、「どうですかー」とクライエントに自由な発言を促し、自由連想的な場面設定を行っている。これはクライエントの直近の自己体験を探索しよ

うとしており、また、クライエントがイニシアティブを取った話の流れ、つまりクライエントのコンテクストに治療者は沿っていこうとする姿勢を示している。しかし、クライエントは、医師に「君は勉強に特別な思い入れがあるんじゃないか」といった解釈的なことを最近の診察で言われたことを思い出して、その後は、それ以上の連想につながっていかない。そこで治療者はクライエントに、そう医師に言われたことを自分自身としてはどう思ったのかを尋ねている。クライエントの自己体験としては、それがどのように体験されているのかに焦点を当て、探索しようとしているのである。しかし、クライエントは、それに対しても表面的にしか答えることができず、最後には「よく分かりません」と自信なく、不安げな様子で答えたのである。それは、診察での体験が、クライエント自身が主体的に体験したものではなく、医師の言葉によって自己の体験が外側から規定され、意味づけられた、侵襲的な体験だったことを示唆していた。そこで治療者は、クライエントの情動状態に注意深く調律しながら、「自分の心はよく分からないよねー」と「分からない」というクライエント自身の主観的体験それ自体の妥当性を承認し、クライエントの自己体験のあり方が充分に理解できるものであることを共感的に伝えている。するとクライエントは、自身の自己体験がそのまま認められ、受け容れられたことで安堵の表情を浮かべ、微笑んだのである。

　治療的やり取りと称して、実際、この医師のような介入が心理療法の中で頻繁に行われているように思われる。しかし、こうした解釈的な介入は、必ずしもクライエントの主観的体験に沿ったものではなく、クライエントの主観の外側から「客観的」に与えられたものであり、治療者自身の主観的な視点に過ぎない。しかし不幸にも、普通クライエントは、このような治療者からの解釈的言動を否定して、主観的自己体験の妥当性を主張し、それを信じることができるほど強い自己を有していることは稀であり、治療者の解釈を、自分にとって客観的に正しいものとして受け取ってしまい、自己の主観的体験のあり様を無効化、無価値化してしまうことが多い。こうしたクライエントは、さらに「自分のことを自分は分かっていない」という自己否定的な確信を強め、自己は断片化し、自分の主観的体験を自分自身で貶めるようなオーガナイジング・プリンシプルを形成することになるのである。

　ストロロウらは、自分自身の自発的な欲求やイニシアティブが外部の意図に

よって容易に置き換えられてしまうような患者の融通性のことを「病的融通性 pathological accommodation」と呼び、そのような状態に自己が陥ることは、他者の意思の捕虜になることであり、行動の自由だけでなく、考え、想像し、感じる自由も失うことになると述べている (Stolorow et al., 1987)。治療者が、自身の解釈的介入を「正しいもの」と考えて行っているとき、クライエントに知らず知らずの内に、このような病的融通性を要求している可能性があるのである。

　実際、このクライエントも他者の言動に容易に影響されやすく、自己体験が希薄化し、断片化しやすい自己の障害を有しており、治療においては、クライエントの自己体験のあり方に細心の注意を払い続け、微妙な情動調律を維持しながら、クライエント自身の主観的自己体験の妥当性を一貫して共感的に支えながら探索していく、間主観的な視点からの接近が治療的に必要だったと思われるのである。以下も、このクライエントとの面接でのやり取りである。

「…あのー、この頃、あまり話すこと、浮かばないんですけどー」
〈ああー、そうですねー…〉
「…あのー…　考える自立ってあるでしょう…　僕は、依存していて、人の言ったことを気にして考えているところがあるんですけどー…」
〈ああー〉
「…それとー…　そうじゃなくて、自立して自分で考えようとしてるところと、両方、いま、あるような気がしてねー…」
〈ああー、両方、いま、ある気がするんだねー…〉
「ええー…　それで何か、いまは中途半端になっているというか、どっちつかずのようになってるような気がしてー…　それでよけい思いつかないのかなーって思うんですけどー…」

　最初、クライエントは、自己体験がまとまらず、主観的印象が何も自発的に浮かんでこないことを不安気に語っていた。しかし、そうしたクライエントの自己体験を治療者がそのまま認め、受け容れていると、クライエントの自己感は次第に強まり、その後、自ら、自己の主体性の感覚があいまいなために、他者の言動に左右されやすく、容易に自己感が脅かされ、断片化しやすいという自己のあり

方の問題について語れるようになっている。そして、クライエント自身が、こうした自己体験のあり様における問題を言語化できたこと自体が、さらにクライエントの自己感を強め、そこから自発的な連想が展開している。治療者は、クライエントの自己体験の流れにさらに焦点を当て、クライエントの使った言葉である「いま」を繰り返し使いながら、クライエントのその気づきを価値あるものとして確証しようと力強く鏡映し、いまここでのクライエントの体験にコミットしようとしている。

（続き）
「…それで、この頃、寝すぎてしまってー… なんでこんなに寝るのかなーって思って… 起きても、また寝てしまうというかー… いますることが別にないから、それだったら寝とこうかーという感じで、寝てるような感じですねぇー」
〈ああー、やることないと、そうなるよねー〉
「ええー、そうですねー（ほっとしたような表情になる）… またやることあったらー起きるとは思うんですけどねー…」
〈ああー、そうだよねー〉
「…あー、それでこの前、バイトしようかと思っていると言ってたでしょう。この前、近くのコンビニで、アルバイトの募集があって、採用されたんで、行くことになったんですー」
〈へぇー、行くことになったんだぁー〉
「ええー（笑顔になる）…。それで、いま、名札がまだ出来てないんでねー、それが出来上がるのを待っているんですけどー…、なんかーソワソワしてます」
〈あー、ソワソワというと？〉
「…なんかー、決められた時刻の4時に、きちんと遅れないように行かないとなーとか…、ちょっと気合入れないとあかんなーとか思ってー…」
〈ああー、そら、そういう気持ち、起こるよねー〉
「ええー、約束した時間ですからー」
〈そうだねー。約束した時間にきちんと行くというのも、自立してるってことだもんねー〉
「ええー、そうですねー…（表情が明るくなり、力強く答える）。ちゃんと時間に

来られるかって、聞かれましたからー」
〈そうだねー〉
「…だから、ちゃんと行けるように、生活も変えないとあかんかなーとか…。目が覚めるドリンク剤を薬局で買って来たりもしたんですー…（しっかりした声で）」
〈そうー、準備してるんだねー〉
「ええー…、ちゃんと行けるかなーと思って…。家にいても、あー、いま、2時、あー3時とか、時計ばっかり見てるんじゃないかなーと思うんですけどー…」
〈ああ、そう思うよねー〉
「…メリハリがないんかなー（自ら気づいたように）…」
〈ああ、メリハリがねー〉
「…小学校のとき、先生から、けじめをつけろってよく言われましたねー…（少しおかしそうに笑って）」
〈あー、言われてたのかー（セラピストも少し笑って）〉
「ええー…、なんか、休みの日でも、次の日のバイトのこと考えて、休み切れなかったら、いやだなーとか思ったりー…」
〈ああー、何か中途半端になってしまうんじゃないかとー〉
「ええー、そうですねー…。休みのときは完全に休めた方がいいのかなーとかー…」
〈いろいろ考えるよねー〉
「ええー（少し笑って）…。そのー、いろいろ考えるということなんですけどねー…、父親は、そんなこと考えなかったらいいって言うんですー…。いろいろ考えるから、だめなんだって」
〈ああー、そう言われるのー〉
「ええ。…でもねー、それは、こうやってカウンセリングで、自分のことを考えて、自分の欠点とか治していって、やっていきたいから、考えているんだと思うんでー…」
〈ああー、そうだねー〉
「それを考えんでもいいと言うでー…」
〈そらー、考えないといかんことは、考えんといかんよねー〉
「ええー、そうですねー（笑顔になる）…。それでねー…　父親が言っているのは、

僕の想像ですけど、そういう自分の欠点を、まあ、こんなものだーって思った方がいいということを言ってるんだと思うんですよー」

〈ああー、なるほどー〉

「でもねー…、僕は、そう考えろっていうのは、もうあきらめろって言われてる気がして、嫌なんですよ…」

〈あー、そういう感じ、するよねー（共感的に）〉

「自分の欠点を、まー、こんなもんだーと思うのは、もうそういう欠点を治すのを、あきらめるということに思えてー…。そういうのは、思いたくないと思っているんでー…」

〈あー、そらそうだねー〉

「ええー（笑顔が出る）。欠点とかを治したいと思っているんでー」

〈そう思っているよねー〉

「そうなんですよー…（クライエントはどんどんしっかりした話し方になり、話もまとまっていく）」

　治療者は、一貫してクライエントの言動に伴う情動の流れに沿った情動調律を維持している。紙面では十分に描写することはできないが、治療者はクライエントの語りのトーンに自分の応答のトーンを合わせ、また、クライエントもその治療者の鏡映的なトーンによって自己のトーンを確証しながら、同時に治療者のトーンにも敏感に合わせようとしている。両者の間には、相互的な情動調律が緊密に生じているのである。また、そうした治療者の情動調律は、治療者がクライエントの主観的体験の妥当性を認め、確証していることをクライエントに言外に伝えることになっている。

　バースキーとハグランドは、心理療法的対話をラケットゲームになぞらえて、「対話のボールを空中に浮かせたままにしておく」（Buirski & Haglund, 2001）という興味深い表現をしている。まさにクライエントの情緒に調律しながら、クライエントのイニシアティブで、クライエントの話の流れに乗って傾聴していく治療者の態度とは、そのようなものではないかと思われる。たとえば、クライエントが「やることがないから寝すぎてしまう」と述べたとき、治療者は「やることないと、そうなるよねー」と情動調律しながらクライエントの自己体験の妥当性を承認し、

その後、クライエントからのボールを宙に浮かせたままにして、少し黙ってクライエントの次の反応を待っている。するとクライエントは、アルバイトに行くことになったと話しだしている。このとき、もし治療者が「やることがなくなると無気力になってしまうんじゃないかと不安を感じてしまうんですね」といった解釈的な応答を感情を交えずに、いわゆる客観的な視点から返していたなら、クライエントは、そのことを治療者に問題として規定されたと感じて、自己の主体性が揺らぎ、断片化が生じていたかもしれない。

　ストロロウは、古典的なスタイルで行われている精神分析的心理療法の治療プロセスにおいてしばしば生じる「治療の行き詰まり」を間主観的視点からとらえ直し、それは客観的で断定的な解釈を行っている治療者が、クライエントの感情体験の流れに調律することに重大な失敗を犯し、さらにそれによって生じているクライエントの自己喪失の不安や自己の断片化といった自己体験の質的変化をもまた完全につかみ損ねているがために生じていることが多いことを指摘している(Stolorow, 1992)。実際、このクライエントも、治療者が少しでも情動調律に失敗したり、クライエントの主観的体験に沿わないコンテクストで介入すると、容易に自己の凝集性が低下し、混乱する傾向があったように思われる。そのような治療者の介入は、クライエントの話の流れを寸断することになるので、対話のボールの行き来を治療者が一方的に止めることとなり、クライエントと治療者の相互交流の中で間主観的なコンテクストが創造されていくことができなくなって、その結果、治療が行き詰まってしまうのだと考えられるのである。

　その後、クライエントはアルバイトに対する不安を語るが、このあたりから、面接の底流には、「クライエントは中途半端な自己の状態を脱して、自立の方向に向かおうとしており、それをいま、肯定的に体験しようとしている」という間主観的なコンテクストが二人の対話の中に生じだしている。そして、治療者が、そうしたコンテクストに沿ってさらに応答し続けていると、クライエント自身の口から、自分にメリハリがないことや、何事も中途半端になってしまうという自己の問題が語られ、洞察が進んでいく。そして最後に、いろいろ考えてしまうことを、父親に「そんなことを考えるからダメなんだ」と否定されたことを連想するに至っている。それは、まさに主観的な自己体験の妥当性を他者に否定された体験である。しかし、それまでの面接の流れの中で、すでに自己の凝集性が拡大

していたクライエントは、ここで父親への感情的反発と、「そう言われると、もうあきらめろと言われている気がして嫌だ」という明確な自己主張を主体的に行うことができている。そしてさらに、「自分は、自分の欠点を直したいと思っている」と自己の目標さえ語ったのである。こうしたクライエントと治療者との間主観的な交流、つまり、クライエントの自己体験と情動のコンテクストを共有していくやり取りが、クライエントの自己感を拡大する体験となっていたことは、クライエントの表情が次第に面接の中で生き生きとしたものとなり、力のこもった声でしっかりと自己の主観的体験を語れるように変化していることからも証明されていたように思われる。

このように、対話の中であくまでもクライエントの情動と主観的体験の妥当性を確証しながら、クライエントの情動状態にぴったりと調律し、クライエントが紡ぎだす繊細な動きをたどりながら、治療的な間主観的コンテクストを共同で創造していくことが、自己の障害 disorders of the self をもつクライエントの治療においては不可欠な治療者のスタンスではないかと考えられるのである。

〈臨床例2〉

　関係念慮的訴えのあった若い女性である。以下は個人心理療法を1年間継続し、状態が少し安定してきていた頃の、あるセッションでのやり取りの一部である。

「…あのままアルバイトを辞めてしまったことも、後で悔いがすごく残っていて―…、すごいショックで―…。それで、そういう私のことが噂になってなかったか、聞いて確かめたいと思うんですけどねー」
〈ああー、そうねー…〉
「…それで、私の噂のこととか聞いてみたことはあったんですけどー、そんなことないって、みんなは言うんです…。でも、明らかに何かある感じがするんでー」
〈あー、そうですかー…〉
「…なんか、引いてるーというかー…　男の子の話とかでも、私のいるところでは、あまりしないような気がして―…。男の子のことについて、私から何か引き出そうと思って、言ってるんじゃないかーとか、そんな気がしてー」

〈ああー、そんな気がするんだねー…〉
「ええー…。でもー、それも私の方がー、そういうことに敏感になっているんでー…」
〈ああー、そうねー…〉
「私の方から言うときでもー、何かー、私が引いて言っているとこもあるんでー…、私の方から出てきてるとこもあるのかなーとは思うんですけどー…」
〈ああー、そう思うところもあるんだねー…〉
「ええー…」

　関係念慮のあるクライエントにとって、自分のことが噂されているという主観的体験は、紛れもない現実的な体験である。しかし、治療者は、そうしたクライエントの体験は客観的現実ではなく、クライエントの思い込みによるものであることをクライエントに理解させたいと思うものである。もし、クライエントの主観的体験を客観的現実として認めるようなことをすれば、クライエントの現実認知の歪曲はますます悪化するのではないかと治療者は怖れるが故に、治療者はクライエントの主観的体験を受け容れることができないのである。しかし、こうして治療者がクライエントの主観を否定し、実は治療者の主観である「客観的現実」という視座を絶対的に正しいものとしてクライエントに押し付けるようなことをし続けると、クライエントの主観と治療者の主観の不一致は修復できないところまで拡大し、最終的には治療関係そのものが成立しなくなってしまうだろう。
　間主観的アプローチでは、いわゆる客観的現実というものが臨床ではほとんど意味を持たず、クライエントの主観的な体験を探索するしかないことをはっきりと認めている。そして、治療者はあくまでもクライエントの主観的体験の妥当性を認め、受け容れ、そのクライエントにとっての体験の意味を共感的・内省的に理解しようと努めることが、治療的態度として不可欠であることを主張している（Stolorow et al., 1987）。
　この臨床例でも治療者は、クライエントの関係念慮的な訴えを一切否定せず、「そんな気がするんだね」とクライエントの主観的な自己体験の妥当性を認めながら、クライエントの情動状態に慎重に調律し、落ち着いて受け止めている。すると興味深いことに、クライエント自らが、自分も敏感になっていることを認め

だし、最後には、自分の方にもその要因の一端があるかもしれないと発言するに至っている。考えてみると、クライエントの訴えのとおり、クライエントが周囲に異常に緊張し、警戒感を顕わにしているが故に、周囲の方もその雰囲気にただならぬものを感じ、結果的にクライエントを遠巻きに敬遠してしまっているという状況が現実に起こっていたのかもしれない。

このように、たとえ関係念慮的なクライエントであっても、治療者がクライエントの主観的体験のコンテクストに沿って、クライエントの自己体験のあり様を共感的に理解することができれば、クライエントと治療者の間に生まれた確かな「間主観的現実」の中で、クライエントの断片化した自己体験や苦痛が「現実のもの」として治療者にしっかりと受けとめられることとなり、その結果、クライエントの「自己－輪郭化 self-delineation」や「自己－融和性 self-cohesion」が高まって、クライエントの現実感覚が回復していくのではないかと考えられるのである。

米国のメニンガークリニックで活躍した精神分析医の高橋哲郎は、自身のワークショップの中で、自宅に夜な夜な不審者が侵入していると訴えた妄想性障害の患者に対し、高橋が「それは怖いね」と深く共感的に応じた後、妄想の訴えが次第に減少していった自験例を紹介している。この治療者の介入は、まさに間主観的なアプローチに通じるものではなかったかと思われる。熟練した臨床家はみな、このような間主観的感性をどこかに必ず持ち合わせているように思われるのである。

本臨床例においては、最後に治療者は「そう思うところもあるんだね」と若干あいまいな語尾で終わる応答を返している。これは、その前のクライエントの発言の最後が不明瞭な表現で終わっており、クライエントがまだ関係念慮的な不安を払拭しきれているわけではないことを示していたからである。このように治療者は、クライエントの情動状態からずれることのないよう細心の注意を払って調律し続けながら、それを言葉化し、さらにクライエントの自己体験を探索する共感的やり取りを積み重ねていかなければならないのである。

5　おわりに──他者の心を理解することへの果てしない挑戦

ストロロウらが提唱する間主観的な視点とアプローチを概観し、臨床素材を間

主観的視点から捉え直すことを通して、その臨床的な意義を考察した。間主観性理論は難解だが、その基本的な臨床感覚は、筆者にとっては非常に馴染み深いものだった。それは実は、筆者が長らく師事したスーパーヴァイザーから学んできたことの本質に感覚的に極めて近いものを感じたからである。

筆者のスーパーヴァイザーのクライエント理解とその応答は、それを聞けばまさにそれしかありえないと思えるほど深く共感的なものだった。しかし、自分がいくらスーパーヴァイザーのようにクライエントの内的世界を共感的に理解し、治療的に応答できるようになりたいと努力しても、そのレベルに近づくことさえできず、それは自分にとって途方もなく困難なことのように思えた。筆者は、スーパーヴァイザーのようにセラピーができない自分に悩み続けたのである。しかし、その後、スーパーヴァイザーから離れ、自分なりの臨床スタイルがおぼろげながら見えてきた頃、筆者は、自分の主観的体験とスーパーヴァイザーの主観的体験とは必然的に異なるものなのだから、スーパーヴァイザーと同じセラピーを自分が行うことは、本来、不可能なことなのではないかと思うようになった。そして、その後、間主観性理論が、臨床場面で生じることはすべて、そのクライエントの主観とその治療者の主観が織り成す間主観的な現象であり、ひとつとして同じ治療はありえないことを明言していることを知ったのである。

そして、スーパーヴァイザーが筆者に伝えていた最も大切なことは、個々の応答のコンテンツではなく、まさに間主観性理論が主張している、クライエントの主観的体験世界を徹底的にクライエントの視座から共感的に理解しつつ、治療的なやり取りを間主観的にふたりの間に創造していく治療者のスタンスであり、そのためにクライエントの情動体験のコンテクストにぴったりと調律する感受性や応答性を極限まで磨くことだったのではなかったかと思い至ったのである。

間主観性理論は、心理臨床家にとって最も重要であるにもかかわらず、最も見失いやすい臨床的治療感覚の本質を気づかせてくれるメタ理論であるように思われる。そして、それはまた、他者の主観的な心の世界を理解するということがいかに難しく、永遠の挑戦であるかをわれわれに突きつけてくるもののように思われるのである。

第9章
現代自己心理学における「共感」の探究

1 現代自己心理学の動向

　コフート亡き後、現代自己心理学は大きな発展の途を辿っている。それはフロイト以降、それまで伝統的精神分析が拠って立ってきた「正しい解釈を治療者が患者に与えることによって患者の精神内界に存在する病理を治療する」という「一者心理学one-person psychology」と言われる治療モデルが見直され、治療場面で生じることはすべて治療者と患者の二者の主観間の相互作用の産物として捉えようとする「二者心理学two-person psychology」の治療モデルに基づく「関係精神分析relational psychoanalysis」へと展開しつつある動きと軌を一にしている。

　そうした流れの中で、現代のアメリカ精神分析の動向に詳しい現代自己心理学派の富樫公一は、コフートも今日の関係精神分析家たちからはいまや「一方向一者心理学」だとの批判を受けていると指摘している（富樫, 2009）。確かにコフート理論にある、最適の欲求不満を治療者が患者に与える中で自己対象機能の内在化が生じるという「変容性内在化」の概念や「双極性自己」の概念などは、治療者から患者への影響のみを考えている点で一方向的であり、また、患者ひとりの心が完全に独立して存在し、その中で精神力動が完結しているかのような伝統的精神分析の「一者心理学」の視点に留まっている面があるといえるだろう。しかし、その一方でコフートが提示した「自己－自己対象関係」のモデルには「二者心理学」的な視点が見られ、コフート理論の先見性が指摘されている（丸田・森, 2006）。もっとも、そのような視点がコフート存命中にそれ以上展開されることはなかったのである。

　こうしたコフートへの批判を受けて、現代の自己心理学者たちは「双方向二者心理学的自己心理学」の方向へと大きく舵を切っているといえる。富樫によると、現代自己心理学派では「双方向二者心理学」の視点をより洗練させ、治療者と患

者の関係性をひとつの相互交流システムとして捉える「自己心理学的システム理論」へとさらに展開しているという (富樫, 2013)。その主な流れとしては、バコール Bacal, H. A. による「特異性理論」、ビービー Beebe, B. やラックマン Lachmann, F. M. らによる「乳幼児研究に基づく二者関係のシステム理論」、リヒテンバーグ Lichtenberg, J. D. による「動機づけシステム理論」、フォサーギ Fosshage, J. L. による「複合理論」、ストロロウ Stolorow, R. D. やアトウッド Atwood, G. E.、オレンジ Orange, D. M. などによる「間主観性理論」、そしてコバーン Coburn, W. J. による「複雑系理論」などが挙げられる。

　そこで本章では、こうした現代自己心理学の流れの中で、「共感的コミュニケーション」ともいえる緊密な相互交流プロセスに関する研究として、最新の乳児研究の知見を取り入れたビービーらの研究を概観し、それらの臨床的な意義を考察したい。そして最後に、心理療法の臨床素材を提示し、治療者とクライエントの間主観的な相互交流のプロセスを現代自己心理学の視点から検討することで、臨床場面における「共感」のあり方についてさらに考えてみたいと思う。

2　乳幼児研究と大人の心理療法をつなぐ共感的相互交流の研究

　ロジャース Rogers, C. R. 以来、「共感」とは、治療者がクライエントに共感するものと考えられてきたふしがある。コフートでさえ、「共感」は治療者が患者から精神分析的なデータを収集するための方法であるとし (Kohut, 1959)、晩年になってから、患者を癒す治療作用としての共感に言及している (Kohut, 1984)。しかし、前述したように、双方向二者心理学の視点を取り入れた現代自己心理学では、「共感」は治療者と患者の間に生じる、極めて双方向的で緊密な二者間の相互交流プロセスとして捉えられている。つまり共感とは、治療者の心と患者の心の間に立ち現われる、間主観的な現象にほかならないとの視点である。

　この二者間の相互交流の研究は、近年、乳児と養育者の実際の相互交流の実証的研究によって飛躍的に進歩している。そして、そうした最新の乳幼児研究の知見を、大人の精神分析的心理療法における治療者とクライエントの相互交流の理解に応用し、精神分析的な治療における治療作用の本質についてさらに解明していこうとする動きが、現代の精神分析や乳児発達の研究者たちの中に起こってい

る。そこでは、これまで必ずしも明確ではなかった「共感」の発生的側面や間主観的な相互交流の次元が、さまざまな視点から探究されており、興味深い。

そうした精神分析的な視点を持つ現代乳幼児研究の主な研究者には、その先駆者的存在でもあるD.スターンStern, D. N.やエムディEmde, R. N.を始め、メルツォフMeltzoff, A. N.、トレバーセンTreverthen, C.、ビービーBeebe, B.、ノブローチKnoblauch, S.、ラックマンLachmann, F. M.、モーガンMorgan, A. C.、ネイハムNahum, J.、ライオンズ゠ルースLyons-Ruth, K.、ハリソンHarrison, A.、ソーターSorter, D.、サンダーSander, L. W.、N.B.スターンStern, N. B.、ジャフィJaffe, J.、パリーPally, R.、ガーストマンGerstman, L.、コーンCohn, J.、トロニックTronick, E. Z.など、数多くの研究者が挙げられる。

そして、近年になって、彼らの研究業績のいくつかがわが国でも邦訳されている。その中に2008年に丸田俊彦らが訳出したビービーやノブローチらによる共著『乳児研究から大人の精神療法へ──間主観性さまざま』(*Forms of Intersubjectivity in Infant Research and Treatment.* Beebe et al., 2005) と、同年、富樫公一らが訳出したビービーとラックマンの共著『乳児研究と成人の精神分析──共構築され続ける相互交流の理論』(*Infant Research and Adult Treatment: Co-constructing Interactions.* Beebe & Lachmann, 2002) がある。そこで、主にこれらのビービーらの著作を参考にして、最新の乳幼児研究の知見を精神分析的心理療法の実践に統合しようとしている現代自己心理学派の研究を概観してみることにしよう。

現代乳幼児研究における「相互交流プロセス」の解明

近年、目ざましい発展を見せている乳幼児研究は、乳児と養育者の実際の交流を直接観察し、録画ビデオで記録した映像を詳細に解析・分析するマイクロ・アナリシスという徹底した客観的実証研究の手法を用いて行われている。そして、それらの観察データの解析結果から、これまで想定されていなかったようなさまざまな乳児の潜在能力や、心の起源ともいえる乳児と養育者との相互交流メカニズムが次々と明らかになっている。それらは実に驚きに値するものである。

たとえば、乳児と養育者の間で生じている交流は、それぞれが相手の動きを常に予測し、互いに先取りし合いながら行われており、両者は共に相手の行動が出る前から、それを予測した自分の行動をすでに開始しているという事実である

(Beebe & Lachmann, 2002)。これは0.25秒分割の映像の解析で初めて明らかになったことだという。このことは、乳児と養育者の交流は、一方の動きに他方が反応して起こっているようなものではなく、意識していない瞬間瞬間に、まさに二者の間でどちらからともなく浮上し、どちらからともなく交わされていることを示している。

　ダニエル・スターンStern, D. N.は、心の起源をこうした乳児と養育者の双方向的な相互作用そのものの中に見出して、この二者間で共構築され、創造され続けているものを「二つの主観の間のもの」という意味で「間主観性intersubjectivity」として概念化し、実際の観察データを基にした乳幼児の自己の発達モデルを提唱したことで知られている (Stern, D. N., 1985)。近年、スターンは、ボストン変化プロセス研究グループと呼ばれる研究者たちと共に、最新の乳児研究で蓄積された膨大なデータを背景にして、臨床的変化の瞬間には、どのようなことが間主観的に起こっているのかをミクロなレベルで探究し続けている (Stern, D. N., 2004; BCPSG, 2010)。これまでは哲学や現象学の領域における難解な概念だった「間主観性」の概念が、こうした実際の相互交流プロセスとして明確化され、具体的な輪郭が与えられたことの意義は実に大きかったといえるだろう。

「エクスプリシットな水準」と「インプリシットな水準」の相互交流

　さらに、スターンと共に乳幼児研究を進めてきたビービーらは、これまでの研究成果を基にして、この二者の間主観的な相互交流には、「エクスプリシットな水準」と「インプリシットな水準」の二つのコミュニケーションの形式が存在することを指摘している (Beebe et al., 2005)。「エクスプリシットexplicit」とは「明白な」、「明示的な」、「判然とした」などと訳され、「インプリシットimplicit」は「黙示的な」や「暗黙の」などと訳される。つまり、エクスプリシットなコミュニケーションとは、はっきりと明示され、意識された、言語的verbal、記述的declarative、象徴的symbolicな水準のコミュニケーションであり、一方、インプリシットなコミュニケーションとは、目の動き、まばたき、顔の表情、声の調子やトーン、リズム、ピッチ、ビート、息づかい、身体の動きや姿勢、ジェスチャー、身体の緊張具合など、意識されず、非言語的nonverbal、手順的proceduralに進行している、非意識nonconsciousの行為－知覚水準、暗黙水準のコミュニケーションのことを

指している。そしてインプリシットな暗黙水準のコミュニケーションは、通常は明確に意識されないまま交わされているが、そこに特別に意識を向ければ気づかれる可能性があり、伝統的な精神分析でいう、抑圧された「無意識」とは異なる水準であることが指摘されている。これら二つの水準のコミュニケーションは、相互に影響し合って二者間の相互交流を構成し、双方向的に互いの「予測可能性」に基づいて次第にオーガナイズされていくものと考えられているのである。

　さらにビービーらは、これら二つの水準のコミュニケーションによる二者間の相互交流が、双方向的なプロセスの中でどのように生起しているのかについて、相互交流全体をひとつのシステムとして捉えるシステム論的な視点からの研究を進めている。そこで彼らが挙げている、二者間の相互交流システムに関係する二つのプロセスが、「自己調整self regulation」と「相互交流調整interactive regulation」のプロセスである。ちなみに、ビービーらの著書の監訳者である富樫は、regulationを「調整」と訳すと、静的な語感が伴ってしまい、誤解を招くことを危惧して、「調整」に「制御」の意味を含ませた「調制」という造語を使って訳出している。ここでいうregulation（制御・調整）とは、ポジティブな意味も静的なイメージもなく、あくまでも価値中立的で、常に絶え間なく双方向的に生じているダイナミックな動的プロセスであることを念頭に置いておくことが必要だろう。

　そこで、まず「自己調整プロセス」だが、それは、交流している各パートナーが自己の覚醒度arousalと内的状態を調整している内的なプロセスを意味している。ビービーらは、「生まれてからずっと、自己調整は、覚醒の取り扱い、注意の維持、過剰刺激に直面して覚醒を弱める能力、そして行動表出を抑える能力に関係します」（Beebe & Lachmann, 2002）と述べている。それは成人においては自分の内的状態にアクセスすることであり、内的状態の明確化、内的状態への関心、そして内的状態を使うための能力が含まれている。また、そこでは、さまざまな防衛機制や無意識的なファンタジーなども制御・調整されているという。一方、「相互交流調整プロセス」とは、パートナー同士で、一方の動きが他方の動きに影響を与えたり、影響を受けたりして、二人の交流が双方向的に制御・調整されている相互作用のプロセスを指している。そして、この「自己調整プロセス」と「相互交流調整プロセス」も相互に影響し合い、絶え間なく制御・調整され続けている。こうして、これら二者間のさまざまな相互作用の調整が、意識的な「エクスプリ

シットな水準」と暗黙の「インプリシットな水準」の二つの次元のコミュニケーションにおいて同時並行的、双方向的に活発に進行しているのである（図3）。

　ここで彼らが何度も強調していることは、「自己調整プロセス」も「相互交流調整プロセス」もどちらか一方だけが単独で機能することはありえないという点で

判然とした
意識的

言語化可能な
象徴的ナラティヴ

自己-調整
＝防衛
　（無意識の）ファンタジー

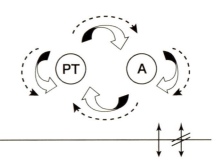

暗黙の
　―手順的
　―情緒的

非意識的

凝視
顔
声
―韻律
―リズム
空間的位置づけ
触れる
自分に触れる
姿勢

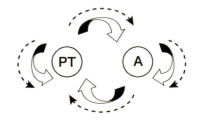

図3　判然としたプロセシングと暗黙のプロセシングを図解した、
　　　大人の治療における相互交流

矢印はパートナーとの間の予測可能性（「コーディネーション」あるいは「影響」）を示す。点線の矢印は予測可能性のパターンの歴史を示す。判然とした領域と暗黙の領域との間の矢印は、必要に応じて、暗黙のシステムと判然としたシステムは相互に翻訳可能であることを表している。二領域の間の矢印で打ち消されているものは、コミュニケーションが困難な場合に、この翻訳が破綻することを示している。

　　　━━▶ 現在の調整　　－－▶ 調整プロセスの歴史

（ビービーら〈2008〉『乳児研究から大人の精神療法へ』岩崎学術出版社より）

ある。ビービーらは、そもそも「内的プロセス」と「関係的プロセス」を分けて考えることにも異議を唱えている。純粋な「内的プロセス」や「関係的プロセス」など存在せず、それらは常に影響を及ぼし合い、表裏一体となって生じているからである。このように現代乳幼児研究では「双方向二者心理学」の基本的視点が徹頭徹尾一貫して取り入れられていることが大きな特徴になっている。

現代乳幼児研究における共感メカニズムの探究

こうした双方向的視点から捉えられる乳児と養育者の相互交流に関する研究は広範にわたっており、現在も多くの研究者たちによって膨大な実証研究が積み重ねられている。その中で彼らが一貫して探究していることは「人はいかにして相手の心の状態を感じ取るのか」というテーマだともいえるだろう。それは「人はいかにして他者の主観的体験に入り込むのか」、あるいは「自己と他者の間で、いかにして主観的状態が共有されるのか」といったテーマにもつながるものであり、まさに「共感」の間主観的メカニズムに関する研究なのである。

そこで、現代乳幼児研究の数多くの研究者たちが共通して示唆していることをまとめると、それはおおむね以下のような点に集約されるように思われる。それは、1) 乳児と養育者は、緊密な相互交流の中で、そのいずれもが言葉や言語なしに、声の調子や身体の動き、顔の表情などが変化する、その「タイミング」や「形form」や「強さ」といったインプリシットな形式的次元で相互に密なマッチングを行いながら、互いに相手の意図や感情状態を瞬時に察知しているようである。2) それらがどのようにマッチングされていくかの予測の積み重ねが、内的体験を根源的に組織化し、それに意味を与える原理、つまり、オーガナイジング・プリンシプルの形成につながっていることが考えられる。3) このことは、大人が相互交流を通して、相手の気持ちを感じ取り、他者に共感するメカニズムにも同様に当てはまっていると考えられる、というものである。

乳児の顔の模倣をめぐる研究が示唆するもの

それでは数ある乳幼児研究の中で、ビービーらの著作の中で紹介されている、特に大人の精神分析的心理療法における共感的な相互交流と関連が深いと思われる研究を概観してみよう。

まず、乳児が早期から養育者の模倣をすることは以前から知られていたが、メルツォフが示した観察データ (Meltzoff, 1985) は驚くべきものであった。乳児は誕生後たった42分後に、成人モデルの顔の表情を模倣できるというのである。これは、生まれてすぐの乳児が、モデルの顔の中に見たものと、固有受容器的に自分の顔に感じるものの間に、すでに対応性を確立していることを示している。異なる感覚器官の間でマッチングを行いながら、乳児は誕生直後から内的状態と環境とを対応させ、調整することができていることが示されたのである。

　他にも、顔の表情のマッチングに関する研究では、さまざまな観察データが示されている。たとえば、デビットソンとフォックス (Davidson & Fox, 1982) は、生後10ヶ月までの乳児に笑っている女優のビデオを見せると、乳児の脳は快感情のパターンを示し、泣いている女優のビデオを見せると、乳児の脳は不快感情のパターンを示すことを明らかにしている。この結果は、人はパートナーの情緒を単に知覚するだけで、知覚した人の中に共鳴する情緒状態を瞬時に創り出すことを示している。類似の実験は成人でも試みられており、そこでもパートナーの表情へのマッチングは、見た人のなかに似たような生理状態をつくり出すことが明らかにされている。こうした現象は、近年、神経生理学の進歩の中で「ミラーニューロン・システム」が発見されたことで、脳科学的にもその妥当性が確認されている。

　このように、人間は生まれた瞬間から、他者の状態の中に自分を見出したり、自分の中に他者の状態を再現することによって、間主観的な相互交流をすでに始めているものと考えられる。ビービーらは、こうした「あなたは私みたいだ」、あるいは「私はあなたみたいだ」と知覚する乳児の能力は、間主観性をオーガナイズする最も重要な要因であることを指摘している (Beebe & Lachmann, 2002)。コフートが晩年に提唱した「双子自己対象体験 twinship selfobject experiences」(Kohut, 1984) は、近年、現代自己心理学派において、最も重要で根源的な自己対象体験として位置づけられている (富樫, 2011a)。双子自己対象ニーズとは、概していえば「自分が本質的に他の誰かに似ている」と体験することへのニーズである。乳児と養育者の間のさまざまな模倣やマッチングの相互交流は、こうした双子自己対象体験につながるものとして意味深く思われるのである。

乳児と養育者のマッチングと愛着形成をめぐる研究から見えてくるもの

　次に、乳児と養育者のマッチングと愛着形成の関連についての研究を見てみよう。それは、精神分析的心理療法における治療者とクライエントのインプリシットな相互交流を考える上で、さらに重要な示唆を与えてくれる。

　ビービーらは、母親と乳児が顔の表情や発声のリズムやトーン、ビート、抑揚、身体の動きなどをマッチングさせるインプリシットな水準の相互交流プロセスをさまざまな観察データを用いて研究している (Beebe & Lachmann, 2002)。そこでは母親と乳児のマッチングをめぐる相互交流プロセスが、マッチmatch、ミスマッチmismatch、再マッチrematchに分類して観察されている。するとたいていの場合、ミスマッチが生じると、母親と乳児は2秒以内に再マッチすることが確認されたという。そして、2秒の間に再マッチする確率が高ければ高いほど、それだけ生後1年目に安定した母子の愛着関係が築かれている確率も高くなることが明らかになったのである。

　ここで興味深いことは、マッチングそれ自体よりも、再マッチがミスマッチに続くことのほうが、愛着の形成によりいっそう重要であったという結果である。断絶した母子の相互交流が修復されるプロセスの重要性は、コフートが治療メカニズムとして治療関係の中で「共感不全への共感」や「自己対象転移の断絶と修復」を重要視したこととまさに一致しており、興味深い。

　次に、マッチングの相互交流のパターンは「類似型」と「補正型」に識別された。たとえば、母親と乳児の音声リズムのマッチングでは、サインが陽性の場合、一方の持続時間が長くなると、他方もそれに従って長くなるマッチングが「類似型」で、サインが陰性の場合、一方の持続時間が長くなると、他方の持続時間は系統的に短くなるマッチングが「補正型」である。実験では、抑うつ状態の母親とその乳児の相互交流が観察されたが、サインが陽性ではなく、陰性の状態のときに「類似型」のマッチングが生じやすい傾向があったという。乳児が、発声、表情、身体で苦悩を表現すると、母親はまるでさらに絶望が深まるように、高まり続ける乳児の覚醒レベルに類似型のマッチングをし続けてしまい、「過覚醒の相互増幅」が起こるのである (Beebe et al., 2005)。そうなると両者は互いに相手の覚醒と苦悩を強め合う方向でどんどんマッチングしていき、苦悩状態はさらにエスカレートして、乳児はやがて混乱し、嘔吐するか悲鳴をあげる状態となっていくと

いう。

　乳児は苦悩状態において「自己調整プロセス」の機能不全が生じているが、そこには乳児と母親の「相互交流調整プロセス」の機能不全が影響しているのである。乳児の自己調整プロセスを母親が妨害している他の例としては、乳児が布切れを触ったり、指を吸ったりという自己沈静 self-soothing の行動を取り始めるや否や、母親が乳児の手をそれから引き離そうとするという交流や、苦悩に喘ぐ乳児に、母親が繰り返し微笑みかけたり、顔を背け、身体を反り返えらせて、他者と関わりが持てない状態に陥っている乳児に、刺激を繰り返し与え、乳児の陰性の反応をさらにエスカレートさせる母親が認められたという。こうした母親は、そもそもの乳児の苦悩それ自体を否認しているかのようであり、ましてやそれを修復することなどできない。そうした相互交流調整が難しい抑うつ状態の母親と乳児のペアでは、乳児は、母親との「過覚醒の相互増幅」を避けるために、相互交流の関わりを絶って、自己沈静の行動を繰り返し、自己調整に没頭するようになることが観察されている。このような相互交流パターンが長期にわたって繰り返されていくと、後の不安定な愛着や感情制御の障害、さらには引きこもりにつながっていくことが予測されるのである。

　一方、苦悩状態に陥った乳児の自己調整を支えることのできる母親を観察してみると、そうした母親は、乳児の覚醒水準の下方調整を促すような補正型の至適な応答を乳児に返していることが認められた。母親は、乳児の苦悩状態の中に一時的、部分的にマッチングして「参入」しながらも、自己の活性・覚醒レベルにおいては、乳児よりも低いレベルに微調整し、留まることができていたのである。

精神分析的心理療法におけるマッチングの影響

　このような苦悩状態の乳児と母親との相互交流パターンと類似の現象が、治療関係においても生じていることは、容易に想像がつくことである。クライエントへの「共感」をすべて類似型のマッチングと理解し、苦悩状態をめぐるクライエントの自己調整を無視して、類似型のマッチングを一方的に行っている治療者は、それが過剰になると、クライエントとの間に「過覚醒の相互増幅」を引き起こし、クライエントの苦悩状態をさらにエスカレートさせていることがあるかもしれない。筆者自身、臨床を始めて間もない頃、クライエントの苦しみに共感している

つもりで、過度な類似型のマッチングを執拗に行い、結果的にクライエントの苦悩状態をさらにエスカレートさせていたことがあったように思う。このように、いわゆる「過剰な共感」とでもいえるような「過度な類似型のマッチング」は決して治療的とはいえないことが、乳幼児研究においても実証されているのである。それでは、相互交流における至適なマッチングとは、いったいどのようなものなのだろうか。

　ジャフィは、生後4ヶ月の乳児と母親との間の音声リズムのマッチングの度合いが、二者間の自己調整と相互交流調整のバランスや、その生後1年目での乳児の愛着のパターンにどのように影響するかについて詳細に検討している (Jaffe et al., 2001)。その結果、中度のマッチングが、最も乳児の安定した愛着の形成につながることが明らかになったのである。つまり、自己調整と相互交流調整が中程度に調整されていれば、それぞれの調整は相互に拘束力を持つことなく、維持されながらも、また過度にもならず、柔軟に連動することができるのである。しかし、もしも相互のマッチングが低度の場合には、相互交流調整が用を成さず、自己調整に没頭する傾向が生じる可能性があり、また逆に、あまりにも高度の相互マッチングが生じている場合には、自己調整を犠牲にして相手を過剰にモニターする「過剰な気配り」が生じ、相互交流調整に偏ってしまう可能性が高くなって、共にその後の不安定な愛着形成に結びつくことが予測されるのである。

　ここでマッチングそれ自体よりも、再マッチがミスマッチに続くことが重要であったことを考え合わせると、中程度のマッチングは、避けることのできないミスマッチに柔軟に対処しやすいことが考えられる。基本的にマッチングをめぐる相互交流調整の微調整は、ふたりの「類似性」と「相違性」との間を常に行きつ戻りつするプロセスだといえるだろう。こうした中程度のマッチングは、心理臨床実践に当てはめてみても納得のいくものである。それは、経験の深い心理臨床家が、クライエントの話を聴くときには、言葉を摑んでしまわずに「ふわーっと聴く」(河合・鷲田, 2003) ことがコツと語るのと合致しているように思われる。

　このように二者間の相互交流は中程度のマッチングで推移し、それぞれの自己調整と相互交流調整が、ほどよい中度の調整で、柔軟にバランスを維持しながら連動し合っていることが、最も安定的で至適な相互交流パターンを構成するものと考えられるのである。

精神分析的心理療法におけるインプリシットな水準での相互交流

　このように現代の乳幼児研究では、インプリシットな水準における相互交流パターンの研究に焦点が当てられているが、こうした水準の相互交流は、前述したように、大人の精神分析的心理療法の治療状況においても活発に生じており、間主観的なやり取りの流れに大きな影響を及ぼしているものと考えられる。しかし、これまで伝統的精神分析は、解釈を中心としたエクスプリシットな水準の言語的交流を中心として発展してきたため、そうした治療中のインプリシットな水準の領域にはほとんど焦点が当てられず、軽視されてきた歴史がある。それどころか、伝統的精神分析のスタンスを厳格に採用する治療者は、禁欲原則に従って治療者の観察者としての中立性や客観性を維持するために、治療者自身の個人的な感情表出を可能な限り抑え、自らの顔の表情や声の抑揚もできるだけ変えないように抑制したり、時には無表情であろうとすらしていたのではないかと思われる。

　相互交流プロセスにおいてインプリシットな側面を意図的に排除することは元来不可能なことであり、その影響をないものとして想定し、無視しようとするような治療者の態度は、重大な問題を孕んでいるといえるだろう。ビービーらは、精神分析的心理療法においても、言語的でエクスプリシットな相互交流だけでなく、非言語的なインプリシットな相互交流も視野に入れて、それらを統合する中で治療作用を検討していく必要があることを主張しているのである (Beebe & Lachmann, 2002)。

　それでは精神分析的心理療法において、インプリシットな動きに焦点を当ててみると、治療者とクライエントの間に起こっている相互交流は、具体的にどのように表されるだろうか。ビービーらは、ビデオ録画された女性患者と男性治療者の治療場面を観察して、それを次のように描写している。

　患者は徐々に苦悩状態に陥り、せわしなく両手の身振りを交えながら、緊張した身体を前のめりにし、顔をクシャクシャにして今にも泣き出しそうな張り詰めた様子で話しをしている。分析家は静かに耳を傾けており、とても注意深い表情をしている。患者が動揺し始めた時、分析家は椅子をわずかに患者の向きに移動させた。両者はアイコンタクトを保っている。患者の動揺が高まると、分析家の足は、時々、わずかながらせわしなく揺れ、それが患者の身体のリズ

ムにマッチしている。そして分析家は椅子に座ったまま身体をわずかに前にずらす。この時点で分析家と患者の頭の動きはシンクロナイズしている。患者の動揺が高まるたびに分析家は足を組んだり戻したりし、患者の動きのリズムに合わせて頭を上下に動かし、その度に「yes」と穏やかに言葉にして、患者の興奮に参加する。こうして徐々に患者の興奮はおさまり、分析家の頭の動きもゆっくりになる。長い沈黙が何度か訪れ、やがてゆっくりと彼らは互いに話を始める。(Beebe et al., 2005)

　このようにインプリシットな水準に絞って面接を見てみると、治療者とクライエントの間では、実に微妙で繊細な暗黙水準の非言語的な相互交流が、まさに乳児と母親のマッチングのように活発に生じていることが分かるだろう。ビービーらが指摘するように、面接の中の分析家は、クライエントの発話のリズムに適度にマッチングしたり、身体の動きをクライエントの動きにシンクロナイズさせたりしながら、情動的な動揺の増幅とその沈静化という相互交流の連鎖に参入している。分析家は、クライエントの一連の動きに影響されながらも、治療者自身の内的状態の自己調整を行っており、それはまたクライエントとの相互交流調整に反映されて、結果的にクライエントの自己調整の沈静化に影響を与えていることが伺われるのである。

インプリシットな水準での「他者と共に在る」新しいあり方の創造

　上記の面接を例にして、ビービーらは、結局、治療者はこうしたインプリシットな暗黙の体験を通して、「彼（治療者）が彼女（患者）と共に在ること being with」を彼女に示しているのだと述べている。ビービーは、また別の例として、自身の臨床例、「ドロレスの症例」を詳細に提示して、長期にわたるドロレスとの表情をめぐる暗黙のインプリシットな関わりの積み重ねが、ドロレスが「他者と共に在る新たなあり方」を創造することにつながったとしている (Beebe et al., 2005)。ビービーらはそれを「治療者は患者に新しい種類の相互交流のパターンを提供した」とも、「ドロレスは暗黙のレベルでこの新しい関係の仕方を学んだ」とも表現している。これは、スターンら (BCPSG, 2010) が「関係性をめぐる暗黙の知 implict relational knowing」と呼ぶものであろう。

この「他者と共に在る新たなあり方」の創造とは、ふたりの関係性、つまり、二者間に新たな相互交流パターンが体験的に組織化されたことを意味している。そしてビービーとラックマンは、この相互交流パターンが組織化され、その体験が内在化されていく際の原理を「オーガナイジング・プリンシプル」とし、それは「進行し続ける調整」と「断絶と修復」、そして「情動が高まる瞬間」の三つの基本的パターンから成っていると説明している（Beebe & Lachmann, 2002）。ここで注意すべきは、これらの基本的パターンはすべてプロセスやコンテクスト（文脈）のことであり、内容的なものには特定されていない点である。
　さらにビービーらは、ライオンズ=ルースLyons-Ruthの言葉を引用して、次のように述べている。「共に在ることをめぐる暗黙のあり方のこうした変容は、言語的なインターラクションを介しては起こりえない。むしろ、そうした変容は、相互に参与し合い、協働しながら、ほとんど自覚のないところで構築されるアクション対話を介して生み出される」（Beebe & Lachmann, 2002）。
　人はどのように他者と共に在ればいいか、他者と共に在ってどう自分の気持ちを落ち着かせるか、他者と共にいてどう相手の気持ちを理解し、どう互いに心を通わせるか、といったことを人は意識的に身につけることはできない。それは言葉に置き換えることのできない、暗黙の次元のものであり、相手との非意識の相互作用、しかも身体性を伴った相互行為（中村, 1992）の中でこそ、体験的に了解されるものなのである。こうしたインプリシットな水準での関係性の理解は、いわゆる「暗黙の了解」や「暗黙の知」と呼ばれてきたものであろう。われわれの日常の生活では、いたるところに莫大な量の「暗黙の了解」が存在している。われわれの認識は、むしろそうした「暗黙の了解」に基づいていることが多いのである（Stern, D. N., 2004）。「暗黙知」の概念を提唱した哲学者マイケル・ポランニーは、「暗黙知」を通して初めて人間は、事物の集まりが全体としてもつ意味を包括的に理解することができるようになると指摘している（Polanyi, 1966）。
　このように、これまでの精神分析で重視されてきた意識的、言語的、記述的、象徴的な要素ではなく、むしろ非意識的、非言語的、アクション的な暗黙のやり取りの要素が、体験そのものを強力にオーガナイズし、他者と共に在るあり方の変容に大きな影響を与えている可能性が示唆されているのである。

エクスプリシットな要素とインプリシットな要素の至適な統合

　それでは、意識的、言語的、象徴的な水準のエクスプリシットなやり取りは、どのような位置づけになるのだろうか。もちろんビービーらは意識的システムを否定してはいない。非言語的な暗黙水準の交流において信頼と安全の基盤が醸成された後に、それを土台として、さらに言語的、象徴的なやり取りが加わって、患者に意識的な気づきがもたらされることは、より適応的な活性化やその定着、意図的な選択や内省、自己感の統一感の強化につながるものと考えられているのである（Beebe et al., 2005）。また、パリーは、予測可能性が中程度に機能しながら相互交流が維持されている間は、非意識レベルでの暗黙のコミュニケーション様式で支障は起こらないが、いったん予測していなかった事態が生じたり、予測不可能な事態に至った際には、意識レベルのかかわりが必要になることを指摘している（Beebe et al., 2005）。一方、ラックマンは、治療者と患者の相互交流の中で、それまで予測し合い、共調し合っていたやり取りだけではなく、予測外のやり取りが生じることもまた、治療的なインパクトになることを指摘している（Lachmann, 2008）。そうした想定外のやり取りが治療中に外傷的でない程度で起こり、それが意識的、言語的に修復されることもまた、オーガナイジング・プリンシプルの「断絶と修復」や「情動の高まる瞬間」のパターンとなって、内的な体験プロセスを強力に組織化することにつながるというのである。

　このようにビービーらは、意識的な言語的コミュニケーション様式と非意識的な暗黙のコミュニケーション様式は、常に相互に影響し合って進行することを強調する。そして、治療的変化とは、インプリシットな水準とエクスプリシットな水準のまさに「二重のコミュニケーション・プロセス」において生じるものと考えられているのである。

　ビービーは「ドロレスの症例」の中で、治療が成功裏に進んだ後半、二人は面接の中で、新しい「より安全な感覚」と「真の希望の可能性という感覚」を共に理解しつつ、驚くほどの調律をし合って、当意即妙なやり取りを交わしていたと述懐している。スカロフ（Sucharov, 1998）は、共感的な相互交流を「共感的ダンス empathic dance」と呼んでいるが、二人のやり取りは、まさに息の合ったダンスのように交わされていたことだろう。そしてまた、ドロレスのコミュニケーションには、意識的気づきとその言語化、そして非言語的な暗黙の情緒的様式や、発話

のリズムやジェスチャーなど、そのすべてにおいて、それらが統合されたあり方が示されていたことが指摘されている。

このように、エクスプリシットな要素とインプリシットな要素が至適に統合され、しなやかに連動して表出されるドロレスの全人的なコミュニケーションのあり様は、治療者であるビービーもまた同様であったに違いない。ドロレスの変化は、ビービーとの相互交流プロセスの変化によるものであり、二人の間主観的な変化だからである。そして、こうした二人の至適なコミュニケーションの変化を生ぜしめた源にある、両者の「自己調整」と「相互交流調整」のプロセスは、そのどちらにも偏向することなく、最も至適な、ほどよい中庸midrangeのレベルで調整されていたものと考えられるのである。

言語化することのリスクと言語化しないことのリスク

それでは最後に、精神分析的なアプローチにおいて、そうしたエクスプリシットな要素とインプリシットな要素が至適に統合された相互交流のあり方に至るためには、インプリシットな要素をどの程度、意識化し、言語化することが必要なのかという疑問について考えてみたい。非言語的な要素はどこまで解釈されるべきなのかというテーマである。

そこでまず、非意識と無意識を概念的に区別しておくことが必要だろう。精神分析でいう無意識とは、特定の要素が抑圧によって無意識化されているという、防衛や抵抗の意味合いが前提となっている。一方、非意識にはそのような意味はなく、注意を向ければ意識される部分を含んでいる。したがって、非意識のインプリシットな要素を意識化しなければならない必要性は、精神分析的には存在しないことになる。

ちなみに、臨床的変化について探究し続けているスターンは、「治療的変化を果たすためには明白な領域における解釈が必要不可欠というわけではないと考えている。治療的変化は、暗黙の了解における変化を通しても起きうるのである」(Stern, D. N., 2004)と明言している。そして、暗黙の領域を言語化することで、体験からの距離が生じ、現在進行中の「今ここで」のプロセスが中断してしまうリスクについて指摘している。言語は、必然的に「何を言うか」と「どう感じるか」の間、さらに「言語化できる自己」と「体験している自己」の間に「断絶」を生じ

させるからである。

　しかし、インプリシットな要素を言語化しないことで、もしもインプリシットな要素とエクスプリシットな要素の矛盾した不一致の状態が温存され、それがダブルバインドとなって恒常化すれば、そこからさまざまな神経症的問題が生じてくることが考えられる。富樫は、それらの不一致が、病理的な太古的自己愛空想 archaic narcissistic fantasy を発展させる素地になることを指摘している（富樫, 2011a）。インプリシットな要素が言語化によって一切相対化されないまま積み重ねられていくと、自己愛空想が肥大化し、言っても言わなくてもそのようになるという「全能性」の原理が支配的となるリスク（齋藤, 2000）が生じるかもしれないのである。

言語化による「ズレ」と「ゆるみ」の治療作用

　結局、スターンのいうように、言語化による「生の体験の断絶」は、言葉を持った人間の宿命といえるかもしれない。意識化し、言語化することによる「合一の世界の断絶」の体験と、非言語に感じ、体験するレベルでの「合一の世界との融合」の体験が、ひとつの弁証法的なプロセスとなって行きつ戻りつしているとすれば、その揺れ自体は人間の自然な体験のあり方なのかもしれない。精神分析的発達論に詳しい齋藤久美子は、言語化による「断絶」あるいは「分断」に関して、次のような興味深い論を展開している。

> 「言語」の創造的意味は大きいし、また自己の中の「生身の体験世界」と「主体」との間に分け入って「キシミ」や「違和感」を与えながら「スキ間」を入れて、自己完結的な閉塞を解く重要なはたらきがある。つまり、intrapersonal にも interpersonal にも必要な距離（ゆるみ）を入れるところが、先の情緒交流における全能的な直接性とは違っている。自己内対話でも、内実と言語とのズレの感覚がむしろ、混沌化とは逆方向の更なる自己探索を促していく推進力になりうるであろうし、また臨床家の解釈的介入など「他者の言語」とのズレは、自他間の距離を安全に守りながら、自己理解・自己再体験の仕事に有意義な一石を投ずる働きをすると思われる。（齋藤, 2000）

　齋藤のいうように、言語化は、必然的な「ズレの感覚」によって、むしろ

intrapersonalにもinterpersonalにも必要な「ゆるみ」をそこに入れることになり、そのことがさらなる自己探求の推進の契機や力につながる側面があるのである。このintrapersonalとinterpersonalは「自己調整」と「相互交流調整」に読み換えることができるだろう。暗黙のインプリシットな水準を意識化し、言語化することに関しても、むしろ、そこに適度な「ズレ」が生じることが、両水準のさらなる展開と相互活性化の可能性を秘めた「ほどよい揺らぎ」を刺激することが考えられるのである。

それでは次に、実際の臨床例を取り上げ、クライエントと治療者の間主観的な交流を、現代自己心理学の相互交流プロセスの視点から臨床的に検討してみよう。

3 臨床例による検討

19歳のH子は、コンピューター・グラフィックの専門学校に通っていたが、夏休み明けごろから不眠と抑うつ気分を訴えるようになり、通学も休みがちとなった。家庭では次第に情緒不安定となり、夜中に親に物を投げるなどの行動も見られるようになったため、心配した両親がH子を連れて心療内科クリニックを受診した。初診時、H子は、感情をコントロールすることができないと主治医に自ら訴え、カウンセリングを希望したため、薬物療法と並行し、筆者が担当となって精神分析的な個人心理療法が開始されることとなった。

初回、小柄で目立たない、大人しそうな印象のH子は、不安げな表情を浮かべながらも、治療者に積極的に話しだした。「友人のことで相談したかったんです。自分は友達ができにくい。専門学校ではグループで作品を共同製作する課題があるが、グループで自分が言った意見は、他の子には受け入れてもらえなくて、たいてい無視されるんです。それが嫌で、もう何も言わずにいたら、今度はHちゃんは協力的でないとみんなに言われて、そしたらいったいどうしたらいいの！って思うんです。友達とのことを夜中に考えだすと、こうなるのは前にこんなことがあったからだとか、どんどん考えていって、落ち込んでいって眠れなくなる。そんなとき、気楽にぐっすり眠っている両親に腹が立ってきて、当たってしまう。自分でも良くないと分かっているけど、どうしてもコントロールできなくなるんです」。

H子はしっかりと自己の悩みや葛藤を言語化し、内省する能力があると感じた筆者は、どうしたらいいか共に考えるために治療面接を続けてみることを薦め、H子も希望した。最後に治療への希望を聞いたところ、「どう考えたらいいかというのは教えてもらったら分かるけど、私は考えてばかりで、行動できない。考えるばかりでなくて、行動できるようになりたいんです」ときっぱりと語ったのが印象的だった。

　筆者は、内心、しっかり言語化し内省する力のあるH子との面接はスムーズに進むだろうと予想していた。ところが、その後の面接で筆者は、H子とのやり取りにある種の難しさを次第に憶えるようになっていった。それは次のようなやり取りが頻発するという形で表われたのである。

　H子は面接の中で、具体的な友人関係のトラブルについて語り続けたが、筆者が「その友達の言動は、こんな意味もあるかもしれないね」などと少しでもH子の認知や行動を修正する必要を示唆するような応答をすると、急に堅い表情となって身体をこわばらせ、「それは分かっているんです」と頑なに拒否し、筆者にあからさまな警戒の姿勢を示すことが頻繁に生じるのである。そもそも面接中のH子の様子は、いつも緊張気味に椅子に浅く座り、行儀よく手を両膝に置いて、やや下を向き、目を伏せて、筆者の顔をほとんど見ることなく、自分のペースで一方的にしゃべり続けるというものだった。H子は筆者の存在をあまり意識していないようであり、筆者が少しでも口を挟むと、いつもビクッと身体を震わせ、驚いたような反応を示すことが常だった。こうして筆者自身も、いつしかH子の自分への警戒的反応に敏感となり、固くなって、次第に自由に応答することができなくなり、面接中、緊張と居心地の悪さを感じるようになっていったのである。

　そこで、こうした状況を打開することが喫緊の課題であることに思い至った筆者は、H子の語りに口を挟むことはできるだけ控えるようにし、ひたすら彼女の語りのリズムや声のトーンに自分のあいづちや応答のリズムやトーンを合わせながら、彼女の語りに徹底的に耳を傾け、H子の内面を共感的に理解することに極力努めることにした。すると不思議なことに、そうした交流様式に転換した頃から、次第に彼女の語りが以前よりもスムーズに筆者の心の中に浸透してくるように感じられた。そして、その後、H子の語りの内容は、自然と友人関係の話題か

ら離れ、幼少の頃から抱いてきた彼女の家族への思いをめぐる話へと変化していった。

　実はH子には、生まれつき重度の身体障害をかかえた妹が居た。家族は、昔からその妹を育て、介護することに大きな苦労を重ねてきた。そしてH子は、妹の世話に手を取られる両親に、幼い頃から文句ひとつ言わず、逆に積極的に家族に協力する優しい子どもとして育った。しかし、やはりそのことは、H子の心の奥底に、両親への強い不満となって残っていたのである。筆者は、H子の語りに耳を傾けながら、彼女の家族へのアンビバレントな感情の深さとその複雑さについて、認知と感情の両面からの共感的理解を深めていった。

　そして、ある回、H子から次のようなことが語られた。それは彼女の誕生日の出来事だった。その日、妹は親戚の家に預かってもらい、H子は両親とレストランで誕生日のお祝いをすることになっていた。彼女は前々からそれを非常に楽しみにしていた。しかし、当日、たまたま父親に仕事が入り、レストランでの食事は中止となってしまったのである。面接でH子は、その顛末を語りながら涙を流した。いかに自分がその日を楽しみにしていたか、そして、その自分の気持ちを両親が分からず、簡単に予定を変更したことへの不満、自分の期待する気持ちと親の自分への気持ちに大きな温度差があったことへの失望が、彼女の口から涙とともに切々と語られた。H子は、実際、その残念な気持ちをせめて母親には分かってもらいたいと、そのときの自分の思いを母親には伝えたが、話せば話すほど、母親から返ってくる返事は彼女の期待とはほど遠く、ますます失望が深まったと語った。H子は「どうしても予定がつかなくなったのは仕方ないけど、少なくとも私のこの残念な思いだけは母親に共有してほしかった。私としては、ただ共感してほしかったんです…」とさめざめと泣き続けた。

　そのとき、筆者はある興味深い体験をした。実は最初、筆者はH子の語りに耳を傾けながらも、彼女の嘆きに深く共感することができないでいた。というのも、両親は彼女にすでに十分に謝っており、また、新たな日程の約束もしていて、筆者には両親の立場もまた了解できるような気がしたからである。筆者は、このとき、H子の悲しみのトーンに合わせたあいづちの反応を返しながら、彼女との相互交流調整を行っていたが、どこか内心では共感のできなさを感じ、自分自身の反応にぎこちなさを感じていた。こうした筆者の内的な微調整の乱れは、H子

との相互交流調整にも影響を及ぼし、インプリシットなレベルでは両者の間に微妙な「ズレ」と不自然さを醸し出していたに違いない。

　ところが次の瞬間、驚いたことに彼女の嘆き、悲しみへの深い共感的理解が、筆者の胸の中に突然、強い情動的反応を伴ってふつふつと湧き上がってきたのである。それは、筆者が「ああ、H子の期待するような母親は、この世には居るのかもしれない」とフッと想像した瞬間のことだった。考えてみれば、彼女が母親に自分の気持ちを共有し、共感してもらいたかったという嘆きには、「叶うはずのものが叶わなかった」という無念さの感覚が伴っていた。しかし、筆者は最初、H子の望むような母親は現実には存在しないだろう、いくら母親でもテレパシーでもない限り、子どもの心境を温度差なく完全に共有することなどできないのではないかと考えていたのである。そう考えれば、彼女の嘆きは、もともと不在であるものを不在だと嘆いていることになり、それは叶うはずもないことを叶うものと思い続けている、未熟で幼児的な願望であり、現実否認であるという理解を導くことになる。しかし、「そのような母親も居るかもしれない」という、「不在」の世界の向こうにある「存在」の世界に筆者の想像が到達したとき、H子の嘆きは「喪失の痛み」となって筆者の中に深い共感的理解を喚起したのである。筆者は彼女の痛みに心の底から共感し、その瞬間、筆者の全体的反応は、インプリシットなレベルとエクスプリシットなレベルが渾然一体となった共感的コミュニケーションとなって表出されたものと思われる。

　この回の筆者の共感体験の出現を境として、その後の面接では、H子と筆者の相互交流のパターンは急速に安定していった。筆者の介入や応答にも、彼女は次第に安定した状態で応じるようになり、彼女も筆者も、以前より心理的にも身体的にもくつろいで面接に臨めるようになったのである。筆者とH子の相互交流調整は、バランスよく相互に連動するようになり、二人の間のエクスプリシットな交流とインプリシットな交流は至適に統合されて、自由に展開するようになった。彼女のたたずまいも、椅子に深くゆったりと座り、顔を上げ、治療者に笑いかけることも度々見られるようになり、二人の間には対話を楽しむ雰囲気さえ漂うようになった。そうなると興味深いことに、彼女がまさに言おうとした言葉を一瞬先に筆者が口にしたり、その発言はどちらが先に言ったのか二人ともはっきり分からなくなったりすることが面接中たびたび生じるようになった。これは筆

者とH子の間で、互いが互いの行動を予測し合い、先取りし合って進行する緊密な相互交流が、エクスプリシットとインプリシット両方のレベルで生じるようになったものと考えられた。それはまさに二人で「共感のダンス」を踊るかのように相互交流が展開していたことを示していた。

こうして、その後、H子は、さまざまなトラブルやストレスから一時的に情緒不安定な状態に陥ることはあっても、面接で治療者と話すと落ち着きを取り戻すようになった。その後も、彼女はさまざまな対人関係の悩みを抱きながらも登校を続け、無事、専門学校を卒業したのである。

若干の考察

ここでもう一度、H子の治療プロセスを現代自己心理学の視点から振り返ってみたい。彼女は最初、専門学校での友人関係の悩みを訴えて来所した。H子の悩みを、彼女と友人との相互交流の問題として見てみると、H子は友人との間で、自己調整と相互交流調整のバランスを維持することがうまくできないという問題を抱えていたと考えることができるだろう。H子の友人への反応は、友人から言わせれば、きっと独りよがりな反応として受け取られていたのではないかと思われる。H子は友人関係のトラブルの原因を自分の中であれこれと考え、自己調整を懸命に行おうとしていたが、それは相手との間の相互交流調整を視野に入れたものではなかったのである。

そして、そのH子の相互交流パターンの問題は、治療者である筆者との交流の中にも表れたものと考えられる。彼女は、筆者の反応は意に介さず、ひたすら独白的に自己の悩みを訴えたが、それは筆者との相互交流調整を無視したもので、極度に自己調整に偏っていた。こうしてH子は、筆者の介入に拒否的となり、常に筆者の反応を警戒するようになって、筆者も次第に彼女との面接に居心地の悪さを感じるようになっていったのである。

ここで現代自己心理学の双方向二者心理学的な視点から考えると、筆者とH子の間で生じたこの相互交流パターンは、筆者とH子が共構築したものであると考えなければならないだろう。確かに筆者は、彼女のあまりに過敏な警戒反応に不快さを感じたが、そこでは筆者自身も、H子が筆者の反応に過敏な警戒反応をまた起こすのではないかと予測して緊張し、彼女の反応を過敏にモニターする

という「高追跡状態」（Beebe & Lachmann, 2002）に陥っていたことが影響していたものと思われる。こうした筆者のH子への過剰な気遣いは、当然、彼女にも伝わり、彼女も筆者の反応を過剰に警戒してさらに緊張するといった「相互交流的警戒」（Beebe et al., 2005）といわれる状態が両者の相互交流パターンとして生じていたのである。ここで筆者の内的状態を振り返れば、筆者は「過剰な気遣い」というH子との相互交流調整に意識を奪われて、筆者自身の自己調整が疎かになっていたといわねばならない。筆者は、このとき、自己の内的状態を注意深くモニターし、自分自身の中でさまざまな連想や思考を自由にめぐらすための心的スペースを確保することができなくなっていたのである。

　筆者は、こうしたH子からの警戒反応を気遣う自分自身の過剰反応と、彼女との悪循環的な相互交流パターンの存在に気づき、そこから脱するために、その後はH子の発言に介入することは控え、とにかく彼女の語りを一貫して傾聴する態度に転換を図った。その際、筆者は、言語的な応答はことごとく警戒されるため、自分の発声のトーンやリズムを徹底してH子に合わせ、彼女の語りと感情の文脈の流れに沿った共感的なあいづちの反応を繰り返しながら、H子の語りを傾聴することとした。これにはインプリシットな水準でH子の覚醒・活性化レベルにマッチングを行い、相互交流調整を続けながら、同時にそれに伴う自己調整も図っていくという微妙な筆者の内的な作業が必要だった。そうすると不思議なことに、H子の語りがこれまでよりもスムーズに筆者の胸の中に浸透し、心に入ってくるようになったのである。

インプリシットな次元での対話

　こうした現象を筆者は臨床経験の中でよく体験する。認知的なレベルではまだ十分な理解に達し切れていない初期の段階で、インプリシットなレベルでクライエントの語りや感情の流れ、リズム、クライエントの声のトーンや身体の動き、表情の変化などに、治療者のそれを調律して合わせ、共鳴するマッチングの反応を繰り返しながら、クライエントの語りを受身的に集中して傾聴していると、クライエントの内的世界への共感的理解が、治療者の心の中で認知的にも情動的にも進みやすくなることをしばしば経験するのである。

　卓越した臨床家として著名な神田橋條治も、論文「言語から非言語へ、非言語

から言語へ」の中で、同様の臨床体験と思われるものを独特の語り口で以下のように述べており、興味深い。

> 言語のなかで、はたしてこれは言語に属するかどうか分からないけど、音声というものを大事に大事に、自分のなかで育てるようにしてきたんです。(中略) 後ろのほうの音二音くらい。「なんですよう」、「そう」とか言って、音だけを合わす。ことばはぴったり合わさない。そうするときわめてふわっと包んだ雰囲気が出るんだわ。だけど来る音に、こちらから構えて合わそうとやってるときは、しばしば二項関係とは違って対決関係なんだ。(中略) ところが流れに添うと、そうならないのよ。こちらの気持ちがねぇ、だんだん寄り添うようになる。こちらの感受性が何か、本人の気持ちの流れをキャッチしたかのような気持ちになってくるの。優しくなって、連想も合うようになる。それが「非言語から言語へ」なんだ。(神田橋, 2001)

　神田橋は、対話によって治療するセラピストの言葉は「音」としての機能を果たしており、それ以外にも、耳、味わい、触覚、嗅覚、そしてメタファーとしての「ことば」が話されていなくてはならない(神田橋, 2001)とも述べている。それはまさに五感を通したインプリシットな次元での対話ということであろう。
　また、ラックマンは、そうしたインプリシットな次元のコミュニケーションが、共感的理解の重要な基盤としての役割を担っていることを指摘している(Lachmann, 2008)。筆者が転換した傾聴の姿勢は、そうした共感的理解の基盤となるインプリシットな非言語的コミュニケーションを促進すると同時に、クライエントにひとつの「他者と共に在るあり方」を暗黙の体験として伝えていたのではないかとも思われるのである。

治療者のイマジネーションと共感

　こうして、その後、筆者とH子とのインプリシットな共感的相互交流に培われた関係性基盤の上に、ある回、彼女から誕生日の出来事が語られた。H子は、期待した母親の「不在」を悲しみ、涙した。彼女にとって、それは深い自己愛の傷つきに相当するものだったろう。しかし、筆者がH子の内的世界を理解し、彼

女の悲しみに深く共感するためには、H子の語りを認知的に理解するだけでなく、さらに彼女の内面に思いをはせ、「H子の望むような母親は存在するかもしれない」というイマジネーションを筆者自身の内面に喚起することが必要だった。

　ラックマンは、共感とは、あらゆる感覚形態とイマジネーションを使って、患者の私的な世界を治療者と患者で共創造するco-createことだと述べている（Lachmann, 2008）。筆者にとっても、この「H子の望むような母親がこの世には居る（居た）かもしれない」というイメージの出現は、そのときまでは筆者の内的世界に存在しなかった「母親」をH子と共に創造する筆者自身の内的作業だったといえるだろう。そして、そのイメージ体験は、筆者自身の癒しの体験にもなったのである。

　また、筆者が彼女の悲しみへの深い共感に達した際、H子は、彼女の主観的体験の中で「母親に見つけてもらえなかった自分を、治療者に見つけてもらえた」と体験したかもしれない。また、それは、筆者の主観的体験の中では、「筆者は自分自身の中にH子を見つけた」、あるいは「筆者はH子の中に自分自身を見つけた」ということもできるだろう。それは、富樫が根源的な自己対象体験として指摘する「あなたが私の中にあなた自身を見出してほしい」（Togashi, 2012）という、H子のもうひとつの双子自己対象ニーズに応える体験になっていたかもしれない。いずれにせよH子は、筆者の共感する心に映った自己を、実感を持って感じ取ることができたのだと思われるのである。

「不在」への共感と「断絶と修復」のテーマ

　人間は「不在」そのものをイメージすることは難しい。しかし、かつて「存在」していたものを喪失した後の「不在」については、深く共感することができる。それは「不在の乳房」をめぐる乳児の苦しみを連想させるものである。精神分析家の松木邦裕は、自らが提唱する不在論の中で、「『乳房がない』との認識は、今現在は乳房が不在であるという認識である。それには、過去に在った乳房が今はないとの認知があるとともに、未来においてその乳房が戻ってくることの期待が含まれる。すなわち、過去・現在・未来という時間の流れについての認識が始まったことである。この時間の認識は、それ自体がフラストレーションにもちこたえる力を高めることは理解されるであろう。乳房に関する過去の認知は保証を、未

来への期待は希望を乳児に授ける」と述べている (松木, 2012)。

　筆者が「不在の乳房」をめぐるH子の悲しみに共感することは、過去・現在・未来へと時間が流れていくことを共に認識し、体験することであり、さらに未来のどこかで、その乳房が戻ってくることの期待と希望を与えることだったのである。最初、筆者の心には「乳房」が「不在」のままであった。このとき、ある意味、筆者の心は動きを止め、時間の流れさえも止まっていた。しかし、H子との間主観的な相互交流の中で、筆者の中に「なかった乳房」が生まれ、H子の悲しみに共感できるようになった。そしてH子と筆者の中では「なかった乳房」が過去には「在った」ことが再び認識され、「未来へと流れる時間」と「未来への希望」が生まれたのである。ここでは、筆者とH子の二人の心の中で「在」と「不在」が間主観的に幾度も流転反転していることが分かるだろう。これはコフートの伝統的自己心理学から現代自己心理学まで、さまざまな形で繰り返し強調されてきた「断絶と修復」のテーマでもある。

　精神分析的な治療プロセスとは、こうした「在」と「不在」、そして「ズレ」や「ミスマッチ」をめぐる「断絶と修復」の体験が、治療者とクライエントの緊密な相互交流の中で、手順的、黙示的、情動的、認知的、言語的、象徴的に幾度も繰り返されていく内に、新たな「心」の在り方が、ふたりの間で見出され、それらが共に自己対象体験となって集積されていく間主観的なプロセスなのではないかと思われるのである。

4　おわりに──言葉にすることと言葉にしないこと

　最新の乳幼児研究の知見を取り入れ、治療者とクライエントの治療的な相互交流プロセスの解明を進めている現代自己心理学の研究を概観し、それらの視点を臨床的に理解することを試みた。さらに筆者自身の臨床例の治療プロセスを現代自己心理学の視点から検討することを通して、共感の間主観的な体験的次元を考察してきた。

　現代の自己心理学者たちが注目しているのは、治療者とクライエントの間で双方向的に繰り広げられる緊密な共感的相互交流の中の、非意識で非言語的、暗黙水準のインプリシットな相互交流様式の影響力の大きさと、それらの相互交流パ

ターンが全体としてオーガナイズされていくプロセスの解明であった。

　「最も大切なことは言葉にされない」と言われることがある。「言葉にすると元も子もない」という言い方もある。しかし、精神分析は、最も大切なことを言葉にすることを目標とする治療である。言葉にしてしまうことで失くすものがありはしないかと怖れるが故に、その怖れと不安に挑戦し、それを乗り越えたいと思うのも、また人間であろう。しかし、言葉にされなくとも、また必ずしも意識されなくとも、人間は直感的にものごとを感じ取り、暗黙の内に了解して、適切に行動していることも事実である。

　本章で筆者は、インプリシットな領域における現象を記述しようとすると、極めて冗長で不的確な表現しかできず、最後まで隔靴掻痒の感を免れなかった。やはり暗黙の要素は、言葉に汲み尽くせない世界の事象なのだろう。言葉にされる以前のインプリシットな要素を重視した精神分析的アプローチとはどのようなものなのか、エクスプリシットな意識的・言語的要素とインプリシットな非意識的・暗黙的要素がどのように統合されることが最も有効な治療的アプローチとなりえるのか。多方面にわたる異分野のさまざまな最新の研究知見を貪欲に取り入れながら、現代精神分析のさらなる深化・発展への挑戦は、これからも続いていくのである。

第10章
心理療法における自己体験の治療的変化

1　治療要因としての自己体験の変化

　治療面接の過程の中で、クライエントがこれまで熱心に語っていた話の内容からフッと離れ、いまここでの自分自身の体験のあり方それ自体の変化に急に気づき、素直な驚きとともに、新鮮な体験としてそれを語ることがある。そのような瞬間がクライエントに訪れるようになると、不思議にこれまで停滞していた治療プロセスが動き出して、徐々に改善の兆しが見え始めることをしばしば経験する。また、そのような体験の出現は、クライエントの治療への動機づけを高め、その後の治療過程における困難を乗り越える際のひとつの心の拠りどころにもなるようである。

　心理療法の治療メカニズムについては、学派によりこれまでさまざまな見解が示されてきた。フロイトが精神分析で提唱した「無意識の意識化」を筆頭に、ロジャースのクライエント中心療法では「自己概念と経験の一致」、認知行動療法では「認知の歪みの修正」、システム家族療法では「家族システムの変化」、他にも学派によってさまざまな治療要因が提示されている。しかし、すべての心理療法によるクライエントの問題の改善や解決の根底には、クライエントの自分をめぐる体験、つまり自己体験のあり方の変化が関係しているものと思われる。むしろ、それこそが心理療法の目標であり、最大の治療要因といってもいいかもしれない。そもそもクライエントは、そうした自己体験のあり様に苦しんでいるからクライエントなのである。

　しかし、また、この自己体験の変化こそが、実現するには最も難しいものだともいわねばならないだろう。精神分析的心理療法は、それが知的な作業に偏ってしまうなら、クライエントの知的防衛を強めるばかりとなり、パーソナリティの変容に通じるような自己体験の変化は望めない。心理療法における変化は、知的

なものだけでは足りず、そこには深い情動的な体験が伴っていなければならないからである。フロイトが、患者からの感情転移を治療者が正面から取り上げることの重要性を強調したのは、まさにその点にねらいがあったものと思われる。認知行動療法によってクライエントの状態が改善された場合にも、それは単なる認知の修正だけではなく、クライエント自身の自己体験のあり方の変化も伴っているに違いない。家族療法においてもそれは同様であろう。クライエントが自己の体験を新たなものとして体験し、自己を再発見する体験は、アプローチの相違にかかわらず、心理療法が奏功している際には必ず生じているものと思われるのである。

　しかし、ここで注意しなくてはならないことは、こうしたクライエントの体験は、自発的に生じてくるものでなければならない、ということである。クライエントは、あるとき、突然新しい自己体験の変化を驚きをもって体験する。しかし、そのような体験は、本質的に、治療者が技法を使ってクライエントを操作し、意図的に起こさせることのできる類のものではない。ここにすべての心理療法が、クライエント自身の体験を「自発的」に変化「させよう」としているという自己矛盾を内包している可能性があるのである。心理療法を頭から否定したり、嫌悪する人は、このような疑念を直観的に感じているのかもしれない。また、そもそもクライエントの自己体験の変容に至るための手段であった「無意識の意識化」や「認知の歪みの修正」などが、いつの間にかそれ自体が心理療法の目的となり、手段が目的化してしまっていることもあるかもしれない。

　本章では、こうした心理療法における重要な治療要因と考えられる「クライエントの自己体験の治療的変化」とは、いったいどのような主観的体験なのか、また、そのような自己体験の変化は、どのような治療状況やプロセスの中で、どのようにして生じてくるのかについて考えてみたいと思う。そこで、まず精神分析学派において、自己の体験はこれまでどのように捉えられてきたのかについて概観してみたい。次に、クライエント中心療法においては、クライエントの自己体験の変化がどのようなやり取りの流れ、つまりコンテクストにおいて生じているのかを、有名な「グロリアの症例」を基に検討する。そして最後に、子どもの症状の改善を目的とした家族への介入において、結果的にどのような環境が子どもの自己体験の変化を促したのかを事例を通して検証し、自己体験の変化を促す治

療的環境について考えてみたいと思う。

2　精神分析的心理療法における自己体験の視点

フロイトからコフート以降への発展

　フロイトが語っている自我には、本来、二つの意味が含まれていた。ひとつは現実検討力や処理能力、防衛などさまざまな自我機能を担う「機能としての自我」であり、もうひとつは「主観的な体験を表わす人格としての自我」である。しかし、そもそも「自我ego」という言葉は、フロイトの著作が英語圏に翻訳される際、翻訳者のストレイチー Strachey, J. が、フロイトの理論をよりアカデミックな装いにするために作った訳語であり、もともとフロイト自身は著作の中で、ドイツ語でごく日常的な一人称である「わたし」を表わす"Ich"という言葉を使っていたことが知られている。したがって、自我ego、つまりIchには当然、「人格としての自我」（わたし・自分）の意味が込められていたのである。しかし、その後、フロイトは、さらにエスes、自我ego、超自我super egoからなる構造論を提唱し、エスと超自我との間で調整を行う、一部が無意識化されている防衛装置としての自我の「自我機能」に関する研究を進めていった。そうした中でもフロイトは、上記の自我の二つの意味あいの違いを厳密には区別せず、Ichという同じ言葉を使い続けたために、理論的にはさまざまな問題が見られることがこれまで度々指摘されてきたのである。この点について、ラプランシュとポンタリス（Laplanche & Pontalis, 1967）は、フロイトはそのようなあいまいな表現の仕方で「自我の多義性」を保とうとしたのではないかと述べていることは、興味深く思われる。しかし、フロイトは、人格としての意味は自我の中に残しつつも、「自分」をどのように見て、どのように感じ、体験しているのかという「主観的な体験の座としての自我」については、それ以上探究することはなかったのである。

　20世紀の初頭、無意識の心のメカニズムをいかに自然科学的に説明することができるかに専心していたフロイトは、精神分析理論を科学的なメタサイコロジーとして確立すべく精緻な理論構築を試みたが、それは必然的に「体験から遠いexperience-distance理論」とならざるを得なかったといえる。いわゆる「自分」、「わたし」という主観的、体験的な意味あいは理論から削ぎ落とされ、「自我」は

メタサイコロジカルな構造的概念である「精神機能をつかさどる自我装置」として抽象的に概念化されることになったのである。こうした精神分析発展の歴史の中で、十分に取り上げられてこなかった「主観的な体験の座としての自我」を改めて「自己self」として概念化し、自己体験の視点から、精神分析理論を「体験に近いexperience-near理論」に再構築することを試みたのが、ハインツ・コフートだったといえるだろう。

「自分」を体験している自己の感覚には、身体感覚は別にして、心理的には「自分は自分であり、他人とは違う」という自己の個体性の感覚、「自分自身が自主的、自発的、主体的にそれを行っている」という自己の自主性や主体性の感覚、「これこそが自分だ」という自己の同一性の感覚など、さまざまな自己感覚が含まれている。これらは「主観的な体験の座」における感覚であり、「経験の主体としての感覚」である。コフートは、このいわゆる「自分という感覚」を総じて「自己感a sense of self」と呼び、人間としての統一感にとって最も重要なものとして位置づけた。そして、この「自己感を体験している主観的な自己体験」、つまり「自分という体験」こそが、人間の核になる体験であり、自己が断片化することなく「まとまった自己cohesive self」となって健康に発達し、成長していくための最も重要な基盤としたのである。

コフート以降、現代の精神分析家たちの中には、こうした自己の主観的体験に注目する理論家が次々と登場している。現代精神分析の論客のひとりであるトーマス・オグデンOgden, T. は、「体験している主体としての私」の存在を重視し、それを「体験する"私性" experiencing "I-ness"」として概念化している（Ogden, 1994）。現代自己心理学派の重鎮のひとり、フォサーギFosshage, J. L. は、近年の論文の中で、「現代の自己心理学理論や間主観性理論の理論家たちの関心は、間主観的、あるいは関係論的システムの中に息づく経験によって構成されている"自己" selfhoodという体験に焦点を当てた"自己感" a sense of selfという、より現象学的な視点へと移っている」（Fosshage, 2013）と指摘している。

現代の精神分析における自己体験の視点

こうした新しい現代精神分析の視点は、これまでの古典的な精神分析が提唱してきた治療メカニズムを、改めて見直すことをわれわれに要請しているといえる

だろう。フロイトは、精神分析療法の自由連想の中で、過去の外傷的記憶が想起されることが、症状の消失をもたらすことを発見したとされている (Freud, 1914)。しかし、患者の主観的な体験から見るならば、過去の外傷的な記憶を単に想い出すことが治癒につながっているとはいえなくなる。むしろ、過去を想起したその瞬間に、患者の「主観的な体験の座」が、これまでとは異なる新しい視座へと移動し、何らかの自己意識の質的な変容が起こることで治療的な体験が生じていることが考えられるのである。この点は、従来の精神分析的な治療論ではあまり注目されてこなかった点であろう。

　甘え理論で国際的に著名な精神分析医の土居健郎は、過去の外傷的記憶を想起するだけでは治療にならないことを、PTSDのフラッシュバック症状に関連させて、次のように述べている。「想起された過去が治療的でないのは、それが（PTSDの場合と同じく）現在に密接し、真に『過去』となっていないからである。（中略）病気が『過去』になることこそ治ることなのである」（土居, 2005）。フラッシュバックとは、過去の外傷的な記憶が突如として想起され、過去の体験がまさに現在の体験となって侵入し、自己を脅かしているがために、精神症状となっているのである。つまり、過去の想起が癒しにつながるためには、過去を想起しながらも、それに脅かされることなく、さまざまな感情を自分のものとして体験することができ、さらに、そうした現在の時点から過去の自己に思いを馳せるという、いまここでの安定した自己体験の構造が必要だと思われるのである。

　精神分析医の神田橋條治は、心理療法の中では、現在からの過去への見方が変わってくることが治療的に重要であることを指摘する中で、具体的に次のように述べている。

　　できることなら、以前の物の見方になっていた事情、いきさつ、あんなふうに、あるいは思っていたいきさつについて、「なるほど、ああいうふうに見えたのも一理ある。自分が、ずっと父親を恨み続けていた、母親を恨み続けていたということは、まぁ、行き過ぎてはいたけど、やっぱり、あの時点の自分のあり方、そして、その後の自分のあり方からして、無理のない一面でもあったね」というふうに、そういう見方を維持してきた自己に対して、現在の自己が、理解し受容するような心境になるように、導いていくことが、精神療法のコツな

のです。(神田橋, 1992)

　神田橋の指摘のように、過去の想起が治療的になるためには、現在の自己が過去の自己のあり方に共感的な理解を示し、過去の自己を現在の自己が愛おしく思えるようになるという、コフートのいう健康な自己愛がそこで静かに満たされていることが必要なのであろう。
　ここで、過去を想起している現在の自己の体験の構造について見てみよう。そこには「過去の自己の体験を思い出している現在の自己の体験を、さらに上位の自己がいまここで体験している」という二重、三重の自己体験の構造が生じていることが分かるだろう。そして、この体験構造は、さらに「その体験している自己をさらにその上位の自己が体験し、その体験している上位の自己をさらにまたその上位の自己が体験し……」と、次々とメタレベルの自己体験が積み重なっているのである。こうした幾重にも重なった、異なるレベルの自己体験は、それぞれが互いに弁証法的な創造的緊張関係を維持しながら、どのレベルにも囚われることなく相互に補完し合い、参照し合って、全体としての自己体験のまとまりと深まりを相乗的に高め合っていることが考えられるのである。
　こうして生み出される自己体験の多重構造の中での安定性が、いわゆる「ゆとり」といわれるものではないかと思われる。土居は、「ゆとりというものは目先の必要に心が奪われていないときに、はじめて生まれてくる」と述べている（土居, 1995）。ゆとりのある自己とは、まさに目前の体験を避けることなく、しかし、またそれに心を奪われてしまうこともなく、その体験をさらに俯瞰して体験することができている状態のことだと思われる。そのような多重的、多層的な自己体験の中でこそ、いままで気づかなかったことに気づく体験や、いままで考えもしなかった考えが浮かぶ体験、その気づいた自分への驚きや、新たに喚起された新鮮な自己の感覚などが生じてくるのだろう。そして、しみじみと過去の自己に思いを馳せることのできるような、安定した自己愛を伴った自己体験が、それらの感覚をひとつの意味ある自己の体験にまとめあげ、さらにそれが自己の感覚と体験をより確かなものへと拡大していくのだと考えられるのである。

3 クライエント中心療法における自己体験の変容

　では次に、クライエント中心療法においては、自己体験はどのように捉えられているのかを見てみよう。クライエント中心療法を提唱したロジャース Rogers, C. は、クライエントが自らの経験に開かれることを重視したことから、クライエントの自己意識や自己体験の変容過程に初めから注目していたものと思われる。ロジャースは「セラピィにおける方向と終極点」(Rogers, 1953) の中で、「すべてのケースにはっきりとあらわれるセラピィの過程のひとつの局面は、体験の自覚 (awareness of experience)、あるいは "体験を体験すること" (the experiencing of experience) とさえ名づけてもよいであろう」と述べ、セラピィの過程が進行する際に現れるクライエントの自己体験の変化に着目している。それは、クライエントが自分自身の体験をさらにメタの視点から知覚し、体験している自分をさらに体験するという、先述した多重的な自己体験の構造に到達することである。

　ロジャースのセラピー理論では、セラピィの過程で、クライエント自身の体験のすべての側面がセラピストに共感的に理解され、受容されることが治療的に重要となる。それによってクライエント自身の自己受容が進み、これまで意識されてこなかったクライエントの経験の側面が意識に上るようになることで、次第にクライエントの自己知覚の領域の拡大が生じ、これまで形成されてきた既存の自己概念が徐々に解体され、更新されていくことが可能となるのである。ロジャースは、こうしたクライエントが自らの経験に開かれていく体験は、効果のあったすべての心理療法的アプローチに共通して生じているものだとして、さらに以下のように述べている。「それは、いやしくも深さのあるセラピィにはほとんど必ず起こってくる変化であるように思われる。これを図式的に表現すれば、このクライエントの感じ方は、『私は問題を解決するためにここにやってきた。そしていまはただ私自身を体験している (experiencing myself) だけだ』となるであろう」(Rogers, 1953)。このように経験に開かれ、自分自身の経験をありのままに体験することができるようになったクライエントは、当初の来談動機だった症状や問題の消失という目的からも解放され、いまここでの自己の体験に深い充足を見出すことが可能となるのである。

ロジャースとグロリアの面接プロセスの再検討

　ロジャースは、クライエントの古い自己概念が解体し、経験に開かれていく過程を、自らが行った実際のセラピィの逐語録によって提示し、それらの効果を検証しようとした点で、後世の心理臨床家に大きな影響を与えたといえるだろう。そこで、実際のロジャースの面接が録画記録されていることで有名な教育ビデオ、「グロリアと三人のセラピスト」(Rogers, 1965) の中のロジャースとクライエントであるグロリアとの面接の逐語録を検討し、実際のクライエントの自己体験の治療的変容過程が、どのようなコンテクストの中で生じているかを具体的に見てみたいと思う。

　以下に示す逐語録は、面接が終了する前の、ロジャースとグロリアとのやり取りである。少し長くなるが、引用してみよう。面接の最初のやり取りから数えて、グロリアの52番目の発言からのやり取りの抜粋である。

グロリア52：この葛藤のことでの一ばんいい例は、わかって頂けるかどうかわかりませんが、私が夫と別れたかった時、何年間かそのまんまで迷っていました。別れれば素晴らしいだろうと思ったり、恐ろしいだろうと思ったりして、実行しませんでした。そして突然離婚した時、正しいことをしたと思いました。私は夫に対して悪いことをしたと感じませんでした。私には、そうしなければならないことがわかっていました。そのとき私は、自分自身の気持ちに忠実だとわかっていたんです。まったく私の感情に従っていました。不幸なこともいくつかありましたけれども、少しも葛藤はなかったんです。私にとっては、その時が自分の感情に忠実だった時なんです。毎日の生活の中では、小さな決断や小さなしなければならないことも、それほどはっきりとはしないままでいたんです。そうするには、葛藤がたくさんあるんです。これは自然なことでしょうか。

ロジャース53：あなたはそうおっしゃいますが、わたしは自然なことだと思っています。でも、一方であなたは、自分で正しいと思われることをする時の自分の感情は、よくわかっているとおっしゃっていますね。

グロリア53：はいそうです。でも、私は時どき、その感情を見失ってしまうんです。それは私にとっては、その場での直接の手がかりなんですけど。

ロジャース54：時には自分自身で本当に聴き入って、そして「ああ、それは正しい感情ではない、それは自分が本当に望むように行動している時に感ずる感じ方とは違う」ということが分かる。

グロリア54：でも、多くの場合、私はやろうとしてはやめてしまって、「ああ、わたし、今、こんなことやっちゃったから、次には覚えておこう」って言ってるんです。

　私は、治療の中でも、この言葉を何回となく言いました。そして、大抵の先生方は、私が「ユートピア」と言うのを聞くと、苦笑したり、あるいは軽蔑して笑うんです。でも私が感情に従って、心の中によい感じをもっている時、それは一種のユートピアなんです。たとえ、よいものであれ、悪いものであれ、それが私の感じたいあり方なんです。でも、私は、自分については正しいと感じているんです。

ロジャース55：そのようなユートピアの瞬間の中で、あなたは、事実全体の感情といったものを感じている。ひとつの中に全体を感じている。

グロリア55：はい、そう言って下さいますと、息づまるような、強い感じを受けるんです。本当はもっとひんぱんにこんな気持ちになりたいんですけど、そんな全体感が好きなんです。それは私にとって本当に尊いものなんです。

ロジャース56：誰でも、それは、自分が望むほどひんぱんには持つことができないものだと思います。でも私には本当に理解できます。……それはあなたを心から感動させる。そうじゃないですか。

グロリア56：はい、………それに、私が、今、ほかのことを考えているのがお分かりですか。変なことですが、今、なんか先生とお話している間に、突然、私は「まあ、わたしはずい分うまく先生とお話ができているなぁ、先生に私を認めて欲しいなぁ、先生は尊敬できるなぁ」と思っているんです。そして、私の父が、先生のように私に話すことができなかったことを、とっても残念に思うんです。「ああ、先生が父の代わりであったらよかったのに」と言いたいということなんです。どうしてそんな考えが出てきたのか分かりませんが………。

ロジャース57：私には、あなたはとってもよい娘のように思えますよ。（グロリア・涙）……お父さんに対して本当の気持ちを話せなかったことを残念に思っているんですね。

グロリア57：はい、心を開くことができませんでした。でも、そのことでは、父を責めたい気持ちなんです。私は、父が許してくれたよりはもっと、心を開いていたと思います。父は今の先生のように、話を聴いてくれませんでした。先生は私を認めて下さるし、さげすんだりしません。私は、先日、このことに気がついたんです。どうして私は、そんなに完全でなければならないんだろうか。私には分かります。父は私に、完全であることを要求していたんです。私は、いつもよりよくなければならなかったし………　そうです。それが残念なんです。

ロジャース58：いつもお父さんの望むような女の子になろうと、一生懸命、努力したんですね。（Rogers, 1965）

ロジャースとグロリアの双方向的な自己対象体験の流れ

　上記に引用した場面の中で、特に「グロリア56」から「ロジャース57」のやり取りは有名である。ロジャースが自分の父親であったならと告白するグロリアに対し、ロジャースが「私には、あなたはとってもよい娘のように思えますよ」と応答し、グロリアが涙する場面は、見るものに大きな感動を与えた。このグロリアのロジャースへの反応は、精神分析的にいえば感情転移であると考えられる。しかし、ロジャースは、この二人の感動的な体験をそうした高度に知的な理論的枠組みで説明すると、純粋な出会いの瞬間に存在する「我と汝」という重要なポイントが失われてしまうと述べ、そのような概念化に異議を唱えている。

　ここで筆者が、このやり取りの中で注目したいのは、「グロリア56」の発言に至るまでのグロリアとロジャースの具体的なやり取りの流れ、つまりコンテクストと、その中に表れているグロリアの自己体験の質的変化のプロセスである。グロリアは「グロリア52」の中で、離婚を決断して実行した頃の自分について語り、そのとき、自分自身の感情に自分が忠実だったことを強調している。ここでグロリアは、当時、自分が自分自身の行為の主体者agentとなって、正直な感情に従って行動していた自分を想起しつつ、同時にいま、そう発言している現在の自分に確かな自己を体験していることが見て取れる。ロジャースは、このグロリアの発言に対し、その内容を疑問視したり、吟味することなく、そのままそれを肯定的に受け容れている。そして、グロリアが確かな自己をいまここで体験してい

とをリフレクトし、それを力強く映し返すmirroringことで、グロリアの自己体験をさらに確証していることが分かる。このロジャースの応答は、コフートのいう「鏡映自己対象体験」となってグロリアに体験されていたことだろう。

　こうしたグロリアとロジャースのやり取りは、さらに「グロリア54」の「私が感情に従って、心の中によい感じをもっている時、それは一種のユートピアなんです」につながっている。ロジャースは、この発言の中にグロリアの自己感の高まりと健康な自己愛の萌芽を感じ取り、「ロジャース55」で、純粋に感動しながらグロリアの発言をさらに映し返し、それを確証する言葉を発している。このロジャースの感情的高まりに対し、グロリアも「そう言って下さいますと、息づまるような、強い感じを受けるんです」（グロリア55）と応え、双方が互いに自己を確証し合い、二人の間で相乗的に感情が高まっていることが分かる。そして、グロリアの自己感の高まりが頂点に達したとき、「グロリア56」の発言が出現し、グロリアの自己体験の変容が突如として生じているのである。

　このとき、グロリアは、ロジャースととてもうまく話せている自分を、突然ありありと体験する。ここで、いままで自分の過去の出来事や感情について語っていたときとはまったく別の地点に、グロリアの体験の視座が移っている。グロリアは、この瞬間、これまで語ってきた内容からすっかり離れ、まさにいまここで体験している自己の体験過程そのものに目が開かれている。これは、現在の自己体験をさらにメタの次元から体験するという「体験を体験する」体験様式（Rogers, 1953）に変化していることを示している。そして、次の「先生に私を認めて欲しいなぁ、先生は尊敬できるなぁ」の発言が続く。ここで、グロリアの口から「鏡映自己対象ニーズ」や「理想化自己対象ニーズ」があまりにも素直に語られていることは、実に興味深い。ロジャースとの至適な共感的やり取りの中で、グロリアのまさに健康な自己愛が活性化し、それがためらわれることなく伸び伸びと表出されているからである。

「自己の受容」と「成熟した自己愛」

　こうしていまここの次元へと移動したグロリアは、心を開き、ありのままの自分となってロジャースと心地よく心を通わせることのできている自分が、過去に父親とは、そのようなことを体験することができなかったという心痛む事実を想

起し、その深い悲しみに涙があふれてくる。しかし、グロリアは、これまでのロジャースとの純粋な共感的やり取りの中で、すでに自己感がより確かなものとなり、健康な自己愛に基づく自己のまとまりが強まっていたために、そうした過去の外傷的な体験を防衛的にならずに想起し、その悲しみをしみじみと感情的に体験し直すことができたのだと思われる。コフートは、過去の外傷的な記憶は、それが成熟した心によって体験し直されることで変化することを指摘している（Kohut, 1977）。グロリアの涙は、決して過去の外傷的体験の想起に圧倒された涙ではなかったのである。

　このように、セラピストとのやり取りの中でクライエントの自己感が拡大し、健康な自己愛が充足されていく体験が、自己体験の治療的な変容を導く原動力になっていることが、ロジャースのセラピィからも分かるのである。ロジャースは、セラピィにおけるクライエントの自己愛に関して、以下のように述べている。「クライエント中心療法に関して公表された多くの著作や研究をみると、自己の受容がセラピィの向かう方向であり、結果であるということが強調されている。（中略）しかし、これらの記述を検討し、もっと最近の諸ケースと比較してみるとき、そのような述べ方は、真実を十分には表現していないように思われる。クライエントは自己自身を受容するのみでなく——このような述べ方は、止むを得ないことをしぶしぶと出し惜しみをしながら受容するというような意味合いをもっている——、彼はほんとうに自分自身が好きになるのである。これは決して、誇張的な、または自己主張的な自己愛ではなくて、むしろ、自己自身になることに静かな喜びをもつということなのである」(Rogers, 1953)。

　ロジャースは、クライエント中心療法において強調されてきた「自己の受容」の最終的な到達点は「自分自身を本当に好きになる」ことであると明言している。また、それは誇張的で、自己主張的な自己愛ではなく、「自分自身になることの静かな喜び」であるとしている。これはまさに成熟した健康な自己愛の姿を示しているように思われるのである。

　セラピーを双方向的な自己対象体験として見るならば、クライエントが、セラピーを通して自分自身のことを本当に好きになるためには、セラピストもまた同様に成熟した形で自己を愛し、自分自身であることに静かな喜びを抱いていることが必要だろう。そしてさらに、そうしたセラピストが、クライエントのことを

真に愛おしく思い、人間として好きになるということもまた、セラピィの重要な治療因子であることを、ロジャースは言外にわれわれに伝えているように思われるのである。

4 親面接を通して見たクライエントの自己体験の変容

　最後に、これまでの個人心理療法とは異なり、クライエントの家族へのアプローチを通して、クライエントの自己体験はどのような環境の基で変化していったかを、母親面接の事例をもとに検討し、クライエントの自己体験の治療的変化を促す治療要因について、さらに別の視点から考えてみよう。

　子どもの問題の解決を求めて来所する家族は、子どもと密着した関係にあることが多い。特に、家庭内で暴れたり、自傷行為などの行動化を起こしたりして家族を巻き込んでいる思春期や青年期のクライエントの場合、家族は大きな混乱の渦中にある。クライエントが自分の苦悩や問題の原因をすべて親に帰属させ、親が原因だと攻め立てたり、逆に、家族もクライエントの問題に責任を感じて、必要以上に罪責感を抱き、絶望感や無力感を抱いていることも多い。こうした膠着した状態が続くと、クライエントの自己と家族メンバーの自己は融合して、主体性や自発性などの自己の感覚がともに低下し、家族全体が混沌とした状態に陥ってしまいやすい。

　精神分析医で家族療法家のマレー・ボーエン Bowen, M. は、家族メンバーが病的に融合している状態を「未分化な家族自我集塊 family ego mass」（Bowen, 1978）と呼び、そこから家族メンバーの個々の自己が分化していく必要を説いている。ここでボーエンは、ひとりの家族メンバーの知性と感情の基本的分化 basic differentiation（Kerr & Bowen, 1988）の度合いが上昇すると、他の家族メンバーの基本的分化度も高まっていくとして、家族システム療法を提唱している。家族メンバー間には常に強い相互作用が働いている。それだけにクライエントに巻き込まれている家族メンバーの基本的分化度が上昇すれば、それに伴って必然的にクライエントと家族メンバーの融合度が低下し、クライエントの基本的分化度も高まっていくことが予想されるのである。

境界例の患者家族への治療的介入モデル

　精神科医の林直樹は、境界例の患者の家族へのアプローチについて論じる中で、家族への介入によって患者の治療的な変化を期待できるとして、家族介入のモデルを提唱している（林, 1997）。この家族介入の基本原理は、家族メンバーの基本的分化度を高め、個体性を確保することによって、クライエントを家族環境という外的枠組みから治療的に変化させようとするものであり、ボーエン理論とも共通するところがあるように思われる。

　林の家族介入のモデルでは、1）家族メンバーの「個体性」および家族間の適切な心理的距離の確保、2）家族間の「境界」の設定と家族の構造化、の二つの大きな原則に基づいて、家族関係の把握と家族への助言や心理教育が行われる。まず林は「個体性」について、次のように説明している。「個体性とは人間が独立の個人として存在し、機能していることを示す概念である。ここには、自分であるという感覚、自分自身のあり方や活動、さらに社会的な機能や役割などのいろいろな側面が含まれている。境界例患者では、その個体としてのあり方がさまざまに損なわれており、これに対処することが治療上の重要な課題となっている」（林, 1997）。この「個体性」の概念は、コフートの「自己感」の概念に類似している。ここで林は、個体性のさまざまな側面が損なわれている患者に対しては、「支持的対象が融合するほど近づかず、自他の関わりが薄らぐほど遠ざからない距離が、（患者の）個体性を確認し伸ばしてゆくのに好適である」と述べている。

　境界例の家族では、患者ばかりでなく、家族メンバーの個体性も往々にして損なわれている。そのため家族と患者の間に適度な心理的距離を設けると同時に、家族メンバーの個体性、つまり家族メンバー自身の本来の活動や生活のペースを取り戻させることなどが、患者と家族それぞれの個体性の保たれた家族交流を回復するための第一の契機となるのである。

　次に、2）の家族間の「境界」の設定と家族の構造化は、家族療法家のミニューチンが「構造的家族療法 structural family therapy」（Minuchin, 1974）として提唱したモデルと極めて類似している。林は、境界例の家族では、家族の役割や空間的領域なども含めた、さまざまな次元で家族メンバー間の境界 boundary が不明確になっていることを指摘し、一時的にでもクライエントと家族との心理的距離が取れ、個体性が保たれるようになれば、そこに明確な境界線を引くことが必要にな

ると述べている。林は、「家族関係における境界の設定は、後に患者によって内面化されて、患者の自己コントロールの向上や内界の整理に貢献する」ことを指摘している。家族の外的枠組みとしての構造化を目的とする家族介入は、ひいてはクライエントの内的枠組みとして心的な構造化を促進し、その結果として、クライエントの個体性の確保と、それに伴う自己体験の変容を促すことになると考えられるのである。

　それでは、家族への介入によって、クライエントの症状が改善した臨床例を提示し、クライエントの自己体験が治療的に変化していったプロセスを臨床的に検討してみたい。事例は、クライエントの母親に対して心理教育的なアプローチも含めた家族介入を行った事例である。

5　臨床例による検討

　K子は、大学1年生の夏ごろから、自分が太っていることを苦にするようになり、ダイエットを始めた。元来、完璧主義で几帳面な性格のK子は、ダイエットも必ず成功させると言い張り、1ヶ月で10キロ以上も減量した。母親は心配してやめるよう諭したが、K子は言うことを聞かず、さらに激しいダイエットを続けて、とうとう体重は40キロ近くまで減少した。K子は終始イライラするようになり、その後、拒食は過食に転じた。体重は急激に増加し、精神的にも不安定となって、物に当たる、自分の手足を叩いたり、ハサミで突いたりするなどの自傷行為も出現し、母親と共に心療内科クリニックを受診した。母親は、初診時に「娘は繊細なのに私は気が利かないので、娘をイラつかせてしまい、それで過食が起こってしまうんです。私が娘のストレスの原因になっているんです」と自責的に訴えたことが印象的だった。治療は、精神科医による薬物療法、さらに臨床心理士によるK子の個人面接と母親面接を並行して行うこととなった。K子の個人面接は若い女性の臨床心理士が、母親面接は筆者が担当した。

　K子の個人面接では、認知行動療法的なアプローチが行われたが、K子はしばらくすると、「面接に来ると過食のことを考えさせられるので、行きたくない」と訴え、数回の面接で中断となった。

　母親面接では、K子は過食をしては情緒的に不安定となり、激しく暴れる状態

が続いていることが報告された。K子は母親に「もう死にたい」、「お腹を切り裂いて殺して！」などと訴えた。母親は娘が過食にならないよう一日中ふたりで車に同乗し、街中を走り回って時間を潰しているとのことだった。K子は過食をすると一晩中、「母親のせいで過食になった」と泣きながら母を責め、荒れ続けた。母親はK子に責められながらも不眠不休で傍らに付き添い、世話をしていた。また母親は、K子を家に置いて外出しようとすると、「過食して死んでしまう」と呟くので、心配で気が気でないと語った。このように母親は常に娘の様子を心配しており、K子が自室に籠っていても、少し物音がすると飛んでいくなど、母子の心理的距離は極めて接近し、強い密着関係にあることが伺われた。

そこで、セラピストは母親の労を労いつつ、「K子が何かしてほしいと求めてきたら、それに応えてやることは必要だが、K子が何も言って来なければ、こちらからはできるだけ何もしないで、そっと様子を見守るだけにしてみてください。たとえば、K子が自室にいるときは、K子が実際に母親を呼ぶまでは、母親からK子に近づかないようにしてください」と指示した。

さらにセラピストは、母親に「過食はK子にとって唯一のストレス発散の方略となっているので、役に立っている面もある」ことや「過食が治るためには、他のストレス発散の通路を作る必要があること」、「幼い頃からK子と母親の絆は強かったが、いま、K子が自立する年代となり、母との絆が強かった分、母親から分離独立することに苦しみ、葛藤していること」などを心理教育的に伝え、母親がK子の心境を共感的に理解し、落ち着いて対応できるよう援助した。

その後しばらくして、K子は以前よりも少し落ち着いてきたことが報告された。そして、荒れているとき以外はべったりと母親に甘えるようになった。その頃、K子は「お母さんがカウンセリングから帰ってきたら、すごく落ち着いたお母さんに変わっているから助かる。毎週カウンセリングに行ってほしい」と語ったことがあった。その後、K子は大学に少しずつ通うようになり、セラピストは母親にK子の努力を高く評価して伝えた。母親が帰宅し、セラピストの言葉をK子に伝えたところ、K子は非常に喜び、その後も母親面接でセラピストが自分のことをどのように言っていたかを母親に聞きたがるようになった。母親は「あの子は先生に誉めてもらうのが嬉しいようです」と述べ、同時に、逆に父親はK子をめったに誉めないことを語った。

その後、これまで父親から距離を取っていたK子は、自分の言動を注意した父親に腹を立て、「もう死んでやる！」と暴れて、激しく父親を攻め立てた。母親は、父親を攻めるK子の言葉をセラピストに報告しながら、K子の言い分に共感を示し、母親も父親の無理解への不満を語った。セラピストには、K子の父への怒りや攻撃が、母親自身の夫への不満や怒りの解消につながっているように感じられた。

　K子は、以前のように自分を叩いたり、自傷することはなくなったが、過食の症状は程度が軽くはなったものの続いていた。過食が始まるとK子は母親を責めたが、母親は次第に、「あまりにも命令口調で毎日言われるので、この頃、あの子に腹が立つことがある」と漏らすようになった。過食は始まると深夜に及び、K子は母親を離さず、母親もK子のそばに居続けていたが、母親自身の体力も限界に近づいているように感じられた。そこでセラピストは母親に「もう体力の限界だから、明日のために先にお母さん寝るよ、と正直に言って、自室に戻って寝てみてください」と伝えた。母親は「そんなことをすればあの子は大暴れして、とんでもないことになる」と不安を述べ、強く抵抗した。しかし、ある日の晩、とうとうセラピストのいうように試してみたところ、K子は意外にすんなりとOKし、翌朝も特に変わりなく過ごしていたとの報告を受けた。

　その後、母親は徐々にK子から適切な心理的距離が取れるようになり、それに伴ってK子の精神状態はさらに安定していった。ある日、些細なことでイライラしたK子は、「私ってこんなことで怒って、馬鹿みたい」と突然語り、母親は驚いたことがあった。また、過食のためにいつものようにコンビニに買い出しに出かけたK子は、道の途中で、「やっぱり馬鹿らしいから帰ってきた」と帰宅したことがあった。

　ちょうどその頃、母親は自分の実家に用があって帰省した。その際、娘を世話する苦しさを祖父に漏らしたところ、祖父から母親失格のように言われ、悲しくて帰宅の道で涙が止まらなかったというエピソードが語られた。母親は面接の中で、「昔から父はそうだった。私は受け入れてもらえたことがなかった」と号泣し、「みんな、私にばかり我慢しなさい、頑張りなさいと言う。先生も同じです！」とセラピストにも不満と怒りの気持ちを表出した。セラピストは母親の傷つきと苦悩の深さをあらためて理解し、受け止め直して、話し合った。祖父の言葉による

母親の傷つきは大きく、その後しばらく母親は抑うつ的となり、K子の前でもしばしば涙を見せることが続いた。K子は、これまでとは逆に母親を心配し、気遣う様子を見せた。

その後、K子の状態はさらに改善し、アルバイトをするまでになった。母親からは「K子がイライラしていても、こちらは距離を取っていると、自分で過食を我慢したり、自分で寝たりするようになった。これまでは私が何とかしてやらないといけないと思ってやってきたが、そうするとK子は『お母さんのせいだ！』と言って、余計に荒れていたように思う。K子はここ数ヶ月、ひとりで静かにテレビを見るようになった。いまのK子は、自分のことを自分でコントロールしようとしているのが分かる。私が実家の父のことで落ち込んで、しんどくなったこともよかったのかもしれない。あのとき、K子に私の限界が見えたんじゃないかと思う」と語ったのが印象的だった。

その後、K子は、編み物をしている母親に穏やかに話しかけるようになり、母子の交流が自然になってきたと報告された。母親のいうことも素直に聴くようになり、母親が「痩せたい気持ちが強くなるほど、食べたい気持ちが強くなるんじゃないの」と言うと、「ああー、そうかもしれない」と受け入れて聴くことができた。K子自身も「前はお母さんに相談する気になれなかったけど、この頃、相談するようになった。これは成長だと思う」と母親に語り、さらに、「この頃、過食しても落ち込まなくなった。それはそれ、これはこれ、と思えるようになって、もし過食しても大学に行けるようになった」と語った。

こうしてK子の精神状態は安定し、過食もほとんど消失して、大学に休まず通うようになった。母親からは「この頃、私の体調が悪いと、夫が優しくしてくれるようになりました」と笑顔で語られた。夫婦関係にも改善の兆しが感じられた。

治療プロセスの考察

ここで治療の経過を振り返ってみたい。来院時、K子と母親は強い密着関係にあった。K子は母親の言動が原因で過食になったと母を責め、実際、母親もそれを自分のせいだと考えて自責の念に苛まれ、身動きが取れなくなっていた。これは精神分析的にいえば、K子の内的な葛藤は、投影性同一化によってK子と母親の実際の葛藤的関係として外在化され、行動化されていたと見ることができるだ

ろう。こうしてK子と母親は、互いに心理的距離が取れなくなっており、自他の区別もつかなくなって、K子も母親も共に「個体性」の確保が困難な状態に陥っていたものと思われた。

そこでセラピストは、K子の支持的対象となっている母親が、「融合するほど近づかず、自他の関わりが薄らぐほど遠ざからない距離」(林, 1997)をK子との間で維持できるよう、母親に介入していった。まず最初、セラピストは母親に「K子が何かしてほしいと求めてきたら、それに応えてやることは必要だが、K子が何も言って来なければ、こちらからは何もしないで様子を見るだけにするように」と介入している。この介入は、K子にひとりでいる時間と空間を与え、少しでもK子の個体性の感覚を賦活させようとするものだった。しかし、K子はまだ自分自身で自己の感情状態を調整し、安定化させることは難しい状態であったため、K子が母親を求めた際には、すぐさま母親が赴いてK子をサポートするよう母親に要請することも必要だった。

また、セラピストは母親にK子の心理状態や心理的課題を分かりやすく説明する心理教育アプローチを行うことで、母親が不安のあまりK子の心理状態について考えるいとまもなく、やみくもにK子の求めに合わせて行動し、母親の主体性や自主性の感覚が希薄になることを防ぎ、母親がK子についての理解と自分の意思をもって、少しでも落ち着いて対応できるように促した。この頃、K子が以前より安定してきたことが報告された。これは、母親の個体性が回復し出したことが影響しているものと思われた。

ここで、これまで母親の外出を嫌ってさせなかったK子が、母親面接で母親が毎回落ち着いて帰ってくるので、母親に面接に行くように推奨し始めたことは、興味深く思われる。これは母子密着の二者関係の中に、セラピストという第三者が介在することをK子が認めたことを意味するからである。こうした経過の中で、K子と母親の間に心的スペースが徐々に生まれだしたといえるだろう。K子はさらに、セラピストが母親の面接でK子の努力を誉め讃えたことを母親から聞いて喜び、その後、セラピストからの称賛の言葉をほしがるようになった。これは、母親を安定させる力のあるセラピストから、自分の行動が誉められ、評価されることで、自己の確証を得ようとし始めたものと思われた。こうしたK子の体験は、自己の回復のために必要な「鏡映自己対象体験」や「理想化自己対象体験」となっ

て、K子の自己安定化に寄与していたのではないかと思われる。

母子の境界の確立と個体性の確保

　そして母親からは、セラピストとは対照的に、父親はK子をめったに誉めないことが語られ、K子が父親に反発して暴れたエピソードが報告された。ここでK子の父親への怒りに同調する母親には、夫に対する自己の不満や怒りをK子の父への攻撃を介して表出していることが伺われた。両親の夫婦関係の情緒的問題が子どもを通して解消されるパターンは、構造的家族療法では「世代間境界の侵害 violation of generational boundary」として理解される。K子と母親の密着は、母子の自己の融合とも、自他の境界や世代間境界の侵害とも考えられ、K子の家族では、さまざまな次元で、必要な境界が不明確となる事態が生じており、それらがK子や母親の個体性や自己分化度の低下に影響を及ぼしているように思われた。

　その後、セラピストの介入を通して母子の心理的距離は徐々に維持されるようになり、それに伴って、とうとう母親の口から初めてK子への否定的感情が語られるようになった。これは、母親の個体性や自己感が高まってきたことで、母親自身の感情が隔離されず、意識化されるようになってきたことを示していた。そこでセラピストは、さらに母親とK子の境界を確立するために、寝ずにK子に付き合っていた母親に、もう体力の限界だからと先に寝るように伝えた。母親は最初は強く抵抗したが、最終的にそれを実行することができた。そして、結果的にK子もそれを受け入れ、母子の境界はより明確なものとなって、K子の個体性はさらに回復していったように思われた。

　その後のK子の言動の変化は目を見張るものがあった。K子は、ある日突然、ささいなことで感情的になっている自分を「私って馬鹿みたい」と客観視して語ったり、過食の買い出しの道の途中で「馬鹿らしくなった」と突然引き返してきたりした。K子の自己の個体性が明確になるに伴って、自己の状態や体験をさらに上位の自己が俯瞰することができるようになり、自己体験のあり方に治療的な変化が見られるようになったのである。ちょうどその頃、母親が祖父に自分の辛さを理解してもらえず、大きなショックを受け、一時、抑うつ的な状態となることが起こった。ここで、母親自身にも、幼少の頃からの自尊心や自己評価をめぐる親との葛藤の問題が存在していたことが推察された。子どもが自己愛的な問

題を呈している家族では、親が自分自身の自己評価を安定させるために子どもに過剰に関わることが指摘されているが (Berkowitz et al., 1974)、K子の母親においても、そうした母親自身の生育史にまつわる自己愛性の問題が、これまでのK子への密着行動に関係していたことが示唆された。しかし、K子はこの時点で、落ち込む母親を気遣うまでに安定しており、このことをきっかけにK子の個体性はさらに強まっていったように思われた。母親のうつは、母親自身も述懐したように、母親の限界という現実をK子に自然発生的に伝えることとなり、逆にK子と母親の境界を明確にしたものと思われた。その後、K子はひとりで落ち着いて過ごすことができるようになり、自己の感情状態を自分で調整することもできるようになった。母親との相互交流も自然なものとなり、母親を信頼して相談をもちかけるなど、自己対象としての母親との成熟した自己－自己対象関係を維持できるようになったものと思われた。こうしてK子の過食はほとんど消失し、安定した状態が続くようになったのである。

主観的世界における「他者性の体験」

以上、これまでの経過を見てみると、K子の個体性が回復し、最終的に彼女の自己体験に治療的変化が生じるために最も重要だったと思われる介入とは、総じていえば、K子と支持的対象である母親との間に適切な心理的距離を確保し、ふたりの間に必要な境界を確立する介入だったと思われる。こうした心理的距離の確保や境界の設定は、心理療法の枠組みにおいても同様に重要なものであることは言うまでもないことである。ここで、これらの状況や設定をクライエントの主観的体験の側から見てみると、こうした状況の中でクライエントは、自己にとって重要な「支持的対象」が、同時に「他者」でもあるということを体験しているのかもしれない。

今日の関係精神分析の理論家たちは、この「他者性の体験 experience of the otherness」を重視している (Benjamin, 1998; Benalcazar, 2003)。それは、他者の主体性や主観性 subjectivity を認識することである。彼らは、主観的な体験世界の中で他者に対して「他者性」を認識し、それをどれだけ体験することができるかが、人間の精神的健康の重要な指標になるとしており、精神分析的な治療においても、クライエントが治療者に「他者性」を体験することを重要な治療要因として捉え

ている (岡野, 2011)。主観的体験における「他者性の体験」は、自己と他者の分離・隔絶という体験から逆に自己が照射されることによって、自己の個体性の感覚が強烈に刺激され、明確な自己－輪郭化 self-delineation の体験につながる可能性があるのである。

　本事例でも、母親の自己に融合・密着し、個体性の確保が困難となっていたK子に対して、母子の間に適切な心理的距離とさまざまな次元での境界を設定することによって、K子が母親に「他者性」を発見し、それを体験できるよう促したといえるかもしれない。それはまた、双方向的な視点からみれば、母親がK子に「他者性」を認める過程だったともいえるだろう。

　最も重要な支持的対象であり、依存対象である母親に、子どもが「他者性」を体験することは、子どもが自分自身を、母親とは異なる主体性やイニシアティブを有した、独自の独立した固有の自己として明確に体験することにつながり、子どもの自己感を高める重要な発達促進的体験になることが考えられる。しかし、「他者性の体験」がそのような肯定的なものとして体験されるためには、それ以前に母親との一体感が充分に体験され、母子の間に安心と信頼に基づく安定した自己対象的結びつきが存在していることが、その前提となっていることを忘れてはならないと思われる。

　そもそも人は主観的に「母親」を本当に「他者」として体験することなどできるものだろうか。自己にとって重要な依存対象を、自己から分離・独立した「対象」としてではなく、主観的体験の中の「自己対象」として概念化したコフートは、自己と自己対象との結びつきの重要性を唱え、その自己対象体験の断絶が、自己体験の断片化や自己の障害につながることを指摘した。重要な依存対象を「他者」として体験しなければならない事態は、自己対象との結びつきが崩壊した強烈な外傷的体験として体験される怖れもあるのである。

　現代自己心理学は、コフートの流れをくみ、精神的健康においては「他者性の体験」ではなく、「自己対象との結びつきの体験」をより重視しており (富樫, 2012)、そもそも自己の体験は、他者によって自己がどのように体験されているかによって創造されるものとしている。主観的世界の中では、他者から完全に分離・独立した「自己」は存在せず、また、自己と完全に分離した「他者」も存在しないのである。

それでは「他者性の体験」とは常に外傷的な体験といえるのだろうか。そもそも「他者性の体験」をまったく経ないままで、他者とは異なる自己を体験し、固有の自己を確立することが可能なのだろうか。あるいは、自己にとって他者が自己とは本質的に異なるものとして体験されることと、他者が自己と本質的に同じであると体験されることとは、自己の生成にとってどちらがより重要な体験なのであろうか。それともそれら両極の体験は補完的な関係にあり、弁証法的な関係にあるのだろうか。これらの問いは、現代自己心理学においては双子自己対象体験をめぐる臨床的課題として現在も検討され続けている（Togashi & Kottler, 2012）。このように「自己」と「他者」の問題は、自己体験の本質にかかわる永遠の課題のように思われるのである。

6 おわりに——心理療法における自己対象環境の提供

以上、すべての心理療法の治療要因として共通していると考えられる「自己体験の治療的変化」について、精神分析的心理療法、クライエント中心療法、そして家族面接の事例の治療過程から検討し、考察してきた。その結果、クライエントの自己体験に治療的な変化が生じる際には、体験をメタの次元から体験するという「自己体験の多重構造」と、想起された過去の自己を現在の自己が慈しみ、愛おしく体験するという「健康な自己愛の静かな充足の体験」、さらに、自他の境界を確立する中で体験される「自己の個体性の感覚」といった自己体験の質が伴っていることが示唆された。

一方、これらの自己体験は、クライエントから自発的に生じることが必要であり、いかなる心理療法も、こうした治療的体験を意図的、技法的にクライエントに起こさせることはできないという点が注目された。しかし、治療場面でのクライエントの自己体験は、クライエントの主観と治療者の主観の間で共創造される間主観的な体験であることを考えれば、むしろ治療者自身が、これらのゆとりある多重な自己体験の在り方と、健康な自己愛の充足の感覚、そして明確な個体性を維持しながら、クライエントとの緊密な相互交流を重ね、関係性基盤を醸成していくことが必要であり、そのこと自体が、クライエントの自己体験に治療的な変化が生じるための基盤となる「自己対象環境 selfobject milieu」を提供すること

につながるのではないかと思われた。

　深い共感的な相互交流の中で、治療者自身の自己体験が変化するからこそ、クライエントの自己体験も変化するのだろう。心理療法における自己の治癒とは、クライエントの主観と治療者の主観の相互作用の中で生まれる、間主観的な自己対象体験なのである。

参考文献

Asper, K. (1987). *Verlassenheit und Selbstentfremdung*. Olten: Walter Verlag. 老松克博訳 (2001). 自己愛障害の臨床——見捨てられと自己疎外. 創元社.

Atwood, G. E., & Stolorow, R. D. (1984). *Structures of subjectivity: Explorations in psychoanalytic phenomenology*. Psychoanalytic inquiry book series, 4. London: Analytic Press.

馬場禮子 (1997). ナルシシズムの病理とアイデンティティ. 心理療法と心理検査. 日本評論社.

Bacal, H. A. (1998). Optimal responsiveness and specificity of selfobject experience. In H. A. Bacal (Ed.), *Optimal responsiveness: How therapists heal their patients*. Hillsdale, NJ: Jason Aronson.

Balint, M. (1965). *Primary love and psychoanalytic technique*. New York: Liveright Publishing. 森茂起・枡矢和子・中井久夫訳 (1999). 一次愛と精神分析技法. みすず書房.

Beebe, B., & Lachmann, F. M. (2002). *Infant research and adult treatment: Co-constructing interactions*. Hillsdale, NJ: The Analytic Press. 富樫公一監訳 (2008). 乳児研究と成人の精神分析——共構築され続ける相互交流の理論. 誠信書房.

Beebe, B., Knoblauch, S., Rustin, J., & Sorter, D. (2005). *Forms of intersubjectivity in infant research and adult treatment*. London: Cathy Miller Foreign Rights Agency. 丸田俊彦監訳 (2008). 乳児研究から大人の精神療法へ——間主観性さまざま. 岩崎学術出版社.

Benalcazar, B. (2003). Intersubjectivity-Interobjectivity: The work of Jessica Benjamin and its consequences in analytic technique. 間主体性と間対象性——ジェシカ・ベンジャミンの研究と分析技法におけるその重要性. 精神分析研究, 47 (4).

Benjamin, J. (1998). *Like subjects, love objects: Essays on recognition and sexual difference*. New Haven and London: Yale University Press.

Berger, D. M. (1987). *Clinical empathy*. NJ: Jason Aronson. 角田豊他訳 (1999). 臨床的共感の実際——精神分析と自己心理学へのガイド. 人文書院.

Berkowitz, D. A., Shapiro, R. L., Zinner, J., & Shapiro, E. R. (1974). Concurrent family treatment of narcissistic disorders in adolescence. In Scharff, D. (Ed.), *Foundations of object relations therapy*. NJ: Jason Aronson.

Bollas, C. (1987). *The shadow of the object: Psychoanalysis of the unthought known*. London: Free Association Books.

The Boston Change Process Study Group (2010). *Change in psychotherapy: A unifying paradigm*. New York: W. W. Norton & Company. 丸田俊彦訳 (2011). 解釈を越えて——サイコセラピーにおける治療的変化プロセス. 岩崎学術出版社.

Bowen, M. (1978). *Family therapy in clinical practice*. New York & London: Jason Aronson.

Buirski, P., & Haglund, P. (2001). *Making sense together: The intersubjective approach to psychotherapy*. London: Paterson Marsh. 丸田俊彦監訳・貞安元訳 (2004). 間主観的アプローチ臨床入門──意味了解の共同作業. 岩崎学術出版社.

Davidson, R., & Fox, N. (1982). Asymmetrical brain activity discriminates between positive versus negative affective stimuli in human infants. *Science*, 218.

土居健郎 (1960a).「自分」と「甘え」の精神病理. 精神神経学雑誌, 62 (1).

土居健郎 (1960b). ナルチシズムの理論と自己の表象. 精神分析研究, 7 (2).

土居健郎 (1961). 精神療法と精神分析. 金子書房.

土居健郎 (1965). 精神分析と精神病理. 医学書院.

土居健郎 (1971).「甘え」の構造. 弘文堂.

土居健郎 (1972). 漱石文学における「甘え」の研究. 角川書店.

土居健郎 (1977). 方法としての面接──臨床家のために. 医学書院.

土居健郎 (1987). 人間と理想.「甘え」の周辺. 弘文堂.

土居健郎 (1988). 精神分析. 講談社学術文庫. 講談社.

土居健郎 (1989).「甘え」さまざま. 弘文堂.

土居健郎・神田橋條治 (1993). 甘え理論と精神分裂病. 西園昌久監修. 今日の精神分析. 金剛出版.

土居健郎 (1995).「ゆとり」について.「甘え」の思想. 弘文堂.

土居健郎 (1997).「甘え」理論と精神分析療法. 金剛出版.

土居健郎 (1999).「甘え」概念についての若干の考察. 日本語臨床 3.「甘え」について考える. 星和書店.

土居健郎 (2001). 続「甘え」の構造. 弘文堂.

土居健郎 (2004). 精神分析と文化の関連をめぐって. 精神分析研究, 48.

土居健郎 (2005).『「自分」と「甘え」の精神病理』再論. 精神神経学雑誌, 104 (11).

Federn, P. (1952). Ego as subject and object in narcissism. In *Ego psychology and the psychoses*. New York: Basic Books.

Fosshage, J. L. (2013). Forming and transforming self-experience. *International Journal of Psychoanalytic Self Psychology*, 8.

Freud, S. (1914). *On narcissism: An introduction. Standard edition of the complete psychological works of Sigmund Freud*, Vol. 14. London: Hogarth Press. 懸田克躬・吉村博次訳 (1969). ナルシシズム入門. フロイト著作集 5. 人文書院.

Freud, S. (1919). Lines of Advance in Psycho-analytic Therapy. In *S. E. 17*. 小此木啓吾訳 (1969). 精神分析療法の道. フロイト選集 15. 日本教文社.

藤山直樹 (1999). 共感──不可能な可能性. 成田善弘・氏原寛編. 共感と解釈──続・臨床の現場から. 人文書院.

Gabbard, G. O. (1994a). *Psychodynamic psychiatry in clinical practice*. Washington, D. C.: American Psychiatry Press. 権成鉉訳 (1998). 精神力動的精神医学――その臨床実践「DSM－IV版」①理論編. 岩崎学術出版社.

Gabbard, G. O. (1994b). *Psychodynamic psychiatry in clinical practice*. Washington, D. C.: American Psychiatry Press. 舘哲朗監訳 (1997). 精神力動的精神医学――その臨床実践[DSM－IV版]③臨床編：II軸障害. 岩崎学術出版社.

Greenberg, J. R., & Mitchell, S. A. (1983). *Object relations in psychoanalytic theory*. Cambridge: Harvard University Press. 横井公一監訳 (2001). 精神分析理論の展開――〈欲動〉から〈関係〉へ. ミネルヴァ書房.

林直樹 (1997). 境界例の家族療法――境界例の家族介入の一モデル. 家族療法研究, 14 (3).

乾吉佑 (2005). シンポジウム巻頭言. 精神分析研究, 49 (3).

Jacoby, M. (1985). *Individuation und narzißmus: Psychologie des selbst bei C. G. Jung und H. Kohut*. München: Pfeiffer. 山中康裕監修・髙石浩一訳 (1997). 個性化とナルシシズム――ユングとコフートの自己の心理学. 創元社.

Jacoby, M. (1991). *Scham-Angst und Selbstwertgefühl: Ihre Bedeutung in der Psychotherapie*. Olten: Walter-Verlag. 髙石浩一訳 (2003). 恥と自尊心――その起源から心理療法へ. 新曜社.

Jaenicke, C. (2007). *The risk of relatedness: Intersubjectivity theory in clinical practice*. New York: Jason Aronson. 丸田俊彦監訳 (2014). 関わることのリスク――間主観性の臨床. 誠信書房.

Jaffe, J., Beebe, B., Feldstein, S., et al. (2001). Rhythms of dialogue in infancy. *Monographs of the Society for Research in Child Development*, 66(2).

皆藤章 (2001). 物語による転移／逆転移の理解. 精神療法, 27 (1). 金剛出版.

角田豊 (1998). 共感体験とカウンセリング――共感できない体験をどうとらえ直すか. 福村出版.

角田豊 (2013). 欲動から多様な動機づけへの展開――リヒテンバーグの動機づけシステム理論. 富樫公一編著. ポスト・コフートの精神分析システム理論――現代自己心理学から心理療法の実践的感性を学ぶ. 誠信書房.

神田橋條治 (1992). 過去. 治療のこころ-第1　対話するふたり. 花クリニック神田橋研究会.

神田橋條治 (2001). 言語から非言語へ，非言語から言語へ. 神田橋條治 (2004). 発想の航跡2. 神田橋條治著作集. 岩崎学術出版社.

河合隼雄 (1970). 日本におけるロジャーズ理論の意義. 河合隼雄 (1975). カウンセリングと人間性. 創元社.

河合隼雄 (1991). イメージの心理学. 青土社.

河合隼雄 (1992). 心理療法序説. 岩波書店.

河合隼雄 (2001). 心理療法における「物語」の意義. 精神療法, 27 (1). 金剛出版.

河合隼雄・鷲田清一 (2003). 臨床とことば——心理学と哲学のあわいに探る臨床の知. TBSブリタニカ.

Kerr, M. E., & Bowen, M. (1988). *Family evaluation: An approach based on Bowen therapy*. New York: Norton. 藤縄昭・福山和女監訳 (2001). 家族評価——ボーエンによる家族探究の旅. 金剛出版.

Kohut, H. (1959). Introspection, empathy, and psychoanalysis: An examination of the relationship between mode of observation and theory. In P. H. Ornstein (Ed.), *The search for the self*. vol.1. New York: International Universities Press. 1978. 伊藤洸監訳 (1987). 内省・共感・精神分析. コフート入門——自己の探究. 岩崎学術出版社.

Kohut, H. (early 1970s). On courage. In P. H. Ornstein (Ed.), *The search for the self*, vol. 3. New York: International Universities Press. 林直樹訳 (1996)：勇敢さについて. 自己心理学とヒューマニティ——新しい精神分析的アプローチに関する考察. 金剛出版.

Kohut, H. (1971). *The analysis of the self*. New York: International Universities Press. 水野信義・笠原嘉監訳 (1994). 自己の分析. みすず書房.

Kohut, H. (1972). Thoughts on narcissism and narcissistic rage. *The Psychoanalytic Study of the Child*, vol. 27.

Kohut, H. (1977). *The restoration of the self*. New York: International Universities Press. 本城秀次・笠原嘉監訳 (1995). 自己の修復. みすず書房.

Kohut, H., & Wolf, E. (1978). The disorders of the self and their treatment: An outline. In P. H. Ornstein (Ed.), *The search for the self*, vol. 3. New York: International Universities Press.

Kohut, H. (1979). The two analyses of Mr. Z. *The international journal of pcycho-analysis*.

Kohut, H. (1981a). On empathy. In P. H. Ornstein (Ed.), *The search for the self*, vol. 4. New York: International Universities Press.

Kohut, H. (1981b). Introspection, empathy and the semi-circle of mental health. In P. H. Ornstein (Ed.), *The search for the self*, vol. 4. New York: International Universities Press.

Kohut, H. (1984). *How does analysis cure?* Chicago: The University of Chicago Press. 本城秀次・笠原嘉監訳 (1995). 自己の治癒. みすず書房.

Kohut, H. (1985). *Self psychology and the humanities: Reflections on a new psychoanalytic approach*. New York & London: W.W. Norton. 林直樹訳 (1995). 自己心理学とヒューマニティ——新しい精神分析的アプローチに関する考察. 金剛出版.

久能徹・末武康弘・保坂亮・諸富洋彦 (1997). ロジャーズを読む. 岩崎学術出版社.

Lachmann, F. M. (2008). *Transforming narcissism: Reflections on empathy, humor, and expectations*. Psychoanalytic inquiry book series, Vol. 28. New York & London: The Analytic Press.

Laplanche, J., & Pontalis, B. (1967). *Vocabulaire de la psychanalyse*. Paris: Presses Universitaires de France. 村上仁監訳 (1977). 精神分析用語辞典. みすず書房.

Lee, R. R., & Martin, J. C. (1991). *Psychotherapy after Kohut: A textbook of self psychology.* Hillsdale, NJ: The Analytic Press. 竹友安彦・堀史朗監訳 (1993)：自己心理学精神療法——コフート以前からコフート以後へ．岩崎学術出版社．

Lichtenberg, J. D., & Lachmann, F. M., & Fosshage, J. L. (1996). *The clinical exchange: Techniques derived from self and motivational systems.* Hillsdale, NJ: The Analytic Press. 角田豊監訳 (2006)．自己心理学の臨床と技法——臨床場面におけるやり取り．金剛出版．

Lyons-Ruth (1999). The two-person unconscious: Intersubjective dialogue, enactive relational representation, and the emergence of new forms of relational organization. *Psychoanalytic Inquiry,* 19.

前田重治 (1999)．「芸」に学ぶ心理面接法——初心者のための心覚え．誠信書房．

丸田俊彦 (1992)．コフート理論とその周辺——自己心理学をめぐって．岩崎学術出版社．

丸田俊彦 (1997)．自己心理学の展開．小此木啓吾・妙木浩之編．現代のエスプリ——精神分析の現在．至文堂．

丸田俊彦 (2002)．間主観的感性——現代精神分析の最先端．岩崎学術出版社．

丸田俊彦 (2003)．間主観性と投影性同一化——間主観的な観点から．精神分析研究, 47 (4)．

丸田俊彦・森さち子 (2006)．間主観性の軌跡——治療プロセス理論と症例のアーティキュレーション．岩崎学術出版社．

丸田俊彦 (2007)．自己心理学からみた自己愛とその病理．精神療法, 33 (3)．

松木邦裕 (2012)．不在論．精神分析研究, 56 (3)．

Meltzoff, A. (1985). The roots of social and cognitive development: Models of man's original nature. In T. Field & N. Fox (Eds), *Social perception in infants.* Norwood, NJ: Ablex.

Minuchin, S. (1974). *Family and family therapy.* Cambridge: Harvard University Press. 山根常男監訳 (1984)．家族と家族療法．誠信書房．

Mitchell, S. (1993). *Hope and dread in psychoanalysis.* New York: Basic Books. 横井公一・辻河昌登監訳 (2008)．関係精神分析の視座——分析過程における希望と怖れ．ミネルヴァ書房．

Mollon, P. (2001). *Releasing the self: The healing legacy of Heinz Kohut.* London: Whurr Publishers. 上地雄一郎訳 (2007)．現代精神分析における自己心理学——コフートの治療的遺産．北大路書房．

Moore, E., & Fine, D. (1990). *Psychoanalytic terms and concepts.* New Heaven and London: The American Psychoanalytic Association and Yale University Press. 福島章監訳 (1995)．精神分析事典．新曜社．

森さち子 (2009)．乳幼児研究の関係性理論への貢献．精神分析研究, 53 (2)．

村岡倫子 (2000)．精神療法における心的変化——ターニングポイントに何が起きるか．精神分析研究, 44．

村瀬孝雄・村瀬嘉代子編 (2004)．ロジャーズ——クライエント中心療法の現在．日本評論社．

村山正治編 (2003). ロジャース学派の現在. 現代のエスプリ別冊. 至文堂.
中村雄二郎 (1992). 臨床の知とは何か. 岩波新書. 岩波書店.
中西信男 (1987). ナルシシズム──天才と狂気の心理学. 講談社現代新書. 講談社.
成田善弘 (1981). 精神療法の第一歩. 精神科選書. 診療新社.
成田善弘 (1999). 共感と解釈──患者と治療者の共通体験の探求. 成田善弘, 氏原寛編. 共感と解釈──続・臨床の現場から. 人文書院.
Ogden, T. (1994). *Subjects of analysis.* Northvale, London: Karnac. 和田秀樹訳 (1996). あいだの空間──精神分析の第三主体. 新評論.
岡秀樹・岩橋宗哉・宍戸和幸他. 福岡コフート研究会訳 (1996): 症例Z 二つの分析. *Imago*, 6. 特集コフート──自己心理学とアメリカの精神分析. 青土社.
岡秀樹 (2002). 臨床経験 治療の行き詰まりへの間主観的アプローチ──ある自己愛人格障害者との面接過程より. 精神分析研究, 46 (4).
岡昌之 (1990). ロジャースの自己論を中心として. 小川捷之・詫摩武俊・三好暁光編. 臨床心理学大系2. パーソナリティ. 金子書房.
岡野憲一郎 (1991). 治療者の自己開示──その治療効果と限界について. 精神分析研究, 35 (3).
岡野憲一郎 (1998). 恥と自己愛の精神分析──対人恐怖から差別論まで. 岩崎学術出版社.
岡野憲一郎 (1999). 新しい精神分析理論──米国における最近の傾向と「提供モデル」. 岩崎学術出版社.
岡野憲一郎 (2001). 第3項としての「共同の現実」. 精神分析研究, 45 (1).
岡野憲一郎 (2005). 治療者の創造的なアクトについて. 精神分析研究, 49 (3).
岡野憲一郎他 (2011). 関係精神分析入門──治療体験のリアリティを求めて. 岩崎学術出版社.
岡村達也 (2004). クライエント中心療法と精神分析──「ロジャーズとコフート」試論. 村瀬孝雄・村瀬嘉代子編 (2004). ロジャーズ──クライエント中心療法の現在. 日本評論社.
小此木啓吾 (1981). 自己愛人間──現代ナルシシズム論. 朝日出版社.
小此木啓吾 (1983). フロイトの基本的治療態度──禁欲規則と分析医の受身性. 精神分析セミナー3. フロイトの治療技法論. 岩崎学術出版社.
小此木啓吾編 (1987). 精神分析セミナー4. フロイトの精神病理学理論. 岩崎学術出版社.
小此木啓吾 (2000). 精神分析の最新の動向. 精神医学, 42 (3).
小此木啓吾 (2002). フロイト的治療態度の再検討──特に中立性, 禁欲規則, 隠れ身をめぐって. 精神分析研究, 46 (2).
Orange, D. M., Atwood, G. E., & Stolorow, R. D. (1997). *Working intersubjectivity: Contextualism in psychoanalytic practice.* Hillsdale, NJ: The Analytic Press. 丸田俊彦・丸田郁子訳 (1999). 間主観

的な治療の進め方──サイコセラピーとコンテクスト理論．岩崎学術出版社．

Ornstein, P. H. (1978). The evolution of Heinz Kohut's psychoanalytic psychology of the self. In P. H. Ornstein (Ed.), *The search for the self.* Vol. 1, 2, New York: International Universities Press. 伊藤洸監訳 (1987)．コフート入門──自己の探究．岩崎学術出版社．

Polanyi, M. (1966). *The tacit dimension.* London: Routledge & Kegan Paul. 佐藤敬三訳 (1980)．暗黙知の次元──言語から非言語へ．紀伊国屋書店．

Racker, H. (1968). *Transference and countertransference.* London: Hogarth Press. 坂口信貴訳 (1982)．転移と逆転移．岩崎学術出版社．

Rogers, C. R. (1942). *Counseling and psychotherapy: Newer concepts in practice.* Boston: Houghton Mifflin. 佐治守夫編 (1966)．カウンセリング．ロージァズ全集2．岩崎学術出版社．

Rogers, C. R. (1944). The development of insight in a counseling relationship. *Journal of Consulting Psychology,* 8(6). 伊東博訳 (1966)．カンセリング関係における洞察の発展．ロージァズ全集4．サイコセラピィの過程．岩崎学術出版社．

Rogers, C. R., & Wallen, J. L. (1946). *Counseling with returned servicemen.* New York: McGraw-Hill. 友田不二男編訳 (1963)．復員兵とのカウンセリング．ロージァズ全集11．カウンセリングの立場．岩崎学術出版社．

Rogers, C. R. (1951). *Client-centered therapy: Its current practices, implications, and theory.* Boston: Houghton Mifflin. 保坂亮・末武康弘・諸富祥彦訳 (2005)．クライアント中心療法．ロジャーズ主要著作集2．岩崎学術出版社．

Rogers, C. R. (1953). Some directions and end points in therapy. In O. H. Mowrer (Ed.), *Psychotherapy: Theory and research.* New York: Ronald. 伊東博編訳 (1966)．セラピィにおける方向と終極点．ロージァズ全集4．サイコセラピィの過程．岩崎学術出版社．

Rogers, C. R. (1957). The necessary and sufficient conditions of therapeutic personality change. *Journal of Counseling Psychology,* 21(2). 伊東博・村山正治監訳 (1966)．セラピーによるパースナリティ変化の必要にして十分な条件．ロージァズ全集4．サイコセラピィの過程．岩崎学術出版社．

Rogers, C. R. (1961). A therapist's view of the good life: The fully functioning person. On *Becoming a person: A therapist's view of psychotherapy.* Boston: Houghton Mifflin. 伊東博・村上正治訳 (2001)．十分に機能する人間──よき生き方についての私見．ロジャーズ選集（下）．誠信書房．

Rogers, C. R. (1965)．グロリアと3人のセラピスト．《来談者中心・ゲシュタルト・論理》療法の記録．第Ⅰ部．来談者中心療法．〔日本語版〕佐治守夫・平木典子・都留春夫監修・翻訳．日本・精神技術研究所企画・制作．

Rogers, C. R. (1984). *A way of being.* Boston: Houghton Mifflin. 畠瀬直子監訳 (1984)．人間尊重の心理学──わが人生と思想を語る．創元社．

Rogers, C. R. (1986). Reflection of feelings and transference. *Person-Centered Review,* 1, (4). 伊東博・村

上正治訳 (2001). 気持ちのリフレクション（反映）と転移. ロジャーズ選集（上）. 誠信書房.

Rogers, C. R. (1987). The evolution of psychotherapy. In J. K. Zeig, (Ed.), *The evolution of psychotherapy: The 1st conference.* New York: Mark Paterson and Brunner/Mazel. 成瀬悟策監訳 (1989). ロジャース，コフート，エリクソン——ロジャースからみた相似点と相違点の考察. 21世紀の心理療法Ⅰ. 誠信書房.

齋藤久美子 (1995). 精神分析と早期発達研究. 小此木圭吾・妙木浩之編. 現代のエスプリ別冊, 精神分析の現在. 至文堂.

齋藤久美子 (2000). 精神療法における「情緒」と「言語化」. 精神分析研究, 44 (1).

齋藤久美子 (2003). 間主観性と自己過程. 精神分析研究, 第47 (4).

佐治守夫・飯長喜一郎編.（1983). ロジャーズ・クライエント中心療法. 有斐閣新書.

Schwartz-Salant, N. (1982). *Narcissism and character transformation: The psychology of narcissistic character disorders.* Toronto: Inner City Books. 小川捷之監訳 (1995). 自己愛とその変容——ナルシシズムとユング派心理療法. 新曜社.

Stern, D. N. (1985). *The interpersonal world of the infant: A view from psychoanalysis and developmental psychology.* New York: Basic Books. 小此木啓吾・丸田俊彦監訳 (1989). 乳児の対人世界——理論編. 岩崎学術出版社. 小此木啓吾・丸田俊彦監訳 (1991). 乳児の対人世界——臨床編. 岩崎学術出版社.

Stern, D. N. (2004). *The present moment in psychotherapy and everyday life.* New York: W.W.Norton. 奥寺崇・津島豊美訳 (2007). プレゼントモーメント——精神療法と日常生活における現在の瞬間. 岩崎学術出版社.

Stolorow, R. D. (1976). Psychoanalytic reflections on client-centered therapy in the light of modern conceptions of narcissism. *Psychotherapy, Theory, Research and Practice.* Vol. 13(1).

Stolorow, R. D., Brandchaft, B., & Atwood, G. E. (1987). *Psychoanalytic treatment: An intersubjective approach.* Hillsdale, NJ: The Analytic Press. 丸田俊彦訳 (1995). 間主観的アプローチ——コフートの自己心理学を超えて. 岩崎学術出版社.

Stolorow, R. D., Atwood, G. E., & Brandchaft, B. (1988). Masochism and its treatment. *Bulletin of the Menninger Clinic,* Vol.52.

Stolorow, R. D. (1992). Closing the gap between theory and practice with better psychoanalytic theory. *Psychotherapy,* Vol.29(2).

Stolorow, R. D., & Atwood, G. E.(1992). *Contexts of being: The intersubjective foundations of psychological life.* Psychoanalytic inquiry book series, Vol. 12. Hillsdale, NJ & London: The Analytic Press.

Stolorow, R. D. (1993). An intersubjective view of the therapeutic process. *Bulletin of the Menninger Clinic,* Vol.57.

Strozier, C. B. (2001). *Heinz Kohut: The making of a psychoanalyst.* New York: Farrar, Straus and Giroux. 羽

下大信・富樫公一・富樫真子訳 (2011). ハインツ・コフート——その生涯と自己心理学. 金剛出版.

Sucharov, M. S. (1996). Listening to the empathic dance: A rediscovery of the therapist subjectivity. In A. Goldberg (Ed.), *Progress in Self Psychology*, vol.13. Hillsdale, NJ: Analytic Press.

Sucharov, M. S. (1998). Optimal responsiveness and a systems view of the empathic process. In H. A. Bacal (Ed.), *Optimal responsiveness: How therapists heal their patients*, Northvale, NJ, & London: Jason Aronson.

田畑治編 (1998). クライエント中心療法. 現代のエスプリ374. 至文堂.

富樫公一 (2009). 関係性理論とKohutの自己心理学. 精神分析研究, 53 (2).

富樫公一 (2011a). 蒼古的自己愛空想からの脱錯覚プロセス. 風間書房.

富樫公一 (2011b). 「悲劇の人」の心理学——ハインツ・コフートの自己愛理論. 現代のエスプリ 522. 至文堂.

Togashi, K. (2012). Mutual finding of oneself and not-oneself in the other as a twinship experince. *International Journal of Psychoanalytic Self Psychology*, 7 (3).

Togashi, K., & Kottler, A. (2012). The many faces of twinship: From the psychology of the self to the psychology of the being human. *International Journal of Psychoanalytic Self Psychology*, 7 (3).

富樫公一編 (2013). ポスト・コフートの精神分析システム理論——現代自己心理学から心理療法の実践的感性を学ぶ. 誠信書房.

Tolpin, M. (2002). Doing psychoanalysis of normal development: Forward edge transferences. In A. Goldberg (Ed.), *Progress in Self Psychology,* vol. 18. Hillsdale, NJ: Analytic Press.

和田秀樹 (1999). 〈自己愛〉の構造——「他者」を失った若者たち. 講談社.

和田秀樹 (2002). 〈自己愛〉と〈依存〉の精神分析——コフート心理学入門. PHP新書. PHP研究所.

安村直己 (2004). 精神療法の指針としての共感体験について. 甲子園大学紀要, 8 (c).

安村直己 (2005). 土居の「甘え」理論とコフートの自己心理学について. 甲子園大学紀要, 9 (c).

安村直己 (2006). 臨床場面における治療的相互交流の共同構築について. 甲子園大学紀要, 34.

横井公一 (2001). 討論　関係理論からみた対象，現実，間主体性——「二者関係をこえて」のためのノート. 精神分析研究, 45 (1).

Wolf, E. S. (1988). *Treating the self : Elements of clinical self psychology*. New York: Guilford Press. 安村直己・角田豊訳 (2001). 自己心理学入門——コフート理論の実践. 金剛出版.

人名索引

◆あ行

アスパー（Asper, K.） 117, 119, 120, 123

アトウッド（Atwood, G.E.） 160, 190

アドラー（Adler, G.） 115

ウルフ（Wolf, E.S.） 73, 80, 142

エムディ（Emde, R.N.） 191

エリクソン（Erikson, E.H.） 49

岡野憲一郎 143

オグデン（Ogden, T.） 219

オレンジ（Orange, D.M.） 160, 190

◆か行

ガーストマン（Gerstman, L.） 191

カーンバーグ（Kernberg, O.） 49, 115

河合隼雄 138

神田橋條治 211, 220

ギャバード（Gabbard, G.O.） 50

コーン（Cohn, J.） 191

コバーン（Coburn, W.J.） 190

コフート（Kohut, H.） 4, 49, 115

◆さ行

サンダー（Sander, L.W.） 191

ジャフィ（Jaffe, J.） 191

シュワルツ＝サラント（Schwartz-Salant, N.） 121

スカロフ（Sucharov, M.S.） 7

スターン（Stern, D.N.） 160, 175, 191, 192

スターン（Stern, N.B.） 191

ストロジャー（Strozier, C.B.） 9, 21, 31

ストロロウ（Stolorow, R.D.） 100, 144, 160, 164, 190

スピッツ（Spitz, R.） 49

ソーター（Sorter, D.） 191

◆た行

高橋哲郎 187

デビットソン（Davidson, R.） 196

土居健郎 17, 50

富樫公一 191

トレバーセン（Treverthen, C.） 191

トロニック（Tronick, E.Z.） 191

◆な行

ネイハム（Nahum, J.） 191

ネッケ（Nacke, P.） 45

ノブローチ（Knoblauch, S.） 191

◆は行

バースキー（Buirski, P.） 174

ハグランド（Haglund, P.） 174

バコール（Bacal, H.A.） 8, 143, 190

パリー（Pally, R.） 191, 203

ハリソン（Harrison, A.） 191

バリント（Balint, M.） 49, 51, 61, 66, 77

ビービー（Beebe, B.） 160, 190, 191

フェダーン（Federn, P.） 48

フェレンツィ（Ferenczi, S.） 141

フォサーギ（Fosshage, J.L.） 145, 160, 190, 219

フォックス（Fox, N.） 196

ブランチョフ（Brandchaft, B.） 160

ボウルビィ（Bowlby, J.） 49
ボーエン（Bowen, M.） 228
ポランニー（Polanyi, M.） 202

◆ま行
マスターソン（Masterson, J.） 115
松木邦裕 213
丸田俊彦 161, 191
ミニューチン（Minuchin, S.） 229
メルツォフ（Meltzoff, A.N.） 191, 196
モーガン（Morgan, A.C.） 191

◆や行
ヤコービ（Jacoby, M.） 101, 120, 121
ユング（Jung, C.G.） 121

◆ら行
ライオンズ＝ルース（Lyons-Ruth, K.）
　191, 202
ラックマン（Lachmann, F.M.） 145, 160,
　190, 191, 203, 212
リヒテンバーグ（Lichtenberg, J.D.） 145,
　190
ロジャース（Rogers, C.R.） 2, 85, 95, 190

事項索引

◆あ行

愛着や感情制御の障害　198
アイデアリゼーション　71
アクション対話　202
アクティブ・イマジネーション　123
新しい対象関係の樹立　78
アニマ　133
アニムス　135
甘え　50
　　――が享受される体験　63
　　――たいのに甘えられない心理　70, 81
　　――の裏返しとしての攻撃　81
　　――の感情　62
　　――の危機　61, 63, 83
　　――の自覚　61
　　――の心理　66
　　――の不安と葛藤　52
　　――の欲求　71
　　――理論　50, 68
　　快楽原則にしたがう――　78
　　屈折した――　70, 71
　　現実原則にしたがう――　78
　　自己愛的な――　73
　　自己防衛としての――　60
　　醇化された――　78
　　素直で健康な――　70
安全な雰囲気　153
アンビバレントな葛藤　57
暗黙の知　202
　　関係性をめぐる――　201

暗黙の了解　202
医学モデル　85
医師－患者関係　85
依存欲求　54, 67
　　――の挫折　54
　　――の真の満足　54
　　――の不満　54
一次愛　51, 66
一方向一者心理学　189
1回限りの体験　145
一体感の幻想　54
陰性治療反応　170
インプリシットな水準　192
受身性　140
受身的対象愛　49, 51, 52, 66
映し返し　106, 226
エクスプリシットな水準　192
エディプス的罪悪感　19
エディプス的布置による競争関係　20
エナクトメント　150
エロス的世界　134
オーガナイジング・プリンシプル　173, 176, 195

◆か行

解釈　94, 98
　　発生論的な――　160
外的観察者　91
過覚醒の相互増幅　197, 198
科学的客観性　90
　　治療者の――　44, 161
過少刺激　20
　　――の時代の精神病理　20

情緒的—— 20
過剰刺激 20
　　外傷的な—— 31
　　情緒的—— 20
過剰な気遣い 211
家族間の境界の設定 229
家族システムの変化 216
家族システム療法 228
関係性基盤 13
関係精神分析 90, 140, 189
関係論的な視点 144
間主観性 192
間主観性理論 99, 144, 160, 190
間主観的アプローチ 170
間主観的感性 161
間主観的な現象 5, 161, 190
間主観的パースペクティブ 144
間主観的マトリックス 177
間情動性 175
感情の文脈 168
基本的分化 228
逆転移の治療的利用 113, 158
客観的現実 186
鏡映の欲求 171
境界 229
境界パーソナリティ構造 115
境界例 26, 171, 229
共感 2, 7, 34, 87
　　——の間主観的メカニズム 195
　　——の定義 6, 7
　　過剰な—— 199
　　高次の—— 94
　　至適な—— 18

情緒的なきずなとしての—— 92
情報収集としての—— 92
心理的な栄養分としての—— 92
　　低次の—— 94
共感体験 2, 16
共感的応答 31, 42
共感的聞き取り 142, 149
共感的ダンス 8
共感的・内省的検索 165
共感的プロセス 7
共感的没頭 8
共感的理解 2, 74, 111
共感不全 165
　　——の体験 44
　　——への共感 197
共創造 213
鏡転移 71, 118
去勢不安 22
キリスト教的価値観 47
禁欲原則 140-142
空白のスクリーン 141
クライエント中心療法 85
苦しみによる方向づけ 134
経験 101
　　——に開かれた十分に機能する人間 101
　　——の主体としての感覚 219
　　現実の自己の—— 101
傾聴 97
　　——の姿勢 212
欠損モデル 70
元型的な転移 118
健康道徳と成熟道徳 25

現実自我　104
原始的防衛機制　171
幻想的な自己愛的世界　83
現代自己心理学　7, 140
現代ユング派　116
合一の世界の断絶　205
構造的家族療法　229
高追跡状態　211
心の起源　191
個性化の過程　116
　　「永遠の少年」の──　122
誇大自己　103
　　──の映し返し　103
　　太古的な──　82, 111
個体性　229
　　──の確保　234
　　──や自己分化の低下　235
誇大性　23, 26, 30
　　母親との融合による──　31
　　幼児的──　26, 105
古典的精神分析　102
言葉化　170
個の自立の象徴　89
固有の自己の意識の出現　63
コンテクスト　175, 176
　　間主観的──　144, 162
コンテクスト中心主義　175
コンテンツ　175, 176

◆さ行

罪責人間　19
最適の充足　168
最適のフラストレーション　166

自我　101
　　──の脆弱な人　117
　　機能としての──　101, 218
　　主観的な体験の座としての──　218
　　精神装置としての──　164
自我－セルフ（自己）軸　135
自我装置　90
自我リビドー　45, 47
自虐的な自慰空想　22
自己　101
　　──の回復　13, 234
　　──の凝集性　110, 184
　　──の誇大性　103, 104
　　──の個体性の感覚　238
　　──の固有の存在　52
　　──の重篤な中心的空虚　26
　　──の主体性の感覚　180
　　──の障害　185
　　──の成熟　42
　　──の断片化　169, 184
　　──の分化　17
　　──のまとまり　175
　　──を再発見する体験　217
　　凝集性のある──　76
　　言語化できる──　204
　　行為を起こす発動者であるヒトとしての──　164
　　体験している──　204
　　太古的な──　37
　　まとまりのある──　76
　　理想的──　103
自己愛　45, 47
　　──の起源　49

——の傷つき　41, 42, 44, 122, 132
　　健康な——　42, 48, 50, 61, 83, 238
　　自己主張的な——　227
　　自分のある——　53, 61, 63
　　自分のない——　53
　　成熟した——　49, 103
　　病的な——　49, 70
　　幼児的——　49
自己愛エネルギー　173
自己愛緊張　37, 40
自己愛性パーソナリティ障害　45, 49, 115
自己愛的−創造的領域　29
自己愛的に脆弱なクライエント　100
自己愛的不均衡　42
自己愛的欲求　23
自己愛的理想像　110
自己愛転移　75, 83, 103, 116, 169
自己愛憤怒　133
自己愛領域　40
自己安定化　234
自己一致　86, 87
自己イメージ　113
　　誇大な——　40
自己概念と経験の一致　216
自己感　13, 76, 229
自己嫌悪　57
自己構造　100
自己肯定感　132
自己刺激　27
自己−自己対象関係　9, 42, 76, 135, 189
自己実現　19, 120

　　——による自己の充足　19
　　——の営み　35
自己受容　102, 227
自己心理学的システム理論　190
自己疎外の状態　100
自己組織化　147
自己体験　8, 101, 114
　　——の構造　220
　　——の多重構造　221, 238
　　——の変化　39, 216
　　——の変容過程　222
自己対象　8, 42, 67, 69, 104, 164
　　——との結びつきの体験　237
　　——の基盤　77
　　——への渇望や失望　116
　　太古的——　26, 30, 32
　　有害な——　25
　　理想化——　33, 82
自己対象環境　77, 238
自己対象絆　112
自己対象機能　9, 92, 165
自己対象体験　8, 69
　　鏡映——　93, 226, 234
　　根源的な——　213
　　成熟した——　17
　　双子——　38, 94, 196
　　理想化——　234
自己対象的次元　69
自己対象的結びつき　9
自己対象転移　17, 63, 68, 71, 112, 118, 169
　　——の断絶と修復　17, 73, 76, 113, 120

自己対象ニーズ 9, 69
　　一次的な―― 167
　　鏡映―― 118, 132, 226
　　太古的な―― 74
　　二次的な―― 168
　　理想化―― 73, 118, 132, 226
自己対象反応 8, 41, 49
自己対象不全 166
自己調整 193
自己沈静の行動 198
自己認知 100, 101
自己否定 58
自己表象 48
自己-融和性 187
自己-輪郭化 187, 237
指示的アプローチ 95
支持的対象 234
システム論的な視点 193
自然科学モデル 90
自体愛 47
自他融合の幻想 64
至適応答性 9, 12, 143
自分がある 53
　　――感覚 17
自分という感覚 219
自分の意識 76
自分らしさの体験 165
社会構築主義 177
集合志向性 122
自由連想 91
主観的自己体験 164
　　――の妥当性 179, 180, 184
主観的世界 142

主観的な体験の座 101, 220
熟練した自発的参画 149
主体 144
　　――としての他者 144
　　体験する―― 164
主導性 101
守破離 159
受容 87
殉教者的英雄 33
純粋性 113
昇華 34
情緒的応答性 168
情緒的見捨てられ 133
情動 168
　　――が高まる瞬間 202
　　体験をオーガナイズするものとしての―― 168
情動調律 165
　　至適な―― 168
　　相互的な―― 183
進行し続ける調整 202
真実性・本物らしさ 113, 157
人生の目的 139
神秘主義 93
心理的宇宙の中心 101
心理的健康へと向かう患者の努力 175
心理療法家の成長過程 159
心理療法の定義 139
心理療法の目的 138
心理臨床家の自立コンプレックス 89
垂直分割 30, 172
水平分割 172
スプリッティング 116, 171

西欧的な自我の確立　89
生気情動　42
成熟した自我意識　52, 61
精神・性的発達論　160
精神分析的人間観　35
成長・成熟モデル　85
性的欲動論　48
世代間境界の侵害　235
説明　98
セラピストの優位性　96
全人的なコミュニケーション　204
全体的な応答性　143
センチメンタリズム　93
善なるものの欠陥　122
全能感　37
想起された過去　220
双極性自己　72, 189
相互交流　141, 146
　　──的警戒　211
　　暗黙水準の非言語的な──　201
　　間主観的な──　13
　　創造的な──　146
　　治療的──　140
相互交流調整　193
　　──の微調整　199
　　──プロセス　193
喪失体験　12
創造活動　138
創造的共同作業　145
想定外のやり取り　203
双方向性　8
双方向二者心理学的自己心理学　189

◆た行
ターニング・ポイント　155
体験から遠い理論　218
体験する私性　219
体験に近い理論　219
体験を体験すること　222
太古的自己の喪失　30
太古的な誇大感　103
太古的発揚感　104, 173
　　健全な──　173
太古的様式　74
対象愛　47
対象関係論　115, 172
対象転移　82, 115
対象リビドー　47
代理の内省　6, 93
他者性の体験　236
他者と共に在る新たなあり方　201
脱錯覚　103
断絶と修復　202, 214
中核自己　34, 120
中立性　6, 140
治療作用　145, 190
　　心理療法の──　138
治療者の自己開示　143
治療者の自発的創造性　150
治療者の主観的体験　5
治療者の治療的自発性　158
治療者の母性的態度の必要性　119
治療的雰囲気　142
治療の行き詰まり　184
治療要因　91, 114, 216
対効果　143

強い共感的同調　41
強い父親を求める欲求　27
出会いのモーメント　176
抵抗分析　142, 148
適度なズレ　206
手ごたえ感　13
転移解釈　111
転移感情　72
　　陽性の——　112
転移現象　82
投影性同一化　172, 233
動機づけシステム理論　146, 190
盗視願望　27
同性愛　48
同調への欲求　38
匿名性　140

◆な行
内省　7
生の体験の断絶　205
ナラティブ　148
ナルシシズム　45
　　——的自我意識　61
　　——的自己　62
　　——的な自己防衛　17
　　一次的——　48
　　二次的——　48
　　病的な——　63
ナルチシズム的な自我意識　52
二重軸理論　49
二重のコミュニケーション・プロセス
　　203
日本人心理の特性　66

人間性心理学　100
人間の生来の攻撃性の問題　122
認知の歪みの修正　216
ヌミノース体験　121, 135
能動性や主体性のなさ　89

◆は行
パーソナリティ構造　104
発達上前向きな転移　169
母親転移　22
万能的期待　113
反復的次元　169
悲劇的英雄の死　34
悲劇人間　19, 42
非指示的アプローチ　85, 95
悲嘆の過程　123
表出的な精神分析的技法　49
病的融通性　180
病理的な太古的自己愛空想　205
不在の乳房　213
不在論　213
布置　121
部分的同一化　12
フロイト的治療態度　140
ペルソナ　117
弁証法的な創造的緊張関係　221
変容性内在化　166, 189
防衛的な誇大感　104, 173
防衛的な自己愛的状態　78
崩壊不安　26
母子一体感　64
ボストングループ（BCPSG）　160
母性的接触の欠如　135

母性的な要素　118
ほどよい中庸のレベル　204
ほどよい揺らぎ　206

◆ま行
マイクロ・アナリシス　191
魔術的解決　81
マッチング　195-197
　過度な類似型——　199
　至適な——　199
　中程度の——　199
　類似型の——　197
未分化な家族自我集塊　228
ミラーニューロン・システム　196
ミラーリング　38, 40, 173
無意識の意識化　216
メタファーとしてのことば　212
メタ理論　163
物語作り　148
喪の作業　134
模倣　196

◆や行
野心の極　72
融合関係　30
ユーモア　34, 152
ゆとり　221
幼児的好奇心　27
幼児的誇り　26
抑圧障壁　30
欲動の塊　19
欲動の充足　19
欲動論　23, 161

◆ら行
楽園への渇望　118, 119
楽観と活力　28
理想化　71
　——された母親　22
　——とその幻想　72
　——の欲求　30, 171
　屈折した——　73
　素直で健康な——　73
　父親への非防衛的な——　31
理想化転移　24, 28, 71, 73, 118
理想の極　72
理想を奪われた子ども　20
リフレクション　98
両親からの禁止　20
臨床的変化の瞬間　192

◆わ行
我と汝　225

初出一覧

安村直己（2004）．精神療法の指針としての共感体験について．甲子園大学紀要，8（C）．

安村直己（2005）．土居の「甘え」理論とコフートの自己心理学について．甲子園大学紀要，9（C）．

安村直己（2006）．臨床場面における治療的相互交流の共同構築について．甲子園大学紀要，34．

安村直己（2007）．間主観的アプローチから見た治療的やり取りの検討．甲子園大学紀要，35．

安村直己（2008）．ロジャースとコフートの理論と臨床における接点について．甲子園大学紀要，36．

安村直己（2009）．自己愛障害をめぐる現代のユング派とコフートの接近について．甲子園大学紀要，37．

安村直己（2011）．精神療法における自己愛と甘えの問題について．甲子園大学紀要，38．

安村直己（2012）．「悲劇人間」の精神分析──ハインツ・コフートと自己心理学．甲子園大学紀要，39．

安村直己（2013）．現代自己心理学における「共感」の探究．甲子園大学紀要，40．

安村直己（2014）．心理療法における自己体験の治療的変容について．甲子園大学紀要，41．

[著者紹介]

安村直己（やすむら・なおき）

1960年生まれ。大阪教育大学大学院教育学研究科修了。カール・メニンガー精神医学校留学、精神科クリニック勤務などを経て、現在、甲子園大学心理学部教授。臨床心理士、JFPSP認定精神分析的心理療法家。著書（いずれも分担執筆）に『体験から学ぶ心理療法の本質』（創元社、2002）、『現場に活かす精神科チーム連携の実際』（創元社、2006）、『ポスト・コフートの精神分析システム理論』（誠信書房、2013）、訳書（いずれも共訳）に『臨床的共感の実際』（人文書院、1999）、『自己心理学入門』（金剛出版、2001）、『自己心理学の臨床と技法』（金剛出版、2006）などがある。

共感と自己愛の心理臨床
コフート理論から現代自己心理学まで

2016年9月10日　第1版第1刷発行
2022年11月10日　第1版第5刷発行

著　者───安村直己
発行者───矢部敬一
発行所───株式会社 創元社

〈本　社〉
〒541-0047　大阪市中央区淡路町4-3-6
TEL.06-6231-9010（代）　FAX.06-6233-3111（代）
〈東京支店〉
〒101-0051　東京都千代田区神田神保町1-2 田辺ビル
TEL.03-6811-0662
https://www.sogensha.co.jp/

印刷所───株式会社 フジプラス

©2016, Printed in Japan
ISBN978-4-422-11626-6 C3011
〈検印廃止〉
落丁・乱丁のときはお取り替えいたします。

装丁・本文デザイン　長井究衡

JCOPY　〈出版者著作権管理機構 委託出版物〉
本書の無断複製は著作権法上での例外を除き禁じられています。複製される場合は、そのつど事前に、出版者著作権管理機構（電話 03-5244-5088、FAX 03-5244-5089、e-mail: info@jcopy.or.jp）の許諾を得てください。

本書の感想をお寄せください
投稿フォームはこちらから▶▶▶